Patricia St. John

Die Autobiographie

Patricia St. John

Die Autobiographie

Brunnen-Verlag · Basel und Gießen

ABCteam-Bücher erscheinen in folgenden Verlagen:

Aussaat Verlag Neukirchen-Vluyn
R. Brockhaus Verlag Wuppertal
Brunnen-Verlag Basel und Gießen
Christliches Verlagshaus Stuttgart
(und Evangelischer Missionsverlag)
Oncken Verlag Wuppertal und Kassel

Englischer Originaltitel: «Patricia St. John tells her own story»
© 1993 by Patricia St. John

Erschienen 1995 bei OM Publishing (Send the Light Ltd.), Carlisle,
Cumbria

Die Bibelzitate wurden der Lutherbibel 1984 entnommen.

Aus dem Englischen von Wolfgang Steinseifer

© der deutschen Ausgabe 1997 by Brunnen-Verlag Basel

Umschlag: Kirchhofer Editorials, Basel
Satz: Uhl + Massopust, Aalen
Druck: Clausen & Bosse, Leck
Printed in Germany

ISBN 3-7655-1106-4

Inhalt

Vorwort zur deutschen Ausgabe

Es sind bald fünfzig Jahre her, daß mir Patricia St. John zum ersten Mal als Autorin begegnete. Das heißt, ich las ihr Erstlingswerk, und das nicht nur zum Vergnügen, sondern im Blick auf eine mögliche Übersetzung ins Deutsche. Denn mein Mann, damals Leiter des Bibellesebundes in der deutschen Schweiz, war an dieser Neuerscheinung des englischen Bibellesebundes sehr interessiert. Gute Kinderbücher mit einer überzeugenden christlichen Botschaft waren bei uns Mangelware.

Patricia St. Johns Buch faszinierte mich. Endlich einmal ein Kinderbuch, bei dem das christliche Gedankengut nicht bloß als «wertvermehrende Beigabe» diente, eine Art Anhängsel an eine Geschichte, die ganz gut «ohne» ausgekommen wäre! Nein, hier stand oder fiel die ganze Erzählung mit dem biblisch-christlichen Inhalt.

Und doch war nichts unangenehm Aufdringliches dabei. Das Buch war aufs natürlichste vom Evangelium durchdrungen, alles daran war echt – auch die Sprache. Sie hatte nichts erzwungen Kindliches; sie war gepflegt und schön und doch für Kinder gut verständlich. Und auf jeder Seite wurde spürbar: Hier schreibt jemand, für den die eigene Kindheit noch lebendig ist und der sich genau in die Empfindungen und Gedankengänge seiner jungen Leser hineinversetzen kann.

So wurde aus *The Tanglewoods' Secret* schließlich *Das Geheimnis von Wildenwald*. Und das sollte nur der Anfang einer ganzen Reihe von Büchern aus der Feder von Patricia St. John sein, die zum Teil zahlreiche Auflagen in deutsch erlebten. Denn Kinder wie auch Eltern waren begeistert und für jedes neue Buch der Autorin zu haben.

Was freilich *hinter* diesen Geschichten, ihren Personen und deren Erlebnissen steckte, das wußten die wenigsten. Mit dem vorliegenden autobiographischen Buch wird der Schleier gelüftet. Obwohl ich selbst schon einiges wußte, gab mir dieses Buch – in seiner englisches Fassung – wertvolle neue und tiefere Einsichten in die Zusammenhänge zwischen den Erfahrungen der Autorin und den Gestalten ihrer Bücher. Und mehr noch: Patricia St. John ließ mich – und jetzt zu meiner großen Freude auch alle deutschsprachigen Leser – teilhaben an ihrem Leben und Erleben mit Gott. Das wird, so hoffe ich, auch Ihnen Anregung und Hilfe auf Ihrem Weg mit ihm sein.

Elisabeth Aebi, Zürich

1

Familiengeschichten

Jede Liebesgeschichte ist einzigartig; aber ich kann mir keine ungewöhnlichere vorstellen als die meiner Eltern. Als Harry, mein Vater, fünfzehn war, besuchte er einen Gottesdienst, an dem auch Mr. Swain mit seiner Tochter, einem dreijährigen Lockenkopf, teilnahm. Mr. Swain stand auf und predigte. Im Laufe der Predigt fiel Ella vom Stuhl und verlieh ihrem Schrecken und Schmerz unüberhörbar Ausdruck. Das war der Aufmerksamkeit, die man den Worten ihres Vaters entgegenbrachte, gelinde gesagt nicht gerade zuträglich, und Harry, der die Familie kannte, bot an, die Kleine nach Hause zu tragen. Unterwegs geschah etwas mit ihm; er lieferte Ella getreulich bei ihrer Mutter ab, aber er vergaß sie nicht mehr. Er beschloß dort und damals, daß die kleine Ella Swain das Mädchen sei, das für ihn bestimmt war, und daß er auf sie warten würde.

Er wartete lange. Nach dem plötzlichen Tod seines Vaters mußte er von der Schule abgehen, den Traum von einer akademischen Karriere begraben und sich eine Arbeitsstelle suchen. Er wurde Angestellter in der Westminster Bank und hatte schon bald gute Beförderungsaussichten. Zwanzig Jahre lang blieb er dort und konnte auf diese Weise seine verwitwete Mutter finanziell unterstützen.

Im Alter von 19 Jahren hatte er ein weiteres ganz besonderes Erlebnis. Die Einzelheiten sind nicht bekannt, denn das einzige, was er je über diese Nacht erzählt hat, ist, daß er Gott begegnet sei. Diese Begegnung verwandelte den vom Leben enttäuschten, rebellischen jungen Burschen in einen Mann, der leidenschaftlich ein Ziel verfolgte: Christus immer besser kennenzulernen, die Bibel zu studieren und anderen weiterzusagen, was er entdeckt hatte. Von da an verbrachte er seine ganze Freizeit mit Bibellesen, Studieren und Predigen, und allmählich reifte in ihm der große Wunsch seines Lebens heran: hinauszuziehen und das Evangelium da zu verkündigen, wo es noch nie gehört worden war. Dabei lag ihm besonders Südamerika am Herzen.

Inzwischen wuchs auch Ella Swain heran, und da Harrys ältere Schwester eine Zeitlang als Erzieherin bei den Swains arbeitete, sah Harry sie häufig. Ihre gesunde, einfache Erscheinung, ihre rasche Auffassungsgabe und ihre überschäumende Lebensfreude gaben ihm Ruhe und erfrischten ihn. Im Gegensatz zu ihm war sie kein asketischer Typ. Sie konnte sich an allem Schönen freuen, sei es an dem Farbigen, der am Strand Liebeslieder sang, oder an den Gedichten, die sie in der Schule lernte. Ihr Vater war Schulinspektor und glaubte an eine umfassende, solide Bildung für Mädchen. Als Naturwissenschaftler hatte er Freude daran, seine kleine Tochter in die Wunder und Schönheiten des Universums einzuführen, und sie reagierte mit staunender Begeisterung darauf. Nicht nur die Naturwissenschaften nahmen sie gefangen; sie interessierte sich auch brennend für Geschichte und Literatur, und während ihr zukünftiger Ehemann beim Abendmahl geistliche Höhenflüge erlebte, beugte sie sich gebannt über Tennysons Gedichte und las sie sich selbst laut vor.

Da Mr. Swain wegen seines Berufes häufig umziehen mußte, bat er Mrs. St. John, Ella für einige Monate während der Woche als Pensionsgast aufzunehmen, damit sie das Schuljahr in London beenden könne.

Ella war damals zwölf Jahre alt, und es war ihre größte Freude, auf dem Platz vor dem Haus mit den St.-John-Jungen und ihren Freunden Fußball zu spielen. Der vierundzwanzigjährige Harry machte sich einen Spaß daraus, sie zu necken. Er zog sie an den Zöpfen und verpaßte ihr den Spitznamen *Piglet*, «Schweinchen». Vier Jahre später kehrte sie aus schulischen Gründen noch einmal für einige Zeit zu den St. Johns zurück, und in dieser Zeit nahm die Sechzehnjährige zufällig an einigen Bibelabenden teil, die in erster

Linie für junge Männer veranstaltet wurden und an denen Harry das Buch Amos auslegte.

Diese Abende öffneten ihr die Augen. Bis dahin hatte sie die Bibel in Ehren gehalten und die Lehren ihrer Eltern geachtet und übernommen; aber im Vergleich zu Botanik und Poesie war ihr die Bibel langweilig erschienen. Die Missionsreisen des Apostels Paulus und die Könige Israels hatten ihr nichts als ein Gähnen entlocken können. Nun aber wurde das Buch durch Harrys Auslegung der Kleinen Propheten plötzlich lebendig. Sie entdeckte seine unauslotbare Tiefe und seinen Bezug zum Alltag. Hier fand sie das Brot, nach dem ihr aufnahmebereiter, sich entfaltender Geist gehungert hatte. Hier entdeckte sie literarische Schönheit und Kraft, philosophische Wahrheit, lohnende Herausforderungen und ein Ziel, das ganze Hingabe erforderte. Sie antwortete aus tiefstem Herzen darauf, saß Abend für Abend mit den jungen Männern in der Gemeinde und lauschte gebannt Harrys Ausführungen, und sooft sich die Gelegenheit ergab, begleitete sie Harry zu seinen Vorträgen an verschiedenen Orten.

Sie war begeistert und fasziniert und begann, selbst die Bibel zu studieren. Dabei stieß sie auf die Antworten auf ihre Jugendprobleme und merkte, daß die Bibel ein Buch zum Leben ist. Während der nächsten zwei Jahre predigte Harry an vielen Wochenenden in Godalming und übernachtete dann stets in ihrem Elternhaus. Er und Ella waren gute Freunde, doch war ihre Beziehung alles andere als eine romantische Liebesgeschichte. Er, der zwölf Jahre ältere, war für sie der verehrte Lehrer, und offenbar hielten sie sich in all ihren Gesprächen strikt ans Thema. Er vergaß nie, ihre Begegnungen in seinem Tagebuch festzuhalten:

«Fuhr mit *Piglet* mit dem Zug. Freuten uns unterwegs gemeinsam sehr über Josua 4 und 5.» – «Schrieb *Piglet* einen langen Brief zu Matthäus 13. Ein liebes Kind, Gott segne sie und bewahre sie inmitten der Eitelkeiten des Lebens.» Aber in seinem Herzen wuchs neben dem väterlichen Interesse an ihrem geistlichen Wachstum eine stille, beständige Liebe. Im September 1906 führte er zusammen mit einem anderen

Mann ein Gespräch mit ihr, weil sie sich zur Teilnahme am Abendmahl gemeldet hatte.

Wieder sind seine Gedanken in dem alten Tagebuch festgehalten:

«Habe P. wegen des Tisches des Herrn aufgesucht. Eine zarte Blume. Wer wird sie im Leben beschützen? Bin noch nie jemandem wie ihr begegnet. Gott wird ihr eine großartige Zukunft schenken.» Und etwas später: «Lange über die Zukunft nachgedacht. Ich fühle mich zu *Piglet* hingezogen, wenn es Gottes Wille ist. Ich denke, wir würden wirklich glücklich sein.»

Aber er behielt diese Gedanken für sich, hatte Ella doch zu dieser Zeit noch ganz andere Pläne. Sie hatte ein Stipendium erhalten, um am Westfield College Geschichte zu studieren, und sie stürzte sich, wie es ihre Art war, mit Feuereifer in ihre Pläne und Studien.

Er wußte, daß sie das mindestens drei Jahre kosten würde, doch war er so auf ihr Wohl bedacht, daß er sie nicht davon abzubringen versuchte. Dabei war er inzwischen einunddreißig und sehnte sich nach einer eigenen Familie.

«Große Welle des Heimwehs und der Sehnsucht nach einer eigenen Familie», schrieb er. «Einsamkeit wächst, da ich mich geistlich von den Menschen in meiner Umgebung entferne. Sie verstehen mich nicht und ich sie auch nicht. Gott sei Dank werden Kinder hier sein, solange ich hier bin; mit ihnen fühle ich mich verbunden – ein einsamer Mann: welch eine traurige Aussicht. Ich sehne mich nach einem Jochgenossen, mit dem ich für Christus hinausziehen kann.»

So wartete er geduldig, während sie voll und ganz im Leben am College aufging. Sie begann ihr letztes Studienjahr, wurde Präsidentin des Debattierclubs, und die Leiterin des Colleges, Miss Maynard, öffnete ihrer Studentin die Tür zu einer glanzvollen akademischen Karriere, indem sie ihr in diesem dritten Studienjahr eine Stelle als Assistentin am Holloway College anbot. Glänzende Zukunftsaussichten taten sich vor ihr auf ... Und dann machte Harold St. John ihr plötzlich einen Heiratsantrag, während sie im dichtesten Verkehr in Brighton die

Straße überquerten. Sie war völlig überrascht; aber weil er seit Jahren «der beste und heiligste Mann war, den ich kannte», nahm sie seinen Antrag auf der Stelle an, und noch am selben Abend gaben sie während des Essens ihre Verlobung bekannt.

Sie hatte erwartet, als Hausfrau in Bayswater zu leben und einen Mann zu haben, der es im Laufe der Zeit zu bescheidenem Wohlstand bringen würde. Aber auch daraus wurde nichts. Ein paar Monate später überraschte Harry all seine Bekannten mit der Ankündigung, er werde seine Stellung bei der Bank aufgeben und als Missionar ins Ausland gehen. Dies war kein impulsiver Entschluß. Schon vor Jahren hatte er sich in die Mission gerufen gefühlt; aber damals hatte er seinen Plan aus familiären Gründen nicht in die Tat umsetzen können, und so hatte er sich traurig mit einem Leben in London abgefunden. Doch nie hatte er das Land vergessen, in dem sein Vater gestorben war: Mexiko. «Immer wieder kommt mir Mexiko in den Sinn», hatte er fünf Jahre zuvor geschrieben. «‹Geht hinaus!› hat Christus gesagt, und in seinem Namen kann ich es vollbringen ... doch was soll dann aus Mutter werden?»

«Es ist leicht, Mexiko wegzuschieben und mich bequem und ruhig niederzulassen; aber ich sehne mich danach, daß nichts, aber auch gar nichts zwischen mir und Christus steht ... Ich wage es nicht, den nächsten Schritt zu tun, ehe ich mir nicht über meine Motive im klaren bin.» Etwas später heißt es: «Ich muß Mexiko aufgeben; ich muß mich in London niederlassen. Eine bittere, sehr bittere Aussicht.»

Doch das Verlangen, Gott «draußen» zu dienen, hatte die ganzen Jahre über weiter unter der Oberfläche geschlummert, und nun, mit sechsunddreißig Jahren, war er frei zu gehen, allerdings nicht nach Mexiko, sondern nach Südamerika. Eines Nachts war er sich dessen plötzlich ganz gewiß geworden, und als er am Morgen zum Frühstück erschien, war er felsenfest überzeugt, daß dies seine Berufung war. Was ihn zu dieser Erkenntnis geführt hatte, konnte er nur in den Worten des Liedes ausdrücken:

Christus, Gottes Sohn, hat mich geführt
In der Mitternacht Länder;
Ich empfing die machtvolle Berufung
Durch die durchbohrten Hände.

Zum Bedauern und Ärger seiner Vorgesetzten gab er seine Karriere auf und bereitete sich auf das Missionsfeld vor. Ein Jahr lang studierte er Homöopathie und Erste Hilfe, während Ella eine Krankenschwesternausbildung für Missionarinnen am Mildmay Hospital absolvierte. Sie und Harry waren nun gemeinsam in London, und obwohl eine Krankenschwester damals nur wenig freie Zeit hatte, gelang es Harry doch, sie alle vierzehn Tage auszuführen. Miss Cattell, die fromme alte Hausmutter des Schwesternwohnheims, war damit gar nicht einverstanden. So etwas grenzte für sie schon fast an Unmoral, und sie verlangte, daß eine andere Schwester die beiden als Anstandsdame begleiten sollte. Ella versicherte, sie werde mit ihrem Verlobten darüber sprechen, und das tat sie auch. Doch er hörte sie kaum an. «Sag der alten Dattel, daß das überhaupt nicht in Frage kommt!» schnaubte er, und sie machten sich ohne Begleitung auf ihren Spaziergang durch den Park.

Das waren glückliche Tage, und in alten, vergilbten Briefen Ellas an ihre Eltern werden einzelne Szenen aus dieser Verlobungszeit geschildert. «Ich arbeite jetzt in der Ambulanz. Für ein paar Wochen wohne ich bei den St. Johns, und Harold freut sich wie verrückt, daß ich gekommen bin. Ich versteckte mich am Mittwoch abend hinter dem Sessel, als er nach Hause kam, und belauschte ihn. Als er mich entdeckte, meinte er, ich sei nur für diesen Abend gekommen, und so erzählte ich ihm: ‹Ich bleibe hier!› Da rief er: ‹PIGLET, heiratest du mich heute abend?› Er ist ein so verrückter Kerl! Kann nicht mal vernünftig essen und so, sondern tanzt ständig um mich herum und küßt mich. Es ist ganz wunderbar, daß er mich so liebt! ‹Himmelchen› ist augenblicklich sein Lieblingsname für mich, und ich hoffe nur, daß ich das immer für ihn sein kann; aber er ist so viel besser als ich. Er scheint weder Kälte noch Hunger zu verspüren noch Schlaf zu brauchen.»

Sie war immer sein «Himmelchen». 1914 heirateten sie in London, und anschließend mußten sie einen speziellen Empfang geben für Ellas Patienten sowie die Mütter mit den Babys, bei deren Geburt sie während ihres Hebammenkurses assistiert hatte. So wurde nach zwölf Jahren geduldigen Wartens Harrys Herzenswunsch erfüllt, und er bekam die Frau, die ihm in jeder Beziehung ein vollkommenes Gegenüber war.

Gemeinsam trafen sie die Entscheidung, daß für Harry die Arbeit für den Herrn stets an erster Stelle stehen sollte; und Ella vergaß nie dieses Versprechen oder beklagte sich über seine langen Abwesenheiten. Ihr Sinn für das Praktische und ihre Begabung, ein gemütliches Zuhause zu schaffen, glichen seinen Mystizismus aus. Ob in der Wildnis Brasiliens oder in ihrer von Ungeziefer verseuchten Wohnung in Buenos Aires oder später in ihrem von lebhaften Kindern erfüllten roten Ziegelhaus in England – immer hatte Harry einen Ort des Friedens, an den er zurückkehren und wo er sich von den Strapazen des Dienstes erholen oder ungestört studieren konnte. Sie verlangte sehr wenig von ihm; es genügte ihr, daß er sie liebte, denn sie war die geborene Geberin. Jedenfalls beeindruckte ihre von ruhiger, tiefer, selbstloser Liebe geprägte Beziehung vierzig Jahre lang jeden, der auch nur gelegentlich bei ihnen hereinschaute. Keines ihrer Kinder kann sich daran erinnern, daß zwischen ihnen je ein hartes oder zorniges Wort gefallen wäre, und die Atmosphäre im Hause St. John beeinflußte viele junge Leute, die darin ein und aus gingen.

Aber das lag noch in weiter Ferne. Zunächst einmal reisten sie nach Buenos Aires, und als sie dort ankamen, war der Mann, der sie abholen und ihnen eine Wohnung besorgen wollte, zum Militärdienst eingezogen worden. So mußten sie als ihr erstes «Heim» in Buenos Aires ein einziges Zimmer beziehen, in dem es von Kakerlaken wimmelte, die nachts die Wände hochkrabbelten. Um vor ihnen Ruhe zu haben, stellten sie die Pfosten ihrer Feldbetten in mit Petroleum gefüllte Schälchen. Bis sie umzogen, lernte Ella hier, in einer Küche zu kochen, die sie mit vier spanischen Familien teilen mußten. Es war von Anfang an ein harter Kampf, aber glücklicherweise besaßen sie beide eine gehörige Portion Humor, und Ella war Harrys Sonnenschein und sein Lachen. «Sie gleicht einem Kolibri, der an eine Schildkröte gefesselt ist», schrieb er einmal etwas wehmütig; aber sie war ein praktischer, lebenstüchtiger Kolibri. In den nächsten zweieinhalb Jahren knüpfte sie freundschaftliche Kontakte mit ihren Nachbarinnen, lernte gründlich die Sprache und brachte zwei Kinder zur Welt, Hazel und Farnham.

Harry hatte sich inzwischen mit einer Gruppe von Missionaren zusammengetan, predigte und lehrte und ritt in die Berge, um kleine, verstreute Gruppen von Christen zu besuchen, von denen viele kaum lesen und schreiben konnten. Wohin er auch kam, überall spürte er schmerzlich den Mangel an bibelfesten Pastoren und Evangelisten, die die geistlich unterernährten kleinen Gemeinden betreuen konnten.

Er und sein Missionarskollege Stewart McNair beschlossen, im ländlichen Gebiet von Carangola in Brasilien eine Bibelschule zu gründen. Also packten Harry und Ella ihre wenigen Habseligkeiten zusammen und machten sich mit ihrer zweijährigen Tochter und ihrem sieben Wochen alten Sohn auf eine Reise, die sogar der optimistische Harry als «die schwierigste Reise, die sie je unternommen hatten» beschrieb. 3500 Kilometer legten sie per Schiff und Maultier zurück. Das Schiff war völlig überfüllt und die Fahrt entsprechend mühsam. Überall wurden sie von Insekten geplagt. Ihren gesamten Hausrat hatten sie dabei, was den Zollbeamten zu der Bemerkung veranlaßte, die Zeiten hätten sich offensichtlich geändert, seit die Apostel ohne Tasche und Geld losgezogen seien. Harry erklärte geduldig, die Apostel hätten auch nicht mit Babys reisen müssen, und versuchte das Gespräch auf höhere Dinge zu lenken.

Doch endlich kamen sie an ihrem Ziel an und richteten sich in ihrem neuen Heim ein (Ella taufte es «das Haus der tausend Flöhe»). Der Vorbesitzer hatte im Keller Schweine gehalten, und der war deshalb zum beliebten Ausflugsziel von Ratten geworden. Außerdem war das Dach undicht, und so schliefen

Hazel und Farnham bei Regen unter dem Küchentisch. Aber das Haus war geräumig und hell, und kaum ein Häuschen dürfte mehr geliebt worden sein und schönere Erinnerungen wecken. Harry lehrte in der Bibelschule gegenüber. Eine Gruppe eifriger junger Studenten arbeitete während einiger Stunden am Tag auf den Feldern, um sich den Lebensunterhalt zu verdienen, und studierte für den Rest des Tages. Und Ella? Sie, die freundliche junge Mutter, die mitten unter ihren brasilianischen Schwestern lebte, weckte deren Interesse immer wieder neu und sorgte für Freude und Heiterkeit. Selbst das wenige, was sie mitgebracht hatte, wurde bestaunt – und phantasievoll umfunktioniert. So löste Ella unbewußt das Problem der geeigneten Kopfbedeckung für den Sonntagsgottesdienst, indem sie einer alten Frau ihre Handtücher zum Waschen mitgab. Wie staunte sie, als diese Tücher in der Gemeinde die Köpfe ihrer Schwestern schmückten! Da ihr jedoch im Laufe der Woche sämtliche Wäschestücke in sauberem Zustand zurückgegeben wurden, stellte sie keine Fragen, und die Sitte bürgerte sich ein.

Sie waren eine liebevolle, schlichte, wahrhaft christliche Gemeinde und liebten ihre neuen Missionare, die es rasch lernten, so wie sie zu leben und zu reden. Harry beschrieb sie so: «Sie gebrauchen bei jeder Gelegenheit und mit großer Ehrfurcht den Namen des Herrn, und man war nicht überrascht, eine Stimme aus der Küche zu hören: ‹Hier ist noch etwas Mais vom Abendessen übrig, Cecilia. So Gott will, mußt du ihn morgen braten›, und die Antwort zu vernehmen: ‹Wenn es dem Herrn gefällt, werde ich das tun.›»

Die kleine Pakita, wie Hazel genannt wurde, spielte barfuß mit ihren brasilianischen Freundinnen und Freunden, sprach ihre Sprache und wurde fast so braun wie sie; der kleine «Nana» hingegen kränkelte ständig. Er litt unter hartnäckiger Ruhr, und Abszesse in den Ohren riefen Komplikationen hervor. Er lag ganz still in seinem Bettchen, zu schwach, sich zu bewegen. Nur ab und zu hob er eine Hand aus Haut und Knochen, um seiner Familie in einer mitleiderregenden Geste Kußhände zuzuwerfen.

Spezielle Ernährung und sorgfältige Pflege schienen nichts auszurichten, und der nächste Arzt war meilenweit entfernt und war für kein Geld der Welt zu bewegen, zu ihnen zu kommen. So behandelten die Eltern ihren kleinen Sohn selbst, soweit es ihre begrenzten medizinischen Kenntnisse zuließen, und beteten unablässig an seinem Bettchen, bis die Krisis vorüber war. Allerdings blieb der Kleine schwach und kränklich, und für Mitte April erwarteten sie ein drittes Kind. Allmählich und widerwillig mußten sich die Eltern eingestehen, daß die Bedingungen, unter denen sie lebten, der Gesundheit schwacher Kinder oder Neugeborener nicht eben zuträglich war.

Noch etwas sprach für eine Neuorientierung. In den zwei Jahren, in denen sie hier gewesen waren, hatte der Durst der Christen nach solider, geisterfüllter Lehre Harry tief beeindruckt. Alles schien ihn in Carangola halten zu wollen – die Liebe der örtlichen Christen und der Bibelschüler, die Freundschaft der McNairs, die erfreulichen Früchte seiner Arbeit und, vor allem, das Zusammensein mit seiner Frau und seinen Kindern. Aber die Bibelschule war inzwischen fest etabliert und blühte unter McNairs fähiger Leitung, während es in anderen Gebieten und anderen Ländern überhaupt noch keine solchen Ausbildungsstätten gab. Schon erreichten ihn Briefe, in denen man ihn bat, Bibelunterricht in British Guyana, auf den Westindischen Inseln und in anderen Teilen Südamerikas zu erteilen.

Die endgültige Entscheidung muß beide, Harry und Ella, ungeheuer viel gekostet haben. Sie kehrten 1919 nach England zurück, und Harry reiste allein wieder nach Brasilien aus. 1921 verließ er seine erste Bibelschule, die ihm so ans Herz gewachsen war, und begann ein Leben, in dem er ständig auf Reisen war, bei denen ihn seine Frau und seine kleinen Kinder nicht begleiten konnten. Ella sehnte sich danach, nach Carangola zurückzukehren, versuchte aber nicht ein einziges Mal, ihren Mann zu beeinflussen. Er traf seine Entscheidung allein vor Gott.

Im Zusammenhang mit der Reise nach England muß allerdings noch ein Ereignis besonders erwähnt werden. Sie traten die Überfahrt im Februar an und gerieten in schreckliche Stürme. Um ein Haar wäre das erwartete dritte Kind schon im Golf von Biskaya zur Welt gekommen, aber Ella überstand die kritische Situation und kam wohlbehalten in Southampton an. Im nahegelegenen St. Leonards hatten sie Zimmer für die erste Übernachtung reserviert. Von da aus wollten sie nach Malvern weiterreisen und im Haus von Mrs. Swain wohnen. Dort war alles für die Geburt des Kindes vorbereitet, das in etwa einem Monat erwartet wurde.

Aber Ella hatte die Rechnung ohne ihren Mann gemacht. Der Frühling lag in der Luft, und Harry freute sich überschwenglich, daß er mit seiner Familie sicher daheim in England eingetroffen war. Sie liehen sich einen großen, kopflastigen Kinderwagen, in dem die beiden Kleinen Platz hatten, und machten einen Spaziergang. Aber Harry war nicht an Kinderwagen gewöhnt, waren doch die Straßen in der Umgebung von Carangola für solche Vehikel ungeeignet gewesen. Jedenfalls verlor er auf einem steil abfallenden Wegstück die Herrschaft über den Kinderwagen. Zwar klammerte er sich verzweifelt an die Stange, während der Wagen abwärts sauste, konnte aber nicht verhindern, daß dieser in einer Kurve umkippte und seinen Inhalt ins Gras katapultierte. Die beiden Kinder kamen mit einem Riesenschrecken, aber unverletzt davon; doch für die Mutter, die das Drama von oben verfolgt hatte, war der Schock zuviel. Sie eilte schnurstracks nach Hause, und zum ungläubigen Erstaunen der freundlichen Zimmervermieterin wurde wenige Stunden später Patricia Mary geboren.

2

Frühe Jahre in Malvern

Holmesdale in Malvern war ein solides, dreistöckiges Ziegelhaus, in dem vier Generationen wohnten. Urgroßmutter war bettlägerig, übte aber immer noch beträchtlichen Einfluß auf die Familie aus. Sie hatte einen ausgeprägten Sinn für Sitte und Anstand, und eine meiner frühesten Erinnerungen an Urgroßmutter ist, daß ich im Alter von etwa fünf Jahren am untersten Ast des Apfelbaumes herumturnte und lautes Klopfen am Schlafzimmerfenster über mir hörte. Und dann klang Urgroßmutters Stimme laut und unmißverständlich zu mir herunter: «Patricia, ich kann dein Höschen sehen!»

Großmutter, seit kurzem Witwe, war meine große Liebe. Sie war unglaublich fleißig und steckte jeden, der mit ihr in Berührung kam, zumindest für eine Weile mit ihrem Eifer an. Sie lebte ständig im Bewußtsein der Wiederkunft des Herrn und in der Bereitschaft, aus der Welt abberufen zu werden. Nie ließ sie einen Brief über Nacht unbeantwortet liegen, und sie strapazierte nicht selten unsere Geduld, weil sie unbedingt noch alle ihre Schubladen aufräumen mußte, bevor wir zu einem Ausflug aufbrechen konnten. Wenn wir uns dann beschwerten, weil wir alle auf sie warten mußten, erwiderte sie freundlich: «Vielleicht kommt er wieder, während wir fort sind. Und die, die zurückbleiben, sollen doch nicht meinen, Christen hätten unordentliche Schubladen!»

Die Ankunft meiner Mutter, der gastfreundlichsten und kontaktfreudigsten Person, die man sich vorstellen kann, plus zweier Kleinkinder und eines Babys muß ihre ruhige Welt auf den Kopf gestellt haben, aber Großmutter war dieser Herausforderung durchaus gewachsen, und Urgroßmutter liebte uns vom Bett aus – und ich glaube, wir waren auch, wie die meisten kleinen Kinder, eine liebenswerte Gesellschaft. Hazel mit ihren dunklen Locken war die geborene Anführerin. Oft setzte sie Farnham und mich vor sich hin und erzählte uns haarsträubende Geschichten. Meine Mutter hörte einmal zufällig den dramatischen Schluß eines dieser Schauermärchen, das uns unsere große Schwester mit Grabesstimme einflüsterte:

> «Man brachte sie ins Granknhaus.
> Da konnte man nix tun.
> Man brachte sie ins Flegeheim.
> Da konnte man nix tun.
> Man bracht' sie ins Santorium.
> Da konnte man nix tun.»

Sie sang uns auch Lieder vor, und da ihr die Musiklehrerin von Malvern, Miss Mary Flint, großen Eindruck machte, saß sie oft mit baumelnden Beinen am Klavier und berührte hingebungsvoll die Tasten. «Ich bin Miss Mary Flint», verkündete sie stolz und beglückte uns mit ihren Eigenkompositionen.

Farnham war freundlich und sehr liebevoll. Oft starrte er mit seinen weichen braunen Augen ins Leere und äußerte tiefe Gedanken. «Kannst du nicht ein Netz über mich spannen, Mami?» murmelte er verträumt, als sie ihn eines Abends ins Bett steckte.

«Warum?» fragte sie.

«Weil ich dann nicht mehr größer werden könnte. Ich würde immer klein bleiben, und dann müßte ich nie von dir fort.» Zahlen hatte er besonders gern. «Eins, zwei, drei, vier», flüsterte er in seinem Bettchen. «Und dann noch null. Ist die Null nicht eine schöne und praktische Zahl?»

Er dachte sich mit Freuden Überraschungen aus. So erinnert sich meine Mutter, daß er einmal ganz aufgeregt ins Haus gelaufen kam, nachdem er einen Leichenwagen gesehen hatte. «Mami, Mami!» rief er. «Können wir ein schwarzes Taxi mieten und es mit Blumen füllen so wie das da auf der Straße und dann alle damit zum Bahnhof fahren und Großmama abholen, wenn sie heimkommt?»

Ich war dick, hatte lockiges Haar und offenbar ein besonders gutes Gedächtnis. So konnte ich Sätze behalten und sie in den erstaunlichsten Zusammenhängen von mir geben. Als ich etwa zwei Jahre alt war, fand mich meine Mutter, wie ich mich am Gitter meines Bettchens festhielt und auf und ab hopste. Auf die Frage, was ich da mache, antwortete ich strahlend: «Ich bin allezeit überströmend in dem Werke des Herrn!»

Mein Bett stand in Großmutters Schlafzimmer, und frühmorgens kletterte ich gewöhnlich in ihr großes Doppelbett und trank mit ihr ihre erste Tasse Tee. Sie machte diese glücklichen Augenblicke noch schöner, indem sie mir geistliche Lieder aus einem alten schwarzen Buch beibrachte, die ich, fasziniert von der fremden, bilderreichen Sprache, wie ein Schwamm aufsog. Ein Lied liebte ich ganz besonders. Es handelte vom Erzengel, der die Schar der Erlösten zusammenruft. Als einmal ein Besucher unschuldig fragte, wo Großmutter zu einem bestimmten Zeitpunkt sein würde, blickte ich auf und antwortete strahlend: «Vielleicht ist sie bei der Schar der Entblößten!»

Oliver, zweieinhalb Jahre jünger als ich, war das willensstarke und einfallsreiche Mitglied der Familie und schaffte es fast immer, jeden dazu zu bringen, sich an seinen Vorhaben zu beteiligen. Er war Urgroßmutters Liebling. Sie hatte ihn am liebsten neben sich auf dem Bett sitzen. Eines Tages ließ ihn meine Mutter mit einem Bilderbuch bei ihr, das er sich ansehen sollte. Olivers ganzes Interesse galt aber zu jener Zeit der Eisenbahn, und er hatte andere Pläne. Als meine Mutter zurückkam, waren drei Schlafzimmerstühle in einer Reihe hintereinander aufgestellt. Auf dem ersten saß Oliver, auf dem zweiten Urgroßmutter im Nachthemd. Beide hopsten mit ernsten Mienen auf und nieder und keuchten: «Puff... puff... puff...»

Er wurde immer nach dem Baden, warm und rosarot, zum Gutenachtsagen zu ihr gebracht, und er kroch zu ihr unter die Decke, während sie ihre allabendliche Tasse heißer Milch trank, angereichert mit etwas Whisky. Oliver entging nichts.

Eines Tages war meine Mutter bei einer Nachbarin zum Tee eingeladen, einer kleinen alten Dame, die als leidenschaftliche Abstinenzlerin bekannt war. Das Dienstmädchen brachte winzige Sandwiches und Gebäck; aus einem Silberkännchen wurde Tee eingeschenkt. Dann wandte sie sich an den zweijährigen Oliver, der auf den Knien der Mutter saß. «Und was möchtest du, mein Kleiner? Ein Glas Milch?»

Das weiße Haar, das Spitzenhäubchen und die freundliche Stimme waren ihm irgendwie vertraut. Sie weckten angenehme Erinnerungen. Oliver hüpfte auf und ab. «Whisky, Whisky, Whisky!» rief er.

Ich war fünf Jahre alt, als John geboren wurde. Wie damals üblich, hatte man uns nichts davon gesagt. Großmutter hätte es nie gebilligt, ein Kind schon vor der Geburt zu erwähnen, und uns fiel offenbar nie der Umfang unserer Mutter auf. Farnham und ich meinten, Gott deponiere Babys im Wasserbehälter oben auf dem Haus, und wir sahen zuweilen nach. Bei dieser Gelegenheit hatte man mich zu Großtante Emmie geschickt, und dann sagte man mir nur, zu Hause erwarte mich ein lebendiges Spielzeug. Ich rechnete mit einem kleinen Hund oder einem Kätzchen und rannte vom Bahnhof den ganzen Weg nach Hause. Dort riß ich die Tür auf und rief: «Wo ist das Kätzchen?»

«Es ist kein Kätzchen», sagte jemand. «Du hast ein Brüderchen bekommen.» Der Kleine lag oben in einer aus Weiden geflochtenen, spitzenbesetzten Wiege. Ich berührte vorsichtig den Flaum auf seinem Kopf, dann setzte ich mich auf die Treppe und weinte vor Freude. Er war mein Baby, und ganz gleich, woher es gekommen sein mochte, ich betete es an.

Meine Mutter wollte uns jedoch, was die «Tatsachen des Lebens» betraf, nicht so unwissend heranwachsen lassen, wie sie selbst aufgewachsen war. Wir schafften uns eine Katze an, die zu meiner großen Freude eines Nachts, während ich schlief, in meiner Armbeuge Junge bekam. Die Flecken und das Durcheinander in meinem Bett ließen keinen Zweifel daran, woher sie gekommen waren. Mama kaufte uns auch ein paar Kaninchen, die sich dem geflügelten Wort entsprechend vermehrten. Ich erinnere mich noch lebhaft, wie entsetzt und empört Großmutter war, als ich ins Zimmer stürzte, in dem sie Gäste bewirtete, und aufgeregt rief: «Kommt schnell und seht euch das an! Die Kaninchen paaren sich!»

Und in diesem nicht ganz einfachen Haushalt erzog uns unsere Mutter, Gott zu lieben und alles Schöne und Gute zu lieben und zu lachen. In Malvern lebten fast ausschließlich ältere Leute – soweit ich mich erinnere, waren wir die einzigen Kinder in der Alexandra Road. Aber meine Mutter überstand es, und während wir heranwuchsen, gewannen die alten Nachbarn sie lieb und lernten es, uns zu ertragen.

Mit der alten Miss Wheeler und ihren Hausangestellten nebenan befanden wir uns wegen der Kaninchen im permanenten kalten Krieg, weil die Tiere trotz all unserer Vorsichtsmaßnahmen manchmal durch den Zaun in ihren Garten entwischten. Im Haus auf der anderen Seite lebte Miss Heathcote, und Farnham und ich machten uns einen Spaß daraus, im Dunkeln unter ihr Küchenfenster zu schleichen und die Köchin mit unserem brillanten, täuschend echten Gemaunze streitender Kater zu erschrecken. Einmal schüttete sie uns zu unserer großen Freude einen Eimer Wasser über den Kopf, aber unser Lachen verriet uns.

Elsie, unsere liebe Elsie, regierte unangefochten in unserer Küche. Sie stammte aus den «Baracken da draußen» und kam als Teenager zu uns. Sicher ist es Großmutter gewesen, die sie zu einer dermaßen perfekten Haushälterin ausgebildet hat, war meine Mutter doch in puncto Haushalt eher großzügig. Elsie war ein wunderschönes Mädchen, künstlerisch begabt, kreativ und sehr klug, und sie zeigte im Zweiten Weltkrieg, was in ihr steckte, als sie im Frauenhilfsdienst (WVS) zu einer sehr verantwortlichen Position aufstieg. Aber aus Liebe zu meiner Mutter blieb sie viele Jahre bei uns.

Für uns war sie einfach wunderbar. Heute lebt sie, ans Bett gefesselt, in einem Pflegeheim, wo wir sie noch immer besuchen. Dann erzählt sie mit Freuden von der guten alten Zeit unserer Kindheit. Sie erinnert sich noch, wie Hazel, wenn sie von der Schule heimkam, stets in der Küche vorbeischaute und rief: «Bist du da, Elsie?» und erst dann, wenn sie sich vergewissert hatte, nach oben in ihr Zimmer ging. Auf die Frage, warum sie das tue, antwortete sie: «Weil ich solche Angst habe, du könntest eines Tages nicht mehr da sein.»

Doch Elsie war immer da, und eine unserer größten Freuden war es, wenn wir zum Tee in der Küche eingeladen wurden und Elsie uns Lieder beibrachte, die unsere Eltern uns sicher nie gelehrt hätten:

> Seine Mutter war ein Ohrwurm,
> und sein Vater war ein Wal.
> Und ich streu' ihm Salz auf seinen Schwanz,
> das ist mir ganz egal.

Mit Begeisterung krähten wir solche Strophen und stopften uns zwischendurch mit Bergen heißer Buttertoastscheiben voll.

Unvergeßlich waren die Sonntage. In einer Zeit, in der viele Kinder aus christlichen Familien wegen der trübsinnigen, langweiligen Sonntage dem Glauben für immer den Rücken kehrten, machte unsere Mutter die Sonntage zu erlebnisreichen, bunten Tagen. Das war auch nötig, versammelte sich doch die kleine Brüdergemeinde, zu der wir gehörten, in einem kargen Gebäude mit dunkelbraunen Wänden und unbequemen Holzbänken. Es gab keinerlei Blumenschmuck, auch keine Instrumentalmusik, und die Gottesdienste waren, aus der Perspektive von Kindern betrachtet, lang und ermüdend. Woche für Woche wurden wir in das wenig einladende Gebäude geschleppt, zappelten in den ungewohnten, steifen Sonntagskleidern herum und warteten alle gespannt darauf, daß etwas – irgend etwas – passierte, worüber wir uns wenigstens ein bißchen amüsieren konnten.

Wie die alte Bank unter unserem unterdrückten Lachen knarrte, wenn sich eine streunende Katze in den Gottesdienst verirrte und der alte Mann mit den zitternden Händen sie vergeblich einzufangen versuchte! Oder wenn jemand aus Versehen mit ernster Stimme aus dem «Blut von Böcken und

Stieren» das «Blut von Stöcken und Bieren» machte... Oder wenn der fünfjährige Oliver sich während einer Lesung aus dem Kolosserbrief (Englisch: Colossians) vor Lachen kaum halten konnte und flüsterte: «Ich hab' gar nicht gewußt, daß in der Bibel Galoschen (Englisch: Goloshes) vorkommen.»

Wenn sich nichts dergleichen ereignete, vergnügten wir uns in den Bibeln, die wir stets zum Gottesdienst mitnahmen, mit Daniels Bestien oder den letzten Kapiteln von Hiob, in denen von Vogeleiern und anderen Dingen, die wir gut kannten, die Rede war. Oder wir lasen Geschichten im Richterbuch, die für Kinder weniger gut geeignet waren. Bei alledem lernten wir wahrscheinlich mehr, als uns bewußt war. Und von klein auf liebte ich die alten, feierlichen geistlichen Lieder der Brüder mit ihrem Reichtum an Poesie, Theologie und Anbetung. Sie haben mich seither begleitet.

Wir waren die einzigen Kinder in der Gemeinde, abgesehen von vier bildhübschen kleinen Schwestern, die in den Ferien mit Strohhüten und Ringellöckchen erschienen und wie Statuen im Gottesdienst stillsaßen. Solche Tugendhaftigkeit betrachteten wir als Beleidigung der Kindheit, verachteten die Mädchen sonntags und nannten sie «die Sitzenbleiberinnen»; die Woche über, ohne ihre Hüte, erwiesen sie sich jedoch als gute und hochwillkommene Spielkameradinnen. Eine von ihnen wurde viele Jahre später als Erwachsene eine meiner besten Freundinnen, und in ihr schönes Haus in Cotswold ziehe ich mich oft zurück.

Die Zugehörigkeit zu dieser kinderlosen Gemeinde hatte unter anderem zur Folge, daß man uns weit mehr, als wir es verdienten, umsorgte und verwöhnte, besonders zu Weihnachten. Auch unsere Mutter war in der Gemeinde beliebt, obwohl sie die Gemeindemitglieder zuweilen arg in Verlegenheit brachte. Man wußte nie, welche verrückten Einfälle sie als nächstes haben würde. So fegte sie zum Beispiel an dem Tag, am dem mein Bruder getauft werden sollte, wie ein Frühlingswind durch die düstere Kirche, den Arm voller blühender Mandelbaumzweige, und bestand darauf, das Taufbecken zu schmücken. Manche schüttelten den Kopf über dieses weltliche Benehmen, die meisten aber lächelten insgeheim, und je älter wir wurden, desto mehr lernten auch wir diese ernsten, freundlichen alten Männer und Frauen lieben. Wir hatten außerhalb der Gemeinde verhältnismäßig wenig Freunde, und so wurden die tiefe Frömmigkeit dieser Menschen und ihre vorbehaltlose Hingabe an Gott unbewußt zu unserem Maßstab für ein Leben als erwachsene Christen, und dafür habe ich Gott oft gedankt.

Aber nach dem Gottesdienst stürmten wir erwartungsvoll nach Hause, denn der Rest des Sonntags war der Höhepunkt der Woche. Es gab einen Spezialpudding und Süßigkeiten nach dem Essen und für die Kleinen winzige Plätzchen in Buchstabenform (da Sonntag war, mußte man sie zu Bibelversen zusammensetzen) und spezielle Bauklötze und Knetmasse (da Sonntag war, mußte man etwas daraus basteln, was einen erkennbaren Zusammenhang mit einer biblischen Geschichte hatte).

Die Älteren holten ihre Missionsbücher hervor. Wie es meine vielbeschäftigte Mutter schaffte, so vielen Missionarinnen und Missionaren zu schreiben und sie zu veranlassen, uns Briefe, Postkarten, Fotos usw. zu schicken, ist mir bis heute ein Rätsel; es war einfach immer ein Haufen Material für unsere faszinierenden Sammelalben vorhanden, und ich habe immer noch mein Album mit den liebevoll eingeklebten Bildern und genauen Beschreibungen.

Die Abende verbrachten wir am Klavier und sangen die alten geistlichen Lieder, die wir schon als kleine Kinder so gern hatten, mit den hellen Bildern von blauem Himmel, Hirten und Lämmern; oder wir marschierten zur Melodie von «Vorwärts, Christi Streiter» oder ähnlichen kriegerischen Tönen mit Schlaginstrumenten um den Tisch. Im Winter versammelten wir uns vor dem offenen Kamin, und Mutter las uns aus einem Sonntagsbuch vor. Sonntagsbücher waren damals nicht besonders fröhlich. Sie handelten fast alle von armen kleinen Waisenkindern, die in Slums lebten und starben und seitenlange wunderbare Reden hielten. Unsere Mutter weinte gewöhnlich beim Vorlesen, und wir lachten sie gewöhnlich schallend aus (wir waren keine sehr rücksichtsvollen Kinder) und hatten einen Riesenspaß.

Während einer dieser Vorlesestunden am Kaminfeuer hatte ich meine erste konkrete Gotteserfahrung. Die Geschichte hieß «Pearls Geheimnis» und handelte, wie üblich, von einem kleinen Mädchen, das starb. Es war eine wahre Geschichte, die in China spielte, und das Kind hatte, unmittelbar bevor es krank wurde, den ersten Vers von Jesaja 43 abgeschrieben. An diesem Abend lernten wir den Vers auswendig. «Und nun spricht der Herr...: Fürchte dich nicht, denn ich habe dich erlöst; ich habe dich bei deinem Namen gerufen; du bist mein!»

Als ungefähr Sechsjährige verstand ich das Wort «erlöst» nicht, aber die beiden letzten Satzteile erschienen mir klar und einfach. Ich ging schnurstracks nach oben in unser Kinderschlafzimmer und kniete mich vor mein Bett. «Ich heiße Patricia», sagte ich, «und wenn du mich wirklich rufst, will ich kommen und dir gehören.»

Ich erinnere mich nicht an irgendwelche bemerkenswerten Auswirkungen, außer daß ich am nächsten Morgen in den Garten rannte, zu den Stockrosen hinaufblickte, die viel größer waren als ich, und dachte: «Sind die schön!» Dies ist meine erste Erinnerung an bewußtes Wahrnehmen von Schönheit, und das ist eigentlich nicht verwunderlich. Ich war ja in einem neuen Sinne Gottes Kind geworden und hatte damit Eintritt ins Reich der Schönheit bekommen.

Wenn sich ein kleines Kind aufrichtig Gott zuwendet, wieviel versteht es wirklich von dem, was da zwischen ihm und Gott geschieht? Wahrscheinlich nicht sehr viel. Es erlebt vielleicht nur ein Gefühl der Geborgenheit und Zugehörigkeit; begreift wahrscheinlich nicht viel mehr als jene Kinder, die einst zu Christus rannten und spürten, wie er ihnen die Hand auf den Kopf legte. Es vergißt sogar womöglich das Erlebnis und kommt in späteren Jahren zu dem Schluß, daß überhaupt nichts passiert ist.

Entscheidend ist die Kraft und Treue der Liebe, die dieses Kind zu sich gezogen und empfangen hat und es stets wieder zu sich ziehen wird. Meine Mutter glaubte fest an frühe Bekehrungen und «brachte ihre Kindlein zu Jesus», so wie es jene Mütter Jahrhunderte vor ihr getan hatten. In der Hektik des normalen Familienalltags und weit weg in fremden Ländern beteten unsere Eltern für uns, und eine meiner frühesten Erinnerungen ist, daß ich eines Nachts aufwachte und meine Mutter im Dunkeln an Hazels Bett knien sah. Ich beobachtete sie erstaunt, hatte sie doch schon mit uns gebetet, als sie uns gute Nacht gesagt hatte. Aber nach einer Weile erhob sie sich und kniete dann neben Farnhams Bett nieder. Es erschien mir wie eine halbe Ewigkeit, bis sie kam und neben mir kniete. Ich tat so, als schliefe ich, denn ich wollte das bis zum Schluß miterleben. Das Baby würde sie bestimmt auslassen, der Kleine verstand das doch noch nicht, dachte ich. Aber nein, im nächsten Augenblick huschte sie geräuschlos zu seinem Bettchen hinüber.

Ich habe jene Nacht nie vergessen, ich weiß selbst nicht, warum. Vielleicht glitt ich danach mit einem besonderen Gefühl der Geborgenheit in den Schlaf hinüber; vielleicht erhaschte ich in jener Nacht einen ersten Schimmer der Wahrheit, die ich erst Jahre später ganz erfaßte: daß die Engel dieser Kleinen immer das Gesicht des Vaters im Himmel sehen.

Zwischenspiel in der Schweiz

Leute, die *Spuren im Schnee* gelesen haben, fragen mich oft, ob ich je in der Schweiz gelebt habe. Die Antwort lautet «ja». Als ich sieben Jahre alt war, unternahm meine Mutter den für damalige Verhältnisse äußerst ungewöhnlichen Schritt, uns für ein Jahr in ein Dorf in den Bergen bei Montreux zu verpflanzen und in die Dorfschule zu schicken, damit wir Französisch lernten.

Urgroßmutter war gestorben, als ich fünf war, und mein Vater war nach einiger Zeit in England wieder für ein Jahr in Übersee, um dort in Bibelschulen zu unterrichten. Mutter hatte in ihrer Kindheit ein heißgeliebtes Schweizer Kindermädchen namens Elise gehabt, und sie waren über die Jahre hinweg miteinander in Kontakt geblieben. Elise wohnte am Dorfplatz von Rossinière und vermietete Chalets. Die Lebenshaltungskosten in der Schweiz und der Mietpreis für ein Chalet waren damals günstig, der Wechselkurs ebenfalls, und es wurde kein Schulgeld verlangt. Also beschloß meine Mutter, sich auf dieses Abenteuer einzulassen, und Großmutter kam ebenfalls mit. Wir hatten eine turbulente Reise, waren unterwegs größtenteils seekrank, und in Dieppe verschwand unser fünfjähriger Oliver. War das eine Aufregung! Mutter entdeckte ihn schließlich, über und über mit Ruß und schwarzem Fett beschmiert, auf dem Dach eines sehr schmutzigen Eisenbahnwaggons. Er inspizierte fasziniert durch Löcher im Dach die kleinen Lampen, neben sich einen ebenso schwarzen und ölverschmierten französischen Bahnarbeiter. Oliver hatte eine unwiderstehliche kleine Leiter gesehen und war ihm nachgeklettert, und der Franzose hatte sich über seine Gesellschaft gefreut.

Wir kamen dann irgendwann doch noch glücklich an unserem Ziel an. Es war ein herrlicher Herbsttag. Das Chalet stand ganz oben auf einem steilen Hügel, hoch über dem Flußtal. Durch das offene Fenster blickten wir über die Berglandschaft gegenüber, wo Buchen wie helle Fackeln zwischen den dunklen Kiefern leuchteten und weiter links die höheren Berge schon mit der ersten feinen Schneeschicht überpudert waren. Es roch nach frisch umgegrabener Erde und Kühen und Kiefernharz, und Elise empfing uns wie lange verschollene Enkelkinder und drückte uns liebevoll an ihre große, graue Schürze. Dies war der glückliche Anfang eines goldenen Jahres.

Ich war allerdings vorher noch nicht zur Schule gegangen und hatte Pech mit meiner Lehrerin. Hazel und Farnham, inzwischen zehn bzw. neun Jahre alt, kamen in die zweite Klasse und hatten einen strengen, aber vernünftigen Lehrer. Die Lehrerin jedoch, die die erste Klasse mit den Sieben- und Achtjährigen unterrichtete, war eine schreckliche Frau. Kurz nachdem wir wieder abgereist waren, wurde bei ihr eine schwere Geisteskrankheit festgestellt, und sie starb in einer psychiatrischen Klinik. Wahrscheinlich war sie also schon während meines Schuljahres schwer krank. Sie schlug unbarmherzig auf schreiende Kinder ein und zog sie an den Ohrläppchen hinter sich her zur Tafel (das kleine Mädchen, das neben mir saß, hatte ständig blutunterlaufene Ohren), aber soweit ich weiß, beschwerte sich niemand. Ich erinnere mich nicht mehr, ob ich meiner Mutter überhaupt je erzählte, was sich in unserer Klasse abspielte. Vielleicht fand sie auch, man müsse sich eben der jeweiligen Umgebung anpassen. Glücklicherweise ließ die Lehrerin mich selbst mehr oder weniger in Ruhe.

Da ich das einzige Ausländerkind in der Klasse war und anfangs kein Wort Französisch verstand, während Mademoiselle kein Wort Englisch sprach, waren wir einander wohl ein wenig unheimlich. Ich wagte es nicht, mich während des Unterrichts danebenzubenehmen, und sie drohte mir höchstens mit dem Rohrstock und blickte sehnsüchtig auf meine Ohren.

Nur einmal gab es deutlichen Protest. Die Kinder bargen den Kopf in den Armen, wenn die Lehrerin an ihnen vorbeiging; aber ein Junge blickte dummerweise auf und steckte prompt einen Stockhieb mitten ins Gesicht ein. Im Krankenhaus mußte seine Wange mit zwei Stichen genäht werden. Soweit ich weiß, beklagten sich die Eltern nicht über die Platzwunde, sondern über die Rechnung für die Behandlung. War das eine Aufregung, als der Dorfpolizist in der Klasse auftauchte und Mademoiselle fünf Franken bezahlen mußte!

Da wir die ersten Ausländer waren, die je im Dorf wohnten, wurden wir anfangs von den anderen Kindern schikaniert. Einmal wurde ich in der Schlucht, in der ich spielte, mit Steinen beworfen und kehrte mit blauen Flecken nach Hause zurück. Aber wir wehrten uns nach Kräften, und es war der fünfjährige Oliver, der schließlich dem zehnjährigen Oberrüpel eine Lektion erteilte. Er kam eines Nachmittags zum Chalet zurückgeschlendert und blieb etwas unsicher auf der Schwelle stehen. Nach einer Weile gab er sich einen Ruck und meinte: «Du, Mami – ich glaub', du gehst besser mal und schaust dir Ami an. Ich hab' ihn eben umgebracht.»

Ami erholte sich wieder, aber er griff uns nicht mehr an. Es dauerte nicht lange, da waren wir alle gute Freundinnen und Freunde und unterhielten uns so selbstverständlich in Französisch wie in Englisch.

Was dieses Jahr so unvergeßlich machte, war die überwältigende Schönheit des Ortes und unsere Freiheit, sie zu genießen. Kaum waren wir angekommen, bekamen die Kinder eine Woche Ferien zum Feuerholzsammeln, und wir verbrachten viele Stunden im schattigen, nach Fichtennadeln und Harz duftenden Wald und sammelten Zapfen und Äste für den Ofen in der Stube, der im Winter unsere einzige Wärmequelle sein würde. Hier leuchteten purpurrote Dornbüsche aus dem Dunkel auf, Gruppen von scharlachroten Giftpilzen wuchsen auf smaragdgrünen Mooskissen, und in den Zweigen über unseren Köpfen sprangen geschäftig die Eichhörnchen herum. Für mich war das eine neue, zauberhafte Welt, und ich wäre am liebsten nie ins Haus gegangen... und dann schneite es.

Die Schule begann morgens um sieben, und unser Chalet lag oben auf dem Hügel. Wir machten uns verschlafen auf den Weg, Hazel und Farnham auf rohen, aus Faßdauben konstruierten Holzskiern und ich, bis zu den Augen eingehüllt, auf einem winzigen Schlitten. Bestimmt hat es auch finstere, regnerische Morgen gegeben, aber in meiner Erinnerung scheint stets der Mond und wirft blaue Schatten auf den Schnee, und immer funkeln die Sterne. Meine Mutter verabschiedet mich mit einem Kuß, gibt dem Schlitten einen Stoß, und schon fahre ich los, steuere den Schlitten geschickt durch die weite frostklare Stille, Eiszapfen an der Nase, bis ich den anderen kleinen Schlitten begegne und der Bann gebrochen ist.

Und dann Weihnachten! Im Gegensatz zu unserem Weihnachtsfest in England war Weihnachten hier noch ein religiöses Fest, bei dem Geschenke eine untergeordnete Rolle spielten. Aber der Heiligabend entschädigte uns mehr als genug dafür. Das ganze Dorf und die Leute von den umliegenden Gehöften kamen direkt nach dem Melken auf Dutzenden von großen Familienschlitten an, und alles strömte in den warmen Glanz der Kirche, erhellt von den Kerzen am Christbaum, der erst am Morgen im Wald geschlagen worden war. Wie genoß ich den Geruch von poliertem Holz, Lederstiefeln und Fichtenharz. Die Schulkinder sangen ihre Weihnachtslieder, der alte Pastor hielt seine Predigt, und ich saß da und starrte auf das Bild über der Kanzel: den barmherzigen Samariter, der neben einem Verletzten auf einer sehr schweizerischen Straße kniete, hinter sich einen riesigen, treuherzigen Bernhardinerhund, der ihm beim Helfen helfen wollte. Dann, als die Predigt fertig war, eilten die Kinder nach vorne und bekamen je eine Orange und einen Lebkuchenbär mit zuckergußweißen Tatzen und Augen. Ich fand, meiner sei der allerschönste, und beschloß, ihn für immer und ewig aufzubewahren.

Dann blies der Südwind vom See her das Tal herauf, die Kühe in den Ställen wurden unruhig, und der Schnee begann zu schmilzen. Um diese Jahreszeit durften wir nicht draußen herumklettern, weil die Lawinengefahr viel zu groß war. Aber wir kamen doch weit genug, um die Alpenglöckchen zu finden, die sich durch die Schneewehen zwängten und deren triumphierende Purpurköpfe das Eis durch ihre Keimungswärme schmolzen. Dann überzogen Decken aus hellroten Primeln und gelben Schlüsselblumen die schneefreien gelben Flecken an den angeschwollenen Bächen, und schließlich kam der unvergeßliche Tag, an dem die Eltern aufgefordert wurden, ihre kleinen Kinder im Haus zu behalten, weil die Kühe ins Freie gelassen würden. Wie sie durch die offenen Tore stürmten, halb blind von Monaten der Gefangenschaft im Halbdunkel; freudetrunken von Freiheit und Sonnenschein. Sie sprangen und tollten herum und paarten sich und warfen Schwanz und Hinterbeine in die Luft. Der Frühling war da.

Die Schulferien waren unberechenbar; sie hingen völlig vom Wetter ab. Es konnte vorkommen, daß wir morgens zum Unterricht erschienen und die Lehrerin aus dem Fenster schaute und bekanntgab: «Heute ist ein schöner Tag. Geht für eine Woche nach Hause, und helft bei der Kartoffelernte; oder für drei Tage, und helft, die Kühe auf die Alm zu treiben; oder für sechs Wochen, und helft beim Heuen... oder sammelt Feuerholz!» Und schon stürmten wir davon, wild und frei wie die Kühe.

An langen Sommerabenden oder an Samstagen wanderten wir begeistert, manchmal als Familie, manchmal allein. Wir stiegen auf die Berge, die das Tal einrahmten, verbrachten manche Nacht auf dem Heuboden eines hochgelegenen Chalets, um vor dem Morgengrauen die letzte Etappe des Aufstiegs in Angriff zu nehmen. Seltene Alpenblumen wuchsen im Frühsommer in dieser Höhe – Enzian, Kuhschellen, Orchideenarten und, vereinzelt, Edelweiß. Nach der steilen Kletterei ließen wir uns auf dem Gipfel ausgepumpt zu Boden sinken und sahen zu, wie ein schneebedeckter Gipfel nach dem anderen bei Sonnenaufgang Feuer fing. Wir waren auf dem Dach der Welt, und die ganze Schweiz, Gebirgskette um Gebirgskette, schien unter uns zu liegen.

Nur an einen Berg hatten wir uns noch nicht herangewagt. Der Corjon erhob sich jenseits des Tals, eine imposante Felsbastion, von der schon manche Kletterer tödlich abgestürzt waren. Farnham und ich wurden nicht müde, Geschichten rund um diesen Berg zu erfinden, Geschichten von gefrorenen Leichnamen, bodenlosen Abgründen und tückischen Gletscherspalten, und nichts und niemand hätte uns dazu bewegen können, weiter als bis zu seinen Ausläufern zu wandern. Aber Farnhams zwei beste Freunde waren Söhne eines Bergführers, und sie kamen eines Tages aufgeregt zu uns.

«Papa nimmt uns morgen mit auf den Corjon!» riefen sie. «Er sagt, du darfst auch mitkommen!»

Ihr Vater stand direkt hinter ihnen und wandte sich an unsere Mutter. «Wir gehen angeseilt», erklärte er ihr. «Um vier Uhr morgens marschieren wir los. Gestatten Sie, daß Farnham mitkommt?»

Mutter war begeistert. Sie wußte, daß Farnham in Begleitung eines Bergführers vollkommen sicher war und freute sich, daß ihr Junge auf diese Weise wenigstens einmal richtig bergsteigen könnte. Allerdings entging ihr das Aufblitzen der Angst in den Augen des Kleinen. Er war zwei Jahre jünger als seine Freunde, und der Corjon war für ihn der Inbegriff des Schrecklichen. Aber er war ein tapferer Junge und sagte nichts. Er ging früh ins Bett, den Rucksack gepackt und die Bergstiefel bereitgestellt.

Doch er konnte nicht einschlafen. Er lag wach im Dunkeln, den sicheren Tod vor Augen. Er würde ausrutschen und fallen, und dann ... Ja, was dann? Er wußte es nicht genau. Er fühlte sich einfach schrecklich allein und hatte Angst.

Und dann wurde das, was er sein Leben lang geduldig gelehrt worden war, plötzlich lebendig. Sündenvergebung, die Gewißheit des Himmels und des ewigen Lebens, all das wurde auf einmal ganz real, und damit kehrte Ruhe in seine aufgewühlten Gedanken ein. Der, der gestorben war, um ihm den Himmel zu öffnen, lebte und war ihm ganz nah. Und der würde ihn beschützen. Farnham schlüpfte aus dem Bett, kniete nieder und vertraute sich jenen bewahrenden Händen an, und dann schlief er beruhigt ein.

Ich verschlief seinen Aufbruch, aber seine Heimkehr werde ich nie vergessen. Am späten Nachmittag kam er ins Haus gestürzt, sichtbar erschöpft, aber seine braunen Augen strahlten glücklich, und in den Händen hielt er einen großen Strauß Edelweiß. Er platzte fast vor Freude, und ich glaubte, der Grund sei die Besteigung des Corjon, und beneidete ihn brennend. Erst viele Jahre später erzählte Farnham zum erstenmal jemandem, daß seine Freude noch einen viel tieferen Grund hatte, nämlich das Erlebnis der Nacht davor.

Wir führten ein nicht ganz ungefährliches Leben, aber für meine Mutter gehörten Risiken zum Prozeß des Heranwachsens, und ich habe sie nur einmal wirklich nervös gesehen. Ein kleines Mädchen namens Norah war einige Zeit bei uns zu Gast, während die Eltern sich auf einer Auslandsreise befanden. Mit ihr zusammen kletterten wir alle begeistert in einer hohen Buche herum. Ich kam heruntergerutscht und landete mit einem Bums neben meiner Mutter. Sie saß mit gefalteten Händen und geschlossenen Augen da.

«Was machst du denn?» fragte ich neugierig.

«Ich bete nur, daß, wenn einer vom Baum fällt, es wenigstens nicht Norah ist», sagte sie ruhig.

Doch wenn es wirklich gefährlich wurde, standen uns die Engel Gottes zur Seite. In jenem Jahr war der Winter besonders streng, und der steile Pfad vor unserem Chalet, der direkt zur Hauptstraße führte, war eine einzige Eisfläche. Er war so gefährlich, daß der Dorfpolizist unmittelbar vor unserer Haustür ein Absperrgitter aufgestellt hatte und wir alle die Hintertür und den flacheren Weg zum Dorf benutzen mußten.

Es war sehr still im Haus; wir Älteren waren in der Schule, meine Mutter hatte in der Küche zu tun, und der dreijährige John spielte zufrieden in der Stube. Es gab absolut keinen äußeren Anlaß, und doch hatte Mutter urplötzlich das Gefühl: «Du mußt unbedingt sofort nachsehen, was John macht!»

Er hatte still und leise die Haustür geöffnet und es irgendwie geschafft, den großen Schlitten hinter sich herzuziehen. Noch während Mutter nach draußen gerannt kam, begann sich das schwere Gefährt die steile Piste hinunterzubewegen. Und John saß inzwischen stolz darauf. Es war viel zu glatt, als daß Mutter ihn zu Fuß hätte einholen können. So tat sie das einzig Mögliche: Sie warf sich über den Weg und griff nach Johns Beinen. Er rutschte von seinem Gefährt aufs Eis, und der leere Schlitten überfuhr sie und sauste den Abhang hinunter. Mutter hatte schlimme Schrammen und Prellungen, aber ihr abenteuerlustiger kleiner Sohn war gerettet.

Das herrliche Jahr war allzuschnell vorbei. Allerdings wohnten wir zwei Jahre später von April bis September noch einmal in diesem Chalet. Aber in jenem September mußten wir ins langweilige alte England zurückkehren, zu Straßen und Häusern und Schuhen und Strümpfen und Schulen, in denen sich verhältnismäßig wenig Dramatisches und Sensationelles ereignete. Die Erinnerungen jedoch blieben – an meine beste Freundin, Annette, an den kleinen Jungen, der sich ein Bein brach und Dani hieß, an die unaussprechliche Schönheit der Jahreszeiten und an mein geliebtes weißes Kätzchen, das ich Klaus nannte. All das blieb in meinen Gedanken und in meinem Herzen, bis ich viele Jahre später *Spuren im Schnee* schrieb.

Es gab übrigens eine glückliche Fortsetzung, als – noch einmal viel später – International Films beschloß, das Buch zu verfilmen. Die Verantwortlichen schrieben an den Bürgermeister der Stadt und fragten, ob sie den Film an den Originalschauplätzen drehen dürften. Die erste Antwort war ein entschiedenes «Nein». Im Dorf war vor einiger Zeit schon einmal ein Film gedreht worden, und die Filmcrew hatte eine Menge Schaden angerichtet. Man hatte das Gras niedergetrampelt und die Gatter offenstehen lassen, so daß die Kühe ausgerissen waren.

Als die Verantwortlichen jedoch den Titel des Buches und den Namen der Autorin erfuhren, änderte sich die Atmosphäre. Die Großmütter im Dorf erinnerten sich noch an die

fröhliche Mutter, die alle Kinder liebte und eine Weihnachts-
feier für sie veranstaltet hatte. Und alle machten mit Feuereifer mit. Alte Kostüme wurden hervorgeholt, Scheinwerfer
und andere Geräte aufgestellt, Chalets wurden weit geöffnet
und für Innenaufnahmen zur Verfügung gestellt. Die Freundlichkeit und Hilfsbereitschaft der Einwohner von Rossinière
übertraf alle Erwartungen, und man nannte auch den Grund:

«Wir wollten nie mehr eine Filmcrew im Dorf», erklärten
sie. «Mais pour Madame St. Jean – eh bien – cela c'est diffé-
rent!»

4

Schultage

Als wir uns erst einmal wieder umgewöhnt hatten, erwies sich
das langweilige alte England als gar nicht so öde, wie wir
erwartet hatten. Überhaupt waren wir ohne weiteres in der
Lage, selbst für genug Dramatik zu sorgen. Im Rückblick
erscheinen mir jene Jahre in Malvern so voller interessanter
Ereignisse und Entdeckungen, daß es schwierig ist, darüber
zu schreiben. Viele Erinnerungen wurden lebendig, als ich in
späteren Jahren *Das Geheimnis von Wildenwald, Der verschlossene Garten* und *Lucys Entdeckungen* schrieb: der Wig-
wam im Wald, lange, sonnige, sorglose Stunden, in denen wir
ohne Blick auf die Uhr im Wald umherstreiften und Vogelne-
ster suchten, die Lammzeit, die Hopfenfelder, das Natur-
kundliche Museum, der Tierfriedhof; im Fluß schwimmen
oder fröhlich mit dem Fahrrad bis ans Ende der Welt fahren –
diese Erinnerungen sprudelten nur so hervor – glückliche,
lustige, zuweilen auch traurige, und das Problem war, was
ausgelassen werden sollte.

Die Schwester meiner Mutter war damals Englischlehrerin
an einer kleinen Privatschule in Malvern, und trotz ihres
mageren Einkommens sorgte (und bezahlte) sie dafür, daß
Hazel und ich diese Schule zunächst als Tagesschülerinnen
und später dann als Internatsschülerinnen besuchen konnten.
Wir genossen die Schule bald; damals begann die emotionale
Spannung der Freundschaft mit Jungen erst gegen Ende des
Teenageralters, aber wir haßten oder liebten dafür unsere
Lehrerinnen. Mit zehn Jahren schwärmte ich für meine Ge-
schichtslehrerin, Winifred Chapman, die Tochter des Orts-
pfarrers, und meine Bewunderung für sie war mehr als begrün-
det. Sie war Kindern eine großartige Freundin und Lehrerin,
und in ihrem Unterricht wurde Geschichte lebendig. Aber

dann erlebte sie ein schweres Eisenbahnunglück mit. Sie und ein junger katholischer Priester waren eine ganze Nacht in den Trümmern eines Waggons eingeklemmt. Um sie herum starben die Menschen. Siedendheißes Öl tropfte ihnen auf die Beine, aber sie beteten gemeinsam und sprachen über den Herrn. Er starb in den frühen Morgenstunden, sie aber wurde gerettet. Ihr mußten beide Beine amputiert werden, aber ihre Fröhlichkeit und ihr Mut waren sagenhaft. Sie wurde eine Pionierin im Planen von Lagern für körperbehinderte Pfadfinderinnen und arbeitete bis zu ihrem Tod im Jahr 1987 unermüdlich für die Mission.

Mit dreizehn schwärmte ich für meine Englischlehrerin, Evelyn Pike, und die Liebe zu ihr hat die Zeit überdauert. Ihr Einfluß auf mich als Teenager ist unermeßlich (ihre Liebe zu allem Gesunden und Schönen in der Literatur wie in der Natur und ihr Horror vor allem Affektierten und vor Heuchelei). Hunderte von ehemaligen Schülerinnen, die in den vierzig Jahren, in denen sie an der Clarendon School unterrichtete, dort die Schulbank drückten, würden ähnliches von sich berichten. Sie ist inzwischen über achtzig und verbringt ihren Lebensabend in Bournemouth, bekommt Briefe aus aller Welt, und ihre Exschülerinnen besuchen sie zu Dutzenden. Ehemaligentreffen sind nicht mehr dasselbe, seit sie nicht mehr kommen kann, und wenn ich in England bin, besuche ich sie immer ein- oder zweimal im Jahr.

Die Schule machte mir damals großen Spaß. Da war Miss Annie, die unerschrockene ältere Hausmutter, die auf unsere Gesundheit achtete und alle Wehwehchen mit homöopathischen Pillen kurierte. Sie sorgte dafür, daß wir abgehärtet wurden; einmal in der Woche kommandierte sie uns zum Hockeyspielen auf einer buckeligen Weide ab, wo wir über Kuhfladen springen mußten; und wenn der Severn über die Ufer trat, ging sie mit den Älteren auf den überfluteten Wiesen schwimmen und feuerte sie an, von der fünften Stange eines Tors ins Wasser zu springen. Schnee im Sonnenlicht übte eine unwiderstehliche Faszination auf sie aus. Beim ersten verlockenden Glänzen sagte sie im Namen der Gesundheit sogleich den Unterricht ab und kletterte mit uns auf den Beacon, wo wir uns erhitzt und atemlos um das Fernglas drängten, denn von hier aus hatten von Norden, Süden, Osten und Westen aus in den Tagen der Spanischen Armada «zwölf schöne Grafschaften den Feuerschein auf der einsamen Höhe von Malvern» gesehen. Dann tollten oder rollten wir, jubelnd und lachend, die steilen Abhänge hinunter nach Hause, bewarfen uns mit Schneebällen, stießen einander in Schneewehen und drückten unsere Freude aus, wie es uns gerade in den Sinn kam. Und Miss Annie stapfte, unerschütterlich und unbesorgt, schnaufend hinter uns her.

Aber abgesehen von solchen unvorhersehbaren Abwechslungen gab es kaum irgendwelche organisierten Aktivitäten neben dem normalen Unterricht, und wir brauchten auch keine. Lange Nachmittage verbrachten wir damit, mit unseren Freundinnen durch Wälder und Felder zu streifen und miteinander zu reden, reden, reden und so die Fundamente für die festen, stetigen Freundschaften zu legen, die ein Leben lang gehalten haben. Da war Marian mit ihren dicken schwarzen Zöpfen und den blitzenden braunen Augen, mit der ich so manchen Streich ausheckte; Joan mit ihrem langen goldenen Haar und der überschäumenden Phantasie; Irene, ein wenig älter als ich, die mir schlicht und geduldig half, freundlich zu sein. Und da gab es noch viele andere. Wir sind zwar inzwischen in alle Winde zerstreut, doch dann und wann treffen wir uns wieder. Dann scheinen die Jahre ausgelöscht, und es ist, als wären wir immer zusammengewesen. Sofort sind wir alle wieder Zwölfjährige.

Als ich elf Jahre alt war, wurde meine Tante Schulleiterin, und Miss Annie trat in den Ruhestand. Damit wurde das Leben an der Schule etwas weniger ausgelassen. Meine Tante war eine erstaunliche Person. Als sie Anfang zwanzig war, wurde sie taub. Natürlich geriet sie zunächst in Panik, als sie erfuhr, daß es keine Heilung gab. Aber der Arzt hielt nichts von barmherzigen Lügen. «Sie werden nie wieder besser hören können», informierte er sie. «Aber Sie haben es in der Hand, Ihre Behinderung zu besiegen oder sich davon besiegen zu lassen.» Auf dem Heimweg beschloß sie zu siegen. Sie schaffte sich ein Hörgerät in Form einer ziemlich großen, schwarzen Kiste an und lebte ganz normal weiter, ja, brachte es bis zur Schulleiterin. Zu dieser Zeit war sie bereits stocktaub und kränklich; aber sie brauchte nur die Augenbrauen hochzuziehen, dann war die ganze Schule mucksmäuschenstill. Wir liebten und achteten sie aus Distanz, und sie übte einen starken und bleibenden moralischen und geistlichen Einfluß auf uns aus. Sie hatte hohe erzieherische Maßstäbe, und die Lehrerinnen, die sie um sich scharte, waren nicht nur fachlich hochqualifiziert, sie waren auch tiefgläubige Frauen.

Viermal in der Woche erteilte meine Tante den älteren Schülerinnen biblischen Unterricht; sie machte uns auf eine Art mit der Bibel vertraut, wie ich es selten erlebt habe.

Ich war ein Kind, das ständig Unsinn im Kopf hatte und dazu eine affenartige Vorliebe fürs Klettern. Einmal stieg ich durchs Dachfenster des vierstöckigen Schulgebäudes, saß triumphierend auf dem Dachfirst und machte meine Hausaufgaben. Die Lehrerinnen liefen aufgeregt auf dem Schulhof zusammen und starrten zu mir herauf, und ich beobachtete sie aus den Augenwinkeln, tat so, als sähe ich sie nicht, und genoß es, daß keine von ihnen mich anzurufen wagte, aus Angst, ich würde erschrecken und vom Dach fallen. Schließlich ertönte ein ruhiger Befehl: «Patricia, komm herunter!» Ich glitt die Dachziegel hinunter und durch das Dachfenster ins Haus. Als eine neue Lehrerin kam und sich unsere Namen notierte, gab ich die Parole aus, alle sollten Blumennamen als Vornamen angeben. May (=Weißdorn) Winter, Pansy (=Stiefmütterchen) Alexander und Lily (=Lilie) Campion wurden ohne Argwohn entgegengenommen, als ich allerdings aufstand und mich als «Rhododendron St. John» vorstellte, war das Spiel zu Ende.

Da war auch die Lehrerin, der es schwerfiel, in der Klasse für Ordnung und Disziplin zu sorgen, und die oft und lange an die Tafel schrieb und uns dabei den Rücken zuwandte. Unser Klassenzimmer befand sich im ersten Stock und mein Pult am Fenster. So konnte ich leise hinausklettern, am Re-

genrohr hinunterrutschen und dann erneut das Klassenzim-
mer betreten und mich lautstark und wortreich dafür entschul-
digen, daß ich zu spät kam. Die arme Frau war völlig verwirrt.
Sie hatte mich doch schon in der Klasse gesehen – oder nicht?
Wieso kam ich denn jetzt von draußen? Oder hatte sie sich so
getäuscht? Die Klasse war natürlich begeistert von solchen
Streichen, meine sensible und verantwortungsbewußte
Schwester Hazel muß sich dagegen meinetwegen und an meiner Stelle schrecklich geschämt haben. Aber wir hatten als
Familie ein ausgeprägtes Zusammengehörigkeitsgefühl, und
sie hielt loyal zu mir. Als ich einmal wegen unmöglichen
Betragens vom Schulausflug ausgeschlossen wurde, blieb sie
mit mir zu Hause, ohne mir einen Vorwurf zu machen.

Doch trotz dieser Interessen und Freundschaften war die
Schule nicht das Wichtigste in meinem Leben, denn abends
ging ich nach Hause, und dort ging es fröhlich und lebhaft zu.
Meine Mutter war der gastfreundlichste Mensch in der Welt,
und obwohl wir nicht viel besaßen (ich weiß nicht, wieviel
mein Vater verdiente, aber es muß sehr wenig gewesen sein),
bewirtete sie Reiseprediger, Missionare, Kinder und alle Menschen, die in Not an unsere Tür klopften. Auch unsere Freundinnen und Freunde, die wir mitbrachten, waren jederzeit
willkommen; und das war für uns mehr als Entschädigung für
einfache Mahlzeiten und unsere Kleider aus zweiter Hand.
Einer unserer häufigsten Besucher war Maurice Wood, Farnhams Freund, der später Bischof von Norwich wurde. Er war
ein lieber Kerl und hatte einen enormen Appetit. Wir erinnern
uns, wie er eines Abends mit glänzenden Augen auf unsere
Mutter losstürmte.

«Die haben eine Fish-and-Chips-Bude an der Kreuzung
eröffnet», sprudelte es aus ihm heraus. «Können wir uns was
holen?»

«Also gut», erwiderte meine Mutter. «Ihr könnt euch eine
Portion zum Abendessen kaufen.»

Er zog ein langes Gesicht. «Ich hab' nicht *zum* Abendessen
gemeint», sagte er enttäuscht. «Ich meinte *nach* dem Abendessen.»

Es gab noch andere Freunde und Freundinnen, die regelmäßig bei uns erschienen, um bei uns zu essen oder mit uns zu plaudern. Eine von ihnen war Amy, Amy mit den verstrubbelten Haaren und dem schmutzigen Gesicht und dem weichsten Herzen, das man sich vorstellen kann. Wir verfolgten ihre Geschichten mit atemloser Spannung, besonders die von ihrer Mutter, die unter *Kampf*adern litt und mit dem Mütterverein einen Ausflug im offenen Wagen nach Weston unternahm.

«Hat es deiner Mutter gefallen?» fragte meine Mutter Amy anschließend.

«Nich so ganz schrecklich doll», erwiderte Amy. «Fünf Stund'n ham se auf'm Mäuerchen verbracht, weil's nämich so naß war, der Boden und so.»

«Wieso denn das?» wunderte sich meine Mutter.

Es stellte sich heraus, daß eine Nachbarin, Mrs. Smith, eine Perücke trug, die die unangenehme Eigenschaft hatte, bei starkem Wind davonzufliegen. Man gab ihr den guten Rat, hinten im Wagen Platz zu nehmen, aber sie weigerte sich.

«‹Ich hab' bezahlt, also sitz' ich, wo's mir paßt›, keift sie. Zwanzig Meilen vor West'n segelt ihr Hut davon, und dann is' klar, was passiert. Die P'rücke fliegt weg und landet auf die Seite vom Wagen. Alle kreischen los, und der Kutscher sieht, daß'n Menschenkopf, denkt er, unter sein Rad fliegt. Und er reißt so fest an der Bremse, daß die Kiste nicht mehr fah'n kann. Fünf Stunden häng'n sie im Graben fest, ha'm sie, und'n andrer Wagen bringt sie nach Haus. Toller Ausflug, was?»

Doch das konnte Amys Reiselust keinen Abbruch tun. Sie wollte unbedingt einmal ein anderes Land kennenlernen. Sie sparte, Münze für Münze, von ihrem mageren Lohn und buchte endlich eine eintägige Reise mit dem Frauenverein nach Rouen in Frankreich.

«War's schön?» erkundigte sich meine Mutter am nächsten Tag gespannt. Sie hatte zweifellos kräftig bei den Vorbereitungen mitgeholfen.

«War nicht so doll, die Reise», erwiderte Amy kurz angebunden. «Sind im Sturm nach Ruin gefahren, und ich hab' den ganzen Weg den Kopf über der Schüssel gehabt, weil mir schlecht war.»

Gilson war ein wahrer Gentleman der Straße. Still und höflich kreuzte er oft an unserer Haustür auf und holte sich seine Mahlzeit ab. Seinen ganzen Besitz trug er in einem Bündel auf dem Rücken mit sich herum. Wir wußten nie, woher er kam oder wohin er unterwegs war, aber er ließ sich nie etwas schenken. Mal ließ er sich die schmutzigen Schuhe aller Familienmitglieder geben und putzte sie, ein andermal jätete er im Garten Unkraut, und wenn es gar nichts zu tun gab, kehrte er später, gewöhnlich nach Einbruch der Dunkelheit, mit irgendeinem seltsamen Geschenk zurück. Einmal erschreckte er meine Mutter fast zu Tode. Die Dämmerung war schon hereingebrochen, und Mutter holte die Wäsche aus dem Garten herein, da trat er leise von hinten an sie heran und flüsterte rauh: «Wollen Sie'n schönen Schafskopf? Oder'n bißchen London Pride?»

Und dann war da noch Mrs. Biggs, die nie ihre Altersrente – damals 2 Pfund pro Woche – beanspruchen konnte, weil sie keinen festen Wohnsitz hatte und ihren Namen nicht schreiben konnte. Was sie brauchte, sagte sie meiner Mutter ziemlich kläglich, war jemand, der sich für sie «einsetz'n würd'». Und das tat meine Mutter mit Energie und Hartnäckigkeit. Sie fuhren oft zusammen mit dem Bus los, wobei Mrs. Biggs wie ein altes, schmutziges Lumpenbündel aussah, und verbrachten viele Stunden auf dem Sozialamt und in Rechtsanwaltsbüros. Angesichts der Tatsache, daß Mrs. Biggs keinen Geburtsschein und keine Adresse vorweisen und sich nicht einmal entscheiden konnte, ob sie Hannah oder Anna hieß, war die Tatsache, daß sie schließlich Erfolg hatten, ein reines Wunder. Ich glaube, die Leute wollten meine Mutter einfach los sein. Jedenfalls zog Mrs. Biggs triumphierend los, um sich ihre erste Rente abzuholen, und gab sie komplett für Geschenke für uns aus.

«Alles, was ich brauchte», sagte sie immer wieder, «war wer, der sich für mich einsetz'n würd'.»

Sie und viele andere wie sie zählten wir zu unseren Freunden. Sie gehörten ebenso zur «Familie» wie die Prediger und Missionare und Großmutters viele Verwandte, die uns besuchten. Wir lebten in einer geschäftigen, abwechslungsreichen Welt, aber für mich gab es eine dritte, fast geheime Welt, die mir vielleicht am wichtigsten war: die Welt der Hügel und Wälder und der wechselnden Jahreszeiten. Ich schämte mich fast, daß mir diese Welt so lieb war, unterschied ich mich doch dadurch in mancher Hinsicht von meinen Altersgenossinnen. Außer für Leichtathletik und Schwimmen hatte ich mich nie für Sport begeistern können. Als ich in die erste Hockeymannschaft gewählt wurde, tat ich so, als sei ich überglücklich. Innerlich aber stöhnte ich. So ein Unsinn, einen Samstagnachmittag im Herbst damit zu verschwenden, auf einer aufgeweichten Wiese hinter einem kleinen Ball herzurennen! Viel lieber wäre ich im Wald gewesen, wo der Rotdorn sich purpurn zu färben begann, oder oben auf den windgepeitschten Hügeln, wo der Farn sich in Gold verwandelte.

Zu Beginn des Teenageralters hatte ich nämlich etwas erlebt, was das Gesicht der Natur irgendwie veränderte. Ich war damals ein eigenwilliges Kind, das oft launisch und mürrisch war und sich selbst dafür haßte. Ich liebte mein Heim und meine Familie, und kein Kind hätte sich mehr wünschen können, lieb und beliebt zu sein. Ich weiß noch, wie ich Morgen für Morgen mit dem festen Vorsatz aufwachte, wenigstens an diesem Tag ein kleiner Sonnenstrahl zu sein – nur um elendiglich zu versagen, sobald mir irgend etwas gegen den Strich ging. Ich sprach mit niemand darüber, aber ich versank allmählich in eine fassungslose Verzweiflung. Warum, warum nur konnte ich nicht so sein, wie ich so gerne sein wollte?

Dann verzog ich mich eines Tages nach einem Wutausbruch in mein Zimmer und holte die alte Bibel hervor, die ich fast überhaupt nicht mehr las. Ich öffnete sie bei Offenbarung 3,20. Ich kannte den Vers seit vielen Jahren auswendig, aber an jenem Tag schien ich die Worte zum erstenmal zu verstehen: «Siehe, ich stehe vor der Tür und klopfe an. Wenn jemand meine Stimme hören wird und die Tür öffnet, zu dem werde ich hineingehen.» In Gedanken sah ich keine geschlossene Tür vor mir, sondern ein kleines Schiff, das durch Wind und Wellen vom Kurs abgekommen war und unmöglich je den Hafen erreichen konnte. Und ich schien Jesus zu sehen, der in dem Sturm da war und sagte: «Wenn du mich einlädst, bringe ich dich dahin, wo du hinwillst.» Ich glaube, ich habe laut gerufen: «Oh, bitte, bitte komm herein!»

Seit jenem ersten, lang zurückliegenden kindlichen Erfassen von Jesaja 43,1 hatte ich nie daran gezweifelt, daß ich dem Herrn gehörte, und die Erfahrung an diesem Tag stellte die Erfahrung jenes Tages keineswegs in Frage. Gottes Einladungen annehmen ist einfach ein weiterer Schritt zur Zugehörigkeit. Es bestätigte nur, was einmal von einem bekannten Kinderevangelisten gesagt wurde: «Ein kleines Kind braucht einen Heiland für ein kleines Kind. Ein wachsendes Kind braucht einen Heiland für ein wachsendes Kind.» In jeder Phase unserer Entwicklung offenbart er sich uns genau so, wie wir es nötig haben.

Rein äußerlich veränderte ich mich, soweit ich mich erinnere, nicht sehr. Ich erlebte noch manches Trauma eines eigenwilligen, von Gefühlen beherrschten Teenagers. Aber innerlich war etwas anders geworden. Ich wußte, daß er da war, als Teil meines Lebens, und ich wußte, daß es Hoffnung gab. Daß ich ihn nur anzurufen brauchte und er mich dann regieren konnte. Aber mehr noch: Die Welt hatte sich verändert. Ich hatte mich immer an allem Lebendigen gefreut, nun aber war es sein Leben, das da pulsierte; ich hatte immer das Licht geliebt, Sonnenaufgang, Wolken und Sonnenuntergang, nun aber war er das Licht. Zuweilen fühlte ich mich bedrückt und verzweifelt, sehnte mich nach einem Heiligen Gral, den ich noch nicht gefunden hatte, und zuweilen war ich so überglücklich, daß es fast weh tat. Es war bestimmt nicht einfach, mit mir zusammenzuleben; aber ich hatte eine geduldige Familie, die nach dem Motto «Leben und leben lassen» handelte.

Wie schön war es in Malvern! In jener guten alten Zeit

durften wir nach Herzenslust durch die Gegend streifen. Ich bezweifle, ob ich oder meine Eltern das Wort «Vergewaltigung» je hörten, und so waren wir ohne Angst in den stillen Wäldern und auf den Feldern und Hügeln.

Manchmal ging ich mit der ganzen Familie, manchmal mit Farnham oder dem kleinen John, sehr oft aber mutterseelenallein an meine Lieblingsorte. Da gab es Ende Februar, gewöhnlich früh an einem Morgen, den beglückenden Moment (ich erlebe den immer noch), in dem man am Hauch des Südwindes oder am einsamen Gesang eines Vogels plötzlich ganz sicher erkannte: Jetzt ist der Frühling unterwegs. Und dann – das Entdecken der ersten Schlüsselblume, das Blöken des ersten Lammes, das Erwachen zum hinreißenden Frühkonzert in der Morgendämmerung. Jetzt war der Frühling mit aller Macht da. Dann kamen die Osterferien, und wir suchten tagelang in den Cowleigh Woods nach Vogelnestern, bauten Wigwams, stauten Bäche und kletterten auf Bäume, während um uns herum kniehoch die Glockenblumen wuchsen und die Wiesen von den Butterblumen goldgelb gefärbt wurden.

Meine Erinnerungen an den Frühsommer sind untrennbar mit frühen Morgen- und späten Abendstunden verbunden, und zwar vermutlich deshalb, weil wir tagsüber meistens in der Schule waren. Wir lagen im Farn auf dem North Hill und sahen die ersten Lerchen in den Himmel steigen, oder wir sausten fröhlich per Fahrrad die Birchwood Road hinunter, an deren Rändern der Fingerhut wuchs und wilde Rosen die Hecken schmückten und der Sonnenuntergang nach Geißblatt duftete. In den Sommerferien machten wir uns früh auf den Weg und wanderten durchs Hügelland bis zum Hollybush Hill und zurück (etwa sechzehn Meilen), oder wir schwammen in einem schlammigen Fluß oder machten Eselritte oben auf den Hügeln. Bei Einbruch der Dämmerung kehrten wir dann hungrig und glücklich nach Hause zurück. Mutter freute sich, daß wir wieder da waren, und stellte keine Fragen. Am besten war es, wenn sie mitkam, was manchmal geschah. Sie konnte sogar im Schnee ein Lagerfeuer entzünden, und nie wieder haben mir Würstchen so gut geschmeckt wie die, die sie über rauchender Holzkohle grillte.

Am besten hat mir aber wohl der Herbst gefallen; Hasenglöckchen im Gras auf den Kreidefelsen, die letzte Herrlichkeit der Bäume, im Absterben noch schöner als im Leben; die Frische des Windes auf den Hängen des Beacon, angereichert mit dem Duft des rostbraunen Farns, und dann die kalte Einsamkeit des Schnees. All das bildete den wichtigsten Teil meines Lebens, das Buch, aus dem ich die tiefsten Lektionen des Lebens lernte, und mir graute vor einer Zukunft, in der ich ohne all das würde auskommen müssen.

Während Hazel sich ganz natürlich zur jungen Erwachsenen entwickelte, klammerte ich mich krampfhaft an die Kindheit. Schon türmten sich drohend die Fragen vor mir auf. Was hatte ich vor, wenn die Schule zu Ende war? Es war wahrlich eine Überraschung, daß ich, als ich als Internatsschülerin in die letzte Klasse versetzt wurde, zur Schulsprecherin ernannt wurde.

5

Kriegszeit

Bis 1938 stieg die Zahl der Schülerinnen an der Schule meiner Tante so sprunghaft an, daß man Haus um Haus in der Nachbarschaft aufkaufen und als Wohnheim nutzen mußte. Für jedes dieser Häuser brauchte man eine Hausmutter, und so zogen wir während meines letzten Schuljahres ins Applegarth, ein wunderschönes Haus auf einem Hügel, von dem man die ganze östliche Ebene überblicken und die Herrlichkeit des Sonnenaufgangs genießen konnte. Ich war traurig, aus dem alten Ziegelhaus ausziehen zu müssen, aber wir sahen uns das Applegarth im April zum erstenmal an; der Obstgarten stand in Blüte, die Wiese darunter war ein einziges Meer von Schlüsselblumen, und damit war mein Herz gewonnen. In der hintersten Ecke des Obstgartens hielten wir Enten, aber ihre Zutraulichkeit war grenzenlos (es war nie die Stärke meiner Mutter, für Disziplin zu sorgen). Sie erschienen ständig an der Haustür und watschelten schnatternd im Gänsemarsch durchs Haus und zur Hintertür wieder hinaus. Den Teppichen tat das nicht besonders gut, aber ich glaube nicht, daß das irgend jemanden gestört hat.

Man muß erwachsen werden! Hazel ging ans Westfield College in London und studierte Französisch; Farnham erwarb am Queens' College in Cambridge einen Grad in modernen Sprachen und studierte anschließend am London Hospital Medizin. John trat in seine Fußstapfen und absolvierte am Barts, London, seine medizinische Ausbildung. Oliver erwarb in Cambridge sein Diplom als Ingenieur, war während des Krieges in der Luftfahrtforschung tätig, speziell in der Entwicklung von Blindlandesystemen, und erhielt eine Auszeichnung der Queen für wertvolle Dienste in der Luftfahrt. Anschließend absolvierte er ein Fernstudium in Mathematik an der Universität London. Ich hatte mich ebenfalls entschlossen, eine medizinische Ausbildung zu machen, und hatte zusammen mit zwei anderen Mädchen von Clarendon eine Zusage des Royal Free Hospital bekommen, im September mit den ersten Kursen zu beginnen. Doch als es soweit war, teilte uns das Krankenhaus unerklärlicherweise mit, man habe nur zwei Bewerbungen bekommen. Ob die Papiere im Krankenhaus, in der Schule oder auf dem Postweg verlorengingen, haben wir nie herausgefunden. Jedenfalls war mein Ausbildungsplatz für dieses Jahr fort. Ich war bitter enttäuscht und hatte keine Ahnung, was ich jetzt machen sollte.

Doch gerade da brach der Krieg aus, und Clarendon (diese sichere kleine Schule, die sich im Schutz der großen Hügel versteckte) wurde mit Anmeldungen besorgter Eltern überschwemmt, die ihre Töchter aus den Städten heraushaben wollten. Wäre bekannt geworden, daß die den Krieg mitentscheidende Waffe, der Radar, in einem knapp eine Meile entfernten harmlos aussehenden Farmhaus perfektioniert wurde, hätte sich mancher wohl zweimal überlegt, seine Tochter nach Clarendon zu schicken. Aber das erfuhr die Welt erst nach Kriegsende.

Meine Tante kaufte sofort zwei weitere Häuser und begann eine Primarschule, und ich blieb da und half. Unter Anleitung einer Fröbel-Lehrerin, die eine unglaubliche Begabung hatte, mit Kindern umzugehen, unterrichtete ich sieben- bis elfjährige Mädchen. Ich lebte zu Hause bei meiner Mutter, und sie brauchte mich.

Die beiden jüngeren Buben waren im Internat, doch sie war Hausmutter von sieben Clarendon-Mädchen, und wir beherbergten außerdem drei Evakuierte, ein kleines Mädchen mit dessen Kindermädchen sowie Rose, eine ältere Cockney-Frau vom Londoner East End. Wir waren dafür verantwortlich, daß alle Hausbewohner im Keller Zuflucht suchten, wenn die deutschen Bomber Welle um Welle über uns hinwegdröhnten, um Birmingham oder Coventry zu zerstören; aber Rose hatte es niemals eilig.

Sie zog stets ihren Mantel an und setzte ihren schwarzen Hut auf, packte all ihre Besitztümer und die Essensration zusammen, die sie unter dem Bett aufbewahrte, und erschien, wenn sie soweit war. Dabei schimpfte und jammerte sie in einem fort. Darüber ärgerte sich meine Großmutter, die das Gefühl hatte, Rose beleidige die eigene Seite, indem sie nicht genug Vertrauen habe, und der darauffolgende Wortwechsel verlief meistens nach folgendem Schema:

> *Großmutter* (in ihrem energischsten Ton): «Rose, hör auf, dich so zu beklagen! Vergiß nicht, der Herr sorgt für uns!»
> *Rose*: «Na klaa – der da ob'm macht, wasser kann. Aba der 'Itler, der Kerl is' so clever!»

Trotz aller Ängste und Schreckensmeldungen war die Zeit in Clarendon ein glückliches Zwischenspiel. Ich liebte die Kinder und wäre gern Fröbel-Lehrerin geworden, aber dies war keine Zeit für eine normale Ausbildung. Von allen Seiten wurden Mädchen einberufen. Farnham hatte seinen Grad in modernen Sprachen erworben und dann umgesattelt und sich dem Medizinstudium zugewandt, und John war ebenfalls Medizinstudent geworden. Ich meldete mich zur Ausbildung als Krankenschwester im St. Thomas's Hospital in London an und konnte im Januar 1943 damit beginnen.

Der dreimonatige theoretische Kurs in einem alten Herrenhaus in Surrey verlief sehr gut. Ich schloß schnell Freundschaften, und die Prüfungen bestand ich problemlos. Jetzt war ich zum erstenmal für länger von zu Hause fort, und nun dämmerte mir auf einmal – ja, die Erkenntnis traf mich wie ein Schock –, wieviel Schönes und Wertvolles ich daheim genossen hatte: Ein glückliches, harmonisches Heim, eine liebevolle, einige Familie, ein reiches, glaubwürdiges christliches Erbe. Ich war mir vage bewußt gewesen, daß ich es gut hatte, hatte das aber als mehr oder weniger selbstverständlich hingenommen... bis zu jenem Nachmittag, an dem meine Mutter von Malvern herreiste, um mich an meinem freien halben Tag zu besuchen. Wir wanderten zu einem kleinen Dorf und tranken Tee in einem Café. Dann wanderten wir die drei oder vier Meilen zum Schwesternheim zurück. Es war ein stiller Frühlingstag. Auf den Hügeln von Surrey blökten Schafe und Lämmer einander an, und in den Hecken zwitscherten die Vögel beim Nestbau. Und wie auf jenem alten Weg nach Emmaus «ihre Augen aufgetan wurden», so wurde mir plötzlich bewußt, wieviel unsere Eltern im Laufe der Jahre für uns geopfert hatten und wieviel es meine Mutter täglich gekostet hatte, das kleine Paradies für uns zu schaffen, das ich immer als mein gutes Recht in Anspruch genommen hatte. Ich versuchte nicht, ihr zu erzählen, was in mir vorging; es war gar nicht nötig.

Wir waren uns an diesem Märzabend so nah, daß es keiner Worte bedurfte. Ihre Frisur und ihre Kleidung waren extrem schlicht, ihr Auftreten einfach und freundlich, aber ich weiß noch, mit welch glühendem Stolz ich sie meinen neuen Freundinnen vorstellte, und selbst die vornehmsten unter ihnen fühlten sich sofort zu ihr hingezogen («Hast du aber eine nette Mutter, Singe!»).

Ich erinnere mich auch noch an das Gefühl der Verzweiflung, als sie mit dem Taxi davonfuhr und im Dunst verschwand. Ich glaube, an jenem Tag bin ich endlich erwachsen geworden.

Die drei Monate gingen zu Ende, aber nichts hatte mich auf die schrecklichen Zustände auf Krankenstationen im Krieg vorbereitet oder auf die Hektik, in der wir arbeiten sollten. Ich war vom Landleben geprägt, vom Wechsel der Jahreszeiten und vom Tempo von Kindern. Jetzt hatte ich Angst. Mit rasendem Puls schien ich den ganzen Tag zu rennen, und ich war auch nicht im geringsten an das Temperament von Schwestern in Kriegszeiten gewöhnt. Gleich zu Anfang wurde ich einem berüchtigten alten Schlachtroß zugeteilt. Sie wurde jedoch schon bald zur Marine versetzt, als nämlich das vornehme Fräulein Sowieso unter ihr einen Nervenzusammenbruch erlitt und sich ihre einflußreichen Eltern beschwerten. Mehrere meiner Freundinnen gaben auf (von den vierundzwanzig Schwesternschülerinnen am Anfang hielten nur dreizehn durch), doch ich galoppierte weiter. Ich fürchtete mich mehr davor, zu versagen oder einen Fehler zu machen, als ich Angst vor einer Schwester hatte.

Ich bekam einen Ausschlag an Zehen und Fingern und dann Geschwüre. Es war fast eine Erleichterung, vom Dienst suspendiert zu werden; aber es passierte zu oft. Jede Hilfskraft wurde gebraucht, und als ich dann einmal eine Tür offenstehen ließ und eine streunende Katze hereinkam (wir arbeiteten in temporären Armeebaracken) und es sich auf einem sterilen Wagen bequem machte, war das Maß voll.

Die Oberschwester war eine der großen Frauen Englands. Man hatte ihr gerade einen Orden verliehen, weil sie während der Luftschlacht um England innerhalb von zwölf Stunden das gesamte St. Thomas's Hospital evakuiert hatte, und sie war nicht dazu aufgelegt, unfähige Lernschwestern geduldig zu ertragen. Sie hatte die Angewohnheit, zur Zimmerdecke hinaufzublicken und zu sprechen, wenn sie solche jungen Frauen vor sich hatte, was ihnen das Gefühl gab, gar nicht für sie zu existieren. Sie warf also einen Blick auf meine Papiere und blickte dann gen Himmel. «Sie haben fast soviel gefehlt, wie Sie Dienst gemacht haben», bemerkte sie. «Vielleicht eignen Sie sich nicht für die praktische Krankenpflege. Ihre Examensnoten dagegen sind gut. Warum gehen Sie nicht und machen eine Arbeit, bei der Sie ihren Kopf gebrauchen?»

Es war vorbei; ich konnte ohne großen Wirbel gehen, aber ich hatte versagt, und das würde mein Leben vielleicht völlig verändern. Ich beschloß, einen langen Spaziergang zu machen und über die Sache nachzudenken. Ich legte einen weiten Weg zurück und kam schließlich zu einer Eisenbahnstation, über deren Eingang in großen Buchstaben stand:

«JESUS SAGTE: ‹GLAUBST DU,
DASS ICH DAS TUN KANN?›»

Lange, sehr lange stand ich vor der Reklametafel, denn ich wußte, daß ich eine der wichtigsten, folgenreichsten Entscheidungen meines Lebens treffen mußte. Wenn ich sagte: «Ja, das glaube ich», mußte ich zurückkehren zu der Angst und zu der Möglichkeit weiteren Versagens und weiterer Krankheit.

Wenn ich hingegen «Nein, das glaube ich nicht» sagte, war ich frei, ein anderes Leben zu beginnen – nur ... würde ich je wieder an ihn glauben können? Wahrscheinlich nicht, dachte ich, und ich erkannte sehr klar, daß ich unmöglich ohne ihn leben konnte. Zu lange war er bei mir gewesen.

«Ich glaube, daß du es kannst.» Ich nahm sein Angebot einer zweiten Chance an und bewies, daß er halten konnte, was er versprach. Ich wurde nicht mehr krank, und irgendwie erschien mir die Arbeit anders. Ich war zwar immer noch ängstlich, aber ich hatte keine Angst mehr. Ich war offen für neue Erfahrungen und wuchs an Freuden und an Tragödien. Wie traurig war ich, als das erste Kind starb, und welch freudige Überraschung war das, als jemand, den wir aufgegeben hatten, sich doch noch erholte. Wie staunte ich über den Lebenswillen und den Humor von Kriegsversehrten und Bombenopfern, die auf Lebenszeit verstümmelt waren. Und dann die angsterfüllten Beichten, in stillen Nachtstunden geflüstert! Oder die Geburt eines Kindes in einem zerbombten Gebäude, als ich meinen freien Tag bei Farnham in dem Londoner Krankenhaus verbrachte, wo er als Medizinstudent beschäftigt war. Er hatte Nachtdienst, die Sirenen hatten geheult, und der Luftangriff hatte begonnen, aber wir kletterten über Trümmerstücke und Glasscherben und kamen gerade rechtzeitig an. Nie werde ich das Gefühl des Friedens und des Stolzes vergessen, das uns erfüllte. Um uns herum schien die Welt zu explodieren; doch wir saßen, heißen, süßen Tee trinkend, an dem Bett, in dem ein winziges Menschlein zufrieden im Arm seiner Mutter schlief.

Es gab auch viel zu lachen; und wir hätten die Tragödien um uns herum sonst wohl kaum ertragen können. Zu gewissen Zeiten arbeiteten wir in den brandgeschwärzten Mauern des Gebäudes in London, wo ein paar Stationen für Notfälle offengehalten wurden, zu anderen Zeiten wurden wir in Lazarette in sichereren Gebieten geschickt. Unsere Thomas's-Schwestern waren uns Anfängerinnen gegenüber sehr streng, aber sie waren wunderbare Schwestern, und wir hatten Hochachtung vor ihnen. In dem Maße, in dem wir selber mehr Verantwortung übernehmen konnten, entwickelte sich oft ein geradezu herzliches Verhältnis zu ihnen. Dagegen verachteten wir alle Schwestern, die ihren Beruf mit weniger Hingabe ausübten, und ließen sie das spüren, wenn wir ihnen unterstellt wurden. Wir waren Krankenpflegesnobs geworden.

Im Lazarett war eine Nachtschwester, die wir Purple Python («die purpurne Python») nannten (ich habe keine Ahnung, warum). Sie war jung und hübsch und verbrachte die meisten Dienst- und Freizeitstunden auf der Station mit den Offizieren. Mehrmals hatte man sie mit einem Offizier hinter einer Baracke ertappt, wo sie sich benommen hatte, wie unsere Thomas's-Schwestern sich nie aufgeführt hätten, selbst wenn sie die Gelegenheit dazu gehabt hätten! Wir, die wir jede für 36 einfache Soldaten zuständig waren, hatten keinerlei Respekt vor ihr. Ich weiß noch, wie ich Nacht für Nacht auf ihre Schritte draußen auf der Rampe lauschte, während meine Freundin Cherry sich in der Wäscherei mit ihrem Freund traf.

Sobald ich sie hörte, schlug ich Alarm; dann flitzte Michael auf die Station und kümmerte sich hingebungsvoll um einen Patienten, und die dicke Cherry quetschte sich in einen Wäschekorb, und ich knallte den Deckel zu. Die Purple Python schien nie besonders am Bericht über die Vorkommnisse in der Nacht interessiert zu sein, und ich hatte es stets eilig, sie loszuwerden, um Cherry vor dem Erstickungstod zu bewahren.

Ich zog mir einmal ihren Zorn zu, als ich in einer ruhigen Nacht meiner Mutter einen langen Brief schrieb, in dem ich schilderte, was hier so alles passierte, und zur Illustration eine nicht gerade schmeichelhafte Zeichnung der Lady beilegte. Am Morgen war ich müde und gab ihn irrtümlich zusammen mit meinem Nachtreport ab. Offen! Am nächsten Abend gab sie ihn mir fauchend zurück. Sie hielt ihn zwischen Daumen und Zeigefinger auf Armeslänge von sich, als könnte er jeden Augenblick explodieren.

Einmal konnte ich es ihr allerdings, ohne es zu wollen, heimzahlen. Meine einzige Hilfe während der ziemlich hektischen Nächte, als ganze Konvois von Verwundeten eingeflogen und zu Dutzenden Invasionsopfer zu uns gebracht wurden, war eine ältere freiwillige Sanitätshelferin. Sie erledigte zuverlässig ihre Routinearbeit bis 2 Uhr morgens, dann schnappte sie sich ein paar unbenutzte Kissen und verzog sich bis 5 Uhr zum Schlafen in die Badewanne. Ich war oft versucht, den Wasserhahn aufzudrehen, aber ich verkniff es mir jedesmal. Sie war alt und erschöpft und hatte viel mehr Erfahrung als ich. Außerdem war sie sehr freundlich, und eines Tages rettete sie mich tatsächlich.

Unsere Station lag direkt der Lazarettbaracke gegenüber, in der besagte Nachtschwester ihre Mitternachtsmahlzeit einzunehmen pflegte, und so gehörte es zu meinen Pflichten, ihr punkt zwölf das Essen auf einem Tablett zu servieren. Mochten Männer sterben oder verbluten, das Tablett durfte nicht zu spät kommen. Nie. So ging für mich die Welt unter, als ich eines Nachts um 23.58 Uhr die Küche betrat und gerade noch sah, wie eine schwarze Katze mit dem für Purple Python bestimmten Hühnerbein in der Schnauze durchs Fenster verschwand.

Nahrungsmittel waren damals streng rationiert. Und selbst wenn ich ihr meine Portion gab – die war noch roh. «Was mach' ich denn jetzt bloß?» jammerte ich.

«Laß mich das erledigen, Kindchen!» sagte die Sanitätshelferin. «Geh du, und sieh mal nach, was der Bursche in Bett 5 will, und dann kommst du wieder!»

Ich kümmerte mich um den Patienten und eilte in die Küche zurück. Da stand das Tablett – mit kaltem Braten und liebevoll angerichtetem Salat. Ich schnappte es mir und rannte damit zur Baracke hinüber.

«Woher haben Sie denn das organisiert?» fragte ich nach meiner Rückkehr dankbar.

«Aus dem Eimer mit dem Schweinefutter, Kindchen», erwiderte meine Sanitätshelferin, «und mehr verdient das Miststück auch nicht.»

So ließ ich sie schlafen; ich war gern auf dieser Station und sehnte mich selten von ihr fort. Ich hatte eben erfahren, daß der einzige Mann, den ich je hatte heiraten wollen, auf Kreta gefallen war.

Es hatte andere Möglichkeiten gegeben, aber ich hatte ein hohes Ideal von Männlichkeit und Mannsein. Farnham stand für mich auf einem hohen Sockel, und außer diesem einen waren bisher alle anderen Männer, die ich kennengelernt hatte, meinen strengen Maßstäben nicht gerecht geworden. Bei keinem andern, außer bei diesem einen, hatte ich je dieselbe schlichte, leidenschaftliche Integrität und Reinheit des Lebens gespürt. Allerdings hatten einige der Verwundeten, die wir betreuten, schwerwiegendere Probleme als ich.

Da waren die jungen und kräftigen Männer, die einen Arm oder ein Bein verloren hatten und mit erstaunlichem Mut und Humor der Zukunft entgegensahen. Andere waren verwundet heimgekehrt und mußten feststellen, daß ein anderer Mann ihre Stelle eingenommen hatte. In den stillen Nachtstunden zerbrach manchmal ihr Panzer. Auf eine sehr reale Art heilten ihre Wunden meine.

Briefe aus dem Krankenhaus, die meine Mutter aufbewahrte, bringen viele Erinnerungen zurück, lustige, traurige, fröhliche. Da war Porter, der bei einem Bombenangriff ein Bein verlor. «Er hat heute seine Krücken bekommen und hüpft auf der Station herum und reißt vulgäre Witze über alles, worüber man im Krankenhaus keine Witze macht, aber so tapfer und komisch! Du hättest ihn sehen sollen, wie er im Bett lag, seinen Stumpf schwenkte und lauthals sang: ‹Halbes Bein, halbes Bein, halbes Bein voraus!›»

Die Bombenopfer überraschten uns mit ihrer Unverwüstlichkeit und ihrem Einfallsreichtum. Da war Smith mit seinen Zukunftsplänen: «Letztens hielt ich Nachtwache am Bett eines Schwerverwundeten. In den Lazarettbaracken stehen die Betten ganz nah nebeneinander. Wenn man auf dem

Nachttisch sitzt, berührt man fast das Nebenbett. Ich war nur durch eine Sichtblende von einem alten Seemann getrennt, und plötzlich spürte ich jemand direkt neben meinem Ohr atmen, und eine Stimme flüsterte: ‹'Allo, Süße!› Ich wäre vor Schreck fast aus der Haut gefahren, faßte mich aber rasch, und dann flüsterten wir uns durch ein Loch in der Sichtblende freundlichen Unsinn zu. Als er mir haarklein vom Luftangriff erzählt hatte, sagte ich: ‹Wo wollen Sie denn hin, wenn Sie hier entlassen werden?›

> *Smith:* ‹In'n Anderson Shelter mit unsrer Mama.›
> *Ich:* ‹Können Sie sich denn nicht irgendwo ein Zimmer mieten?›
> *Smith:* ‹Geht nich'. Kann unsre Mama nich' allein lass'n.›
> *Ich:* ‹Würde sie denn nicht mit Ihnen kommen?›
> *Smith:* ‹Nee, muß bei de Kaninchen blei'm. Also wer'n ich un' unsre Mama mit ihn' im Anderson Shelter blei'm.›»

Da war Bing, dem beim Bombenangriff ein Arm abgerissen worden war. «Jeden Morgen wasche ich ihm, was er nicht selbst waschen kann, und er sitzt da und brüllt Befehle. ‹'Allo, mein klein'r Engel. Paß auf, wie du mir'n Stumpf schrubbst! Tu mir bloß nich' weh, sonst knall ich dir eine, daß du meins', 'n Elefant hat dir jetret'n ... HA, HA!›»

Bombenangriffe nahmen sie mit fast philosophischer Ruhe hin. In einem Brief (den ich später wieder las) berichtete ich von einem Sommerabend, an dem ein deutsches mit Bomben vollgestopftes Flugzeug ganz in unserer Nähe abstürzte.

«Der Krach war ungeheuerlich, und alle fuhren in ihren Betten auf. Ich machte mich auf den Weg, um nachzusehen, ob irgend jemand einen hysterischen Anfall hätte, und wollte anschließend die Betten aus dem Garten hereinholen. Der erste Patient, zu dem ich kam, sah mich enttäuscht und zornig an und rief: ‹WAS! Sie komm'n doch wohl nich', um mich wegzuhol'n, grad' jetz', wo's lustig wird?›»

Ein anderer meiner Lieblingspatienten war ein schwerver-
letzter schmächtiger Cockney-Bursche. «Er liegt im Bett und
wird künstlich ernährt. Ich schleiche um sein Bett und staube
ganz vorsichtig ab. Plötzlich schlägt er die Augen auf und
kräht so laut, daß man es auf der ganzen Station hören kann:
‹Schnecken un' Austern! Dat will ich zum A'mtess'n –
hab'n Dutzend Austern gegess'n, bevor se mich gebracht
ha'm ...› Aber er haßt es, gestört zu werden, und wenn ich mit
dem Fieberthermometer komme, schreit er: ‹Sag' ich meiner
Frau, wenn se am Sonntag kommt, sag ich ihr. Un' dann
versteck'n Se sich besser! Meine Frau, die wiegt näm'ich über
zwei Zentner, un' wenn die hinter Ihn' her is', sind Se verlor'n ...›» Um so trauriger war es, als die tapfere Stimme zu
einem Flüstern verkümmerte und der Kampf, den Humor zu
behalten, zu Ende war.

So viele starben an den indirekten Folgen der Bombenangriffe. Aber es gab auch die Freude unerwarteter Heilungen ...
ich werde nie den zwölfjährigen Reggie vergessen:

«Ich bekam vor ein paar Abenden plötzlich den Auftrag,
alles stehen und liegen zu lassen und auf einer anderen Station
bei einem Jungen Nachtwache zu halten, der im Sterben lag.
Meningitis. Er war völlig entkräftet und wimmerte schwach
und hoffnungslos, als sie ihn mit Spritzen traktierten. Er fiel
bald ins Delirium und dann ins Koma. Die Schwester versuchte ihn zu wecken, damit er seine Medikamente nehmen
konnte, aber er stöhnte nur und sank ins Koma zurück. Der
Arzt sagte mehr oder weniger deutlich, er liege im Sterben.
Sein Puls sank auf 42 und setzte zwischendurch ganz aus.
Dann begann er kalt zu werden, und ich war überzeugt, daß
dies das Ende war. Aber ich führte ihm weiterhin Wärme zu
und betete und betete und dachte an die (ebenfalls zwölfjährige) Tochter von Jairus. Die Schwester kam und sagte, ich
müßte versuchen, ihn zu wecken und ihm etwas zu trinken zu
geben, so versuchte ich es etwa sieben Minuten lang, aber er
schien schon zu weit weg zu sein. Dann geschah plötzlich eine
Art Wunder. Während der Nacht hatte er meistens die Augen
verdreht, und sie sahen ganz glasig aus. Doch nun wurden sie

auf einmal irgendwie hell, und er lächelte und trank seine Milch. Inzwischen war der Morgen angebrochen. Man hatte die Verdunkelung weggezogen, und die frische Luft und das Morgenlicht strömten herein. Es war wie in der biblischen Geschichte: ‹Und die Seele des Knaben kehrte in ihn zurück, und er wurde wieder lebendig.›

Reggie hatte ein bißchen Angst vor dem Tropfinfusionsapparat am Fußende des Bettes, deshalb redete ich ihm gut zu, sagte ihm, jetzt werde es ihm bald bessergehen, und dann könne er zum Hydon Fall wandern und die Eichhörnchen beobachten, und er sagte mit ganz schwacher Stimme: ‹Ich hab' ein Buch über Vögel und Blumen und Tiere, und ich sammle Vogeleier, aber ich nehme nur eines aus dem Nest, wenn über vier drin sind.› Um ihn zu beruhigen, unterhielt ich mich also weiter mit ihm, und während es auf der Station drunter und drüber ging (um diese Tageszeit war immer besonders viel los), saß ich hinter dem Vorhang, und wir redeten über all die Nester, die wir je gefunden hatten, und sein Puls wurde kräftiger, und er bat um eine Tasse Tee. Die Schwester ist überzeugt, daß er wieder gesund werden wird, aber ich werde ihn wohl nicht wiedersehen. Muß es nicht wunderbar sein, eine Privatkrankenschwester zu sein und einen Patienten bis zum Schluß begleiten zu können?»

So verging die Zeit, und ich arbeitete im Operationssaal in Chertsey, als im Radio die Nachricht durchkam, in Europa herrsche Frieden. Wir bekamen vorzeitig dienstfrei, rannten als große Gruppe zum Bahnhof und erwischten einen Zug zur Waterloo Station. Wir drängten uns durch die jubelnde Menschenmenge zum Buckingham Palast, und zwei von uns schafften es tatsächlich unter Aufbietung aller Kräfte (und Tricks), auf die Rücken der Löwen des Victoria and Albert Monument zu klettern. Dort schrien wir uns heiser, als die königliche Familie zum letztenmal an diesem Tag auf dem Balkon des Buckingham Palastes erschien. Dann einigten wir uns auf die Downing Street und wurden von der Menge zum Sitz des Premierministers geschoben, ja, fast getragen. Dort stießen wir zufällig auf einen Wagen, der sich langsam einen

Weg durch die feiernden Menschen bahnte. Auf dem Dach saß im Schneidersitz Mr. Churchill und rauchte seine Zigarre. Ich selbst erlebte den absoluten Höhepunkt, als ich ein Stück neben dem Gefährt herlief und tatsächlich den Saum seiner Hosen berühren konnte. Dann feierten wir den letzten spontanen Dankgottesdienst dieses Tages in der Westminster Abbey mit und erreichten gerade noch den letzten Zug zurück nach Chertsey. Der Krieg in Europa war vorbei, und die Jungen kamen nach Hause zurück. Es war eine wunderbare Zeit, jung und lebendig zu sein.

Unsere Ausbildungszeit ging zu Ende; und als ich das begehrte Nightingale Badge (das Abzeichen der ausgebildeten Krankenschwester) bekam, konnte ich nur staunend und dankbar anerkennen, daß Gott sein Wort mehr als gehalten und ich ihm zu Recht vertraut hatte. Mir standen nun mehrere Wege offen; aber meine geliebte Großmutter wurde rapide schwächer, und ich wollte unbedingt in ihrer Nähe sein. So beschloß ich (ob zu Recht oder Unrecht, weiß ich bis heute nicht sicher), nach Hause zurückzukehren und eine Zeitlang als private Krankenpflegerin beim örtlichen Allgemeinarzt zu arbeiten. Etwas später wurde ich Hausmutter für die dreißig jüngsten Internatsschülerinnen in der Schule meiner Tante. Als Großmutter eine Lungenentzündung bekam, konnte ich sie zu Hause pflegen.

Die Kinder waren im Alter zwischen sieben und elf Jahren, und ich habe viele glückliche Erinnerungen an diese Zeit – an Picknicks in Wäldern, wo es von Glockenblumen nur so wimmelte; an warme Sommerabende, an denen wir im hinteren Garten unter dem Wasserstrahl aus dem Gartenschlauch herumtobten; an ausgelassene Spiele mit den vier Katzen. Doch der erste Winter war der Winter mit den Schneemassen und der Grippeepidemie. Damals wurden viele unserer Kinder schwer krank.

In einer Nacht wütete ein Sturm. Gegen Mitternacht stürzte eine Zimmerdecke ein, und die Heizung fiel aus, und das Wasser in den Leitungen gefror. Die Hälfte der mir anvertrauten Kinder hatten ihre Eltern im Ausland; es war eine große Verantwortung, für ihre Gesundheit und ihr Wohlergehen zu sorgen. Damals wurde mir der Vers von den Engeln dieser Kleinen sehr real und wertvoll. Und dann kam eine Nacht, in der diese Engel wirklich und wahrhaftig ihre Flügel ausbreiteten und eine undurchdringliche Mauer bildeten.

Wir waren gewarnt worden, in der Stadt treibe sich ein gefährlicher Sexualverbrecher herum. Er hatte einige Mädchen angefallen und sich sogar als Arzt verkleidet in ein Pflegeheim eingeschlichen und ein Mädchen in ihrem Bett vergewaltigt ... Er wurde nicht gefaßt, aber als einige Wochen nichts mehr passierte, legte sich allmählich die Aufregung und die ganze Sache geriet in Vergessenheit.

Eines Abends saß ich gegen 10 Uhr im Wohnzimmer und wartete auf Ruth, meine Rechte Hand, die an einer Besprechung in der Schule teilnahm. Sie mußte jeden Augenblick zurückkommen.

Ich hörte, wie sich die Haustür öffnete, und rief Ruth einen Gruß zu. Sie antwortete nicht, und im nächsten Augenblick hörte ich Schritte auf der Treppe zum oberen Stock. «Sie wird sicher gleich wieder herunterkommen», dachte ich und setzte in der Küche den Teekessel auf. Während ich noch in der Küche beschäftigt war, hörte ich Schritte die Treppe herunterkommen, und dann vernahm ich zu meiner Überraschung, wie die Haustür ins Schloß fiel. Einen Augenblick später erschien Ruth.

«Warum gehst du denn rein und raus?» fragte ich.

«Mache ich doch gar nicht», erwiderte sie. «Ich bin gerade erst gekommen.»

Am nächsten Morgen wurden wir mit Fragen neugieriger, aber keineswegs beunruhigter Kinder überfallen: «Wer ist denn der Mann gewesen, der zu uns hereingekommen ist, zu jeder ans Bett kam und jede von uns angeschaut hat?»

«Ich dachte, das sei Dr. Maclean», sagte eine (während der Epidemie war unser Arzt oft gekommen und hatte noch mitten in der Nacht nach irgendeiner seiner kleinen Patientinnen gesehen).

«Und ich hab' gemeint, es sei Farnham», meldete sich eine andere (Farnham war ein häufiger und beliebter Besucher).

«Der hatte vielleicht große Füße!» staunte eine andere und deutete auf einen enormen lehmigen Fußabdruck auf der hellbraunen Fußmatte.

Niemand schien Angst zu haben, und sie vergaßen den Zwischenfall bald. Es vergingen etwa zehn Tage. Eines Nachts, die Haustür war fest verschlossen, erschien auf einmal eine Gruppe von Kindern auf dem oberen Treppenabsatz.

«Da klettert ein Mann am Efeu hoch», berichteten sie. «Er hat es auf unser Fenster abgesehen.»

Ruth und ich rannten hinaus. Der Mann sprang auf den Boden und lief davon, aber wir verfolgten und überwältigten ihn, und eine Passantin alarmierte die Polizei. Er war ein geistig zurückgebliebener junger Bursche, der sich kaum wehrte und statt dessen um Gnade bettelte. Er gestand bald seine anderen Vergehen und wanderte ins Gefängnis. Aber wer hatte ihn aufgehalten, als er in der Dunkelheit auf die schlaftrunkenen Kinder hinuntergeblickt hatte? Wer hatte die Mädchen in jener Nacht beschützt? Nicht nur vor Unheil, sondern auch vor Angst? «Ihre Engel im Himmel sehen allezeit das Angesicht meines Vaters im Himmel»!

In diesen beiden Jahren begann ich zu schreiben. Damals gab es keine billigen Flüge und Zwischenurlaube für Missionare, und die meisten Kinder, die ich in meiner Obhut hatte, hatten sich für vier Jahre von ihren Eltern verabschiedet. Tagsüber waren sie glücklich, aber abends und nachts traf ich so manches Kind vor Heimweh weinend an. Ich bemühte mich deshalb, ihnen vor dem Zubettgehen noch etwas besonders Schönes zu bieten. Im Winter machte ich Feuer im offenen Kamin. Die Kinder kamen in ihren Nachthemden, ihre Teddys und Puppen fest an sich gedrückt, herunter und machten es sich auf dem Teppich bequem. Ruth servierte Kakao und Gebäck, und ich las ihnen eine Geschichte vor.

Aber was sollte ich lesen? Ich suchte Geschichten, die Trost und Geborgenheit vermittelten, aber es schien nichts dergleichen zu geben, was auch noch literarisch einigermaßen vertretbar war. Bücher mit christlicher Botschaft für Kinder handelten damals noch meistens von Slums und sterbenden Waisenkindern, die auf dem Sterbebett wunderschöne Reden hielten. Erfreuliche Lektüre war das jedenfalls nicht, und so beschloß ich, selbst eine Geschichte für meine Kinder zu schreiben. Welche Elemente sollte sie enthalten? Ich überlegte mir das lange. Diesen Kindern fehlte ihre Mutter. Sie brauchten das Bewußtsein der Zugehörigkeit und das Gefühl, etwas Besonderes zu sein, denn so sehr man auch dreißig Kinder lieben mag, kann man doch dem einzelnen kaum das Gefühl vermitteln, ganz speziell und anders als alle anderen geliebt zu werden. Aber wie ließ sich dieses «etwas Besonderes sein» in einer Geschichte vermitteln? Natürlich – mit dem verlorenen Schaf! Der Hirte verließ die Neunundneunzig und kümmerte sich um das Eine. Malvern liegt im Schafzuchtgebiet, also ließ ich meine Geschichte auf unseren Weiden und in unseren Wäldern und auf unseren Hügeln spielen, und die Hauptfiguren waren zwei Kinder, deren Eltern sich im Ausland aufhielten. Abend für Abend arbeitete ich an *Das Geheimnis von Wildenwald* und erlebte noch einmal die Zeit, als ich mit Farnham die Wälder von Cowleigh durchstreift hatte. Und beim Schreiben hatte ich nur ein einziges Ziel: Ich wollte meine Geschichte den Kindern abends am Feuer vorlesen ...

Aber Hazel weilte zu dieser Zeit zu Hause, und sie hat immer viel weiter gedacht als ich. Sie entdeckte in einer Zeitschrift des englischen Bibellesebundes ein kleines Inserat, in dem ein Autorenwettbewerb angekündigt wurde: Für die beste bisher unveröffentlichte Geschichte mit christlicher Botschaft von einer neuen Autorin / einem neuen Autor war ein Preis von hundert Pfund ausgesetzt. Hazel ließ mir keine Ruhe. Ich sträubte mich dagegen. Ich konnte den Gedanken nicht ertragen, daß meine kleine Geschichte, die in vieler Hinsicht so persönlich war, ans Licht der Öffentlichkeit gezerrt werden sollte. Ich behauptete, ich könnte unmöglich bis zum Stichtag fertig sein. Aber sie ließ keine Ausrede gelten. Schließlich wurde ich in mein Zimmer verbannt und schrieb mir die Finger wund, während Hazel mir auf einem Tablett die Mahlzeiten brachte.

Mit der letzten Post vor dem allerletzten Termin schickte sie triumphierend das Manuskript ab. Die Jury fand zwar, es sei keine hundert Pfund wert, doch es landete auf dem ersten Rang, und ich bekam fünfzig Pfund.

Ich freute mich, war erstaunt und schämte mich zugleich. Jedenfalls war ich überzeugt, daß dieses Buch wie so viele andere Bücher bald vergessen werden würde. Nie wäre es mir in den Sinn gekommen, ein zweites zu schreiben. Aber dann trafen die Briefe ein! Der erste war von einer Großmutter geschrieben, die mir erzählte, wie ihre Enkelin, die siebenjährige Robin, den Guten Hirten gefunden hatte. Dann ein paar Zeilen von Rosemary, ebenfalls sieben. Die Briefe kamen und kamen, und allmählich dämmerte es mir, daß ich hier etwas hatte, womit ich Gott dienen konnte, und der Gedanke machte mich überglücklich, war ich doch immer ein so durchschnittliches Mädchen gewesen. Ich hatte nie etwas Besonderes zustande gebracht, außer vielleicht im Schwimmen und im Hochsprung.

Ich brauchte ein Thema. Mein erstes Buch war aus der offenkundigen Sehnsucht meiner Kinder nach Geborgenheit entstanden. Was aber war sonst noch dran? Die Welt ging nach dem Krieg wieder zum Alltag über. Aber wieviel Bitterkeit und Haß breiteten sich aus, als die Greuel ans Licht kamen. Ich erinnerte mich an die jungen Männer, die aus dem Krieg zurückgekommen waren und entdecken mußten, daß ihnen ihre Frauen nicht treu geblieben waren. Mir fielen die Gesichter derer ein, die die ersten Bilder des Horrors in Belsen gesehen hatten; das Elend der zerbombten Städte; der Haß derer, die anderen nicht vergeben konnten, und der Ekel derer, die sich selbst nicht verzeihen konnten. Plötzlich wußte ich, daß diese Generation von Kindern vor allem eines brauchte: Sie mußte es lernen, was Vergebung bedeutet. In Gedanken versetzte ich mich in das Jahr zurück, als wir in der Schweiz gelebt hatten: Meine kleine Schulfreundin Annette; der süße fünfjährige Dani, der sich das Bein gebrochen hatte;

mein allerliebstes weißes Kätzchen; und all das andere, was sich mir eingeprägt hatte – Kühe und Jahreszeiten und Schultage. Dann begann ich *Spuren im Schnee* zu schreiben.

Aber ich ließ zufällig das halbfertige Manuskript in einer Telefonzelle liegen, und als ich zurückkam, um es zu holen, war es verschwunden. Ich war nicht übermäßig erschüttert. Ich war an dem Punkt der Geschichte angelangt, den wahrscheinlich alle Autorinnen und Autoren nur zu gut kennen, den Punkt nämlich, an dem man sich fragt, ob das Ganze überhaupt der Mühe wert ist. Was hat man sich da bloß zusammengeschrieben? Ist das nicht alles längst gesagt worden? Ich kam zu dem Schluß, daß ich wohl nicht zur Schriftstellerin geboren war, und wandte mich anderen Beschäftigungen zu. Meine Mutter dagegen war untröstlich und begann dafür zu beten, und nicht lange danach bekam ich mein Manuskript zurück!

6

Ankunft in Tanger

Von frühester Kindheit an waren unsichtbare, unerkannte Mächte in unserem jungen Leben am Werk, davon bin ich überzeugt. Wir waren kurz nach dem Ersten Weltkrieg in England angekommen, also zu einer Zeit, in der das Interesse an der Weltmission plötzlich neu erwacht war. Die großen, bekannten Missionsgesellschaften wie die China Inland Mission und die Japan Evangelistic Band benötigten dringend finanzielle Mittel, um neue Arbeitszweige zu beginnen, und wohlhabende Christinnen hielten in ihren großen Salons Missionsversammlungen ab. Es war durchaus üblich, daß die Teilnehmerinnen am Ende der Versammlung, vom Aufruf tief bewegt, nach vorne kamen und ihre Perlenketten oder andere wertvolle Schmuckstücke auf den Opferteller legten.

Ich habe keine Ahnung, wie meine Mutter je in eine solche vornehme Versammlung geriet, denn sie erzählte mir erst viele Jahre später davon, als ich schon erwachsen war. Die Einzelheiten waren in Vergessenheit geraten, und ich weiß nur, daß sie ziemlich niedergeschlagen ganz hinten saß und sich völlig deplaziert vorkam. Sie hatte nichts zu geben. Da kam ihr plötzlich der Gedanke, und es war wie eine Stimme: «Was ist das Wertvollste, was du besitzt?»

«Meine drei Kinder», erwiderte sie. Ihr Herz wurde leicht, und sie ging unerschrocken nach vorne und bot Gott ihre drei kleinen Kinder für das Missionsfeld an (Oliver und John waren damals noch nicht geboren). Das war zu jener Zeit kein kleines Opfer! Man kannte noch keine Kurzzeiteinsätze, keine einfachen Urlaube, und viele Missionare und Missionarinnen starben draußen. Doch sie hielt ihr Versprechen, auch wenn sie keinem davon erzählte. Neben Psalm 84,4 («Der Vogel hat ein Haus gefunden und die Schwalbe ein Nest für ihre Jungen – deine Altäre, Herr Zebaoth, mein König und mein Gott») hatte sie an den Rand ihrer Bibel geschrieben: «Nur wenn sie an der Opferstätte losgelassen werden, sind sie ganz sicher.»

Es muß ihr manchmal schwergefallen sein, zu glauben, daß ihr Geschenk angenommen worden war, denn wir waren alles andere als im landläufigen Sinne «heilige» Kinder. Aber manchmal las uns unsere Tante in der Schule abends aus den großen Missionsbiographien jener Zeit vor – von Hudson Taylor, Miss Carmichael, den Damen Cable und French –, und mein Vater brachte oft weniger bekannte Missionarinnen und Missionare als Gäste mit nach Hause. Irgendwie muß das auf uns abgefärbt haben, denn ich erinnere mich an einen Tag, an dem Farnham und ich – wir waren damals etwa dreizehn und zwölf Jahre alt – mit baumelnden Beinen auf den obersten Ästen einer Buche saßen, die sich leise im Wind wiegten, und beschlossen, wenn wir erwachsen seien, wollten wir Missionare werden, vorausgesetzt, wir könnten zusammen hinausgehen. Wir malten uns enorme Härten und Entbehrungen aus (womit wir damals wahrscheinlich recht hatten) und fanden, wir sollten uns lieber darauf vorbereiten. Also gründeten wir den Hotspot Club, der bald sechs Mitglieder hatte.

Wir trafen uns zu Training, Mutproben und eindrucksvollen Beweisen der Selbstverleugnung, im Klartext: Wir schwammen eine Meile, schliefen ohne Bettzeug auf dem Fußboden unter dem Bett, balancierten über das hohe Giebeldach der Außentoilette oder ritzten uns die Arme auf und unterschrieben mit unserem Blut.

Unsere Klubversammlungen fanden hinter einem Wandschirm in meinem Zimmer statt; es wurde eng mit Joan und Peter, deren Eltern in Ägypten lebten und die einen großen Teil der Ferien bei uns verbrachten, und deshalb brauchten wir unbedingt eine Erfrischung. Wir fanden ein Rezept für Löwenzahnwein, das uns recht günstig erschien, wuchs Löwenzahn doch in rauhen Mengen auf dem Kirchhof, und wir brauten genau nach Anweisung ein Getränk. Meine Mutter nahm unseren Versuch nicht ernst, und glücklicherweise platzten über Nacht die Flaschen mit lautem Getöse. Unser Gebräu spritzte durch das ganze Zimmer. Nach Überzeugung meines Onkels, der ein paar übriggebliebene Tropfen probierte, wären wir alle stockbetrunken gewesen, wenn jeder von uns ein ganzes Glas davon getrunken hätte.

Auch sonst sammelten wir praktische Erfahrungen. So gingen Farnham und ich abends mit einer alten Violine ins Wirtshaus in der Nähe und sangen dort den Landstreichern und anderen, die in der Gaststube saßen, unsere geistlichen Lieblingslieder vor. Zu anderen Zeiten gingen wir zu den Hopfenfeldern und hielten dort «Kinderversammlungen» ab. An einem Wochentag fand nach dem Schulunterricht in unserer Garage eine «Sonntagsschule» für Kinder aus einer nahegelegenen Siedlung für sozial Benachteiligte statt. Manche von ihnen kamen im Kinderwagen.

Wie freute ich mich vor ein paar Jahren, als ich bei einer Frauenversammlung in der Nachbarschaft sprach und eine ältere Frau auf mich zukam und sagte: «Meine Brüder und ich, wir sind oft in Ihre Garagensonntagsschule gekommen und haben nie vergessen, was Sie uns damals erzählt haben.»

Wir wurden erwachsen, doch unser damaliges Zukunftsbild ist nie ganz verblichen. Hazel ging ans Westfield College in London und studierte Französisch und Latein. Alle dachten, sie würde zurückkommen und an der Schule unserer Tante in Clarendon arbeiten, doch während einer einjährigen pädagogischen Ausbildung in Cambridge beschloß sie, zunächst einmal zwei Jahre lang im Ausland zu unterrichten. Drei Möglichkeiten standen ihr offen, und sie entschied sich für den Libanon, weil die Jesajaworte von der «Herrlichkeit des Libanon» sie schon als Kind fasziniert und ihre Phantasie beflügelt hatten.

Sie wurde Lehrerin am British Syrian Training College for Girls in Beirut. Nach einem Jahr brach der Krieg aus, und sie blieb für weitere fünf Jahre. Dann kehrte sie nach Hause zurück und unterrichtete 1944 bis 1948 in Clarendon, reiste dann aber wieder aus und wurde 1950 Rektorin des Training College und der angeschlossenen Schule.

Sie blieb, von kurzen Unterbrechungen abgesehen, im Libanon, bis sie 1981 in den Ruhestand trat. 1971 bekam sie für ihre pädagogischen Leistungen im Mittleren Osten den MBE (Member of the Order of the British Empire) verliehen, und zwar vom Staatspräsidenten des Libanon.

Farnham absolvierte in Cambridge ein Studium in modernen Sprachen und vernahm dann deutlich und klar den Ruf Gottes, auf Medizin umzusteigen. Durch einen Freund war sein Interesse an einem kleinen Missionskrankenhaus in Tanger, Marokko, geweckt worden, aber der Krieg hatte seine Hoffnung zunichte gemacht, sich in absehbarer Zeit dem Ärzteteam dort anzuschließen.

Er erhielt seine Ausbildung am London Hospital, überlebte den Luftangriff, und nach seinem Studienabschluß wurde er einberufen und erwartete, daß man ihn im Ausland einsetzen würde. Er erschien vor dem Gremium, das über seinen Einsatzort zu entscheiden hatte.

«Was waren Ihre Pläne, bevor Ihnen der Krieg dazwischenkam?» wurde er gefragt.

«Ich hatte eigentlich vor, in einem Missionskrankenhaus in Tanger zu arbeiten», erwiderte Farnham.

Er wurde aufgefordert, den Raum zu verlassen. Nach kurzer Zeit rief man ihn wieder. «Wir möchten, daß Sie sofort nach Tanger ausreisen», sagte der diensthabende Offizier. «Sie sollen versuchen, die Beziehungen zwischen England und Marokko zu verbessern.» Farnham reiste so bald wie möglich mit einem Konvoi nach Gibraltar und setzte von da nach Tanger über. Über dreißig Jahre blieb er dort. Am Ende seiner Dienstzeit wurde ihm der OBE (Officer of the Order of the British Empire) verliehen für «besondere Verdienste um die Beziehungen zwischen Britannien und Marokko». Dabei war sein eigenes Hauptanliegen die Beziehung der Männer und Frauen um ihn herum zu Gott.

Vier Jahre lang arbeitete er unter einem älteren Arzt. Dann kam es innerhalb der Mitarbeiterschaft zu einer Krise, und man bat Farnham, die Leitung der Klinik zu übernehmen. Ein Jahr später, 1949, beschloß ich, ihm nachzureisen.

Er brauchte mich zu diesem Zeitpunkt. Die treue alte Missionarin, die ihm den Haushalt besorgte, wurde allmählich müde und erschöpft. Der liebevolle, kontaktfreudige und allen gegenüber freundliche Farnham begann sich allmählich nach einer Ehefrau zu sehnen, und zu viele unverheiratete junge Frauen hätten diese Rolle nur zu gerne übernommen. Er schrieb mir und bat mich inständig, zu ihm zu kommen. Meine Eltern waren einverstanden, und so packte ich und fuhr los, ohne mich um irgendwelche Formalitäten zu kümmern. Keiner von uns kam auf den Gedanken, daß dies, gelinde gesagt, nicht der übliche Weg war, in die Arbeit bei einer Missionsgesellschaft einzusteigen; jedenfalls bekam ich kurz nach meiner Ankunft einen etwas erstaunten Brief der Missionsleitung. Doch da ich nun einmal da war, gab es kein Zurück; ich blieb all meine Jahre als Krankenschwester im Dienst der Mission.

Das Schwesternwohnheim, hoch auf einer Klippe mit Blick über die Straße von Gibraltar gebaut, und das saubere weiße Krankenhausgebäude erschienen mir bei meiner Ankunft als Paradies. Die Mimosenbäume schäumten golden im Garten, und mein Schlafzimmer schien voller Sonnenschein und Orangen. Aber wenn ich mich recht erinnere, wurde ich schon am nächsten Morgen in die Poliklinik geschickt, und da gingen mir die Augen auf! Ständig sah ich mich einer Übermacht von fröhlichen, schmutzigen kleinen Jungen gegenüber, die mir alles mögliche zu sagen hatten. Ich versuchte, mich ihnen mit Händen und Füßen und Augenbrauen verständlich zu machen – damals gab es noch keinen systematischen Sprachunterricht als Starthilfe für das Krankenhauspersonal. Auch war der Begriff «Kulturschock» noch nicht erfunden, aber wir litten zweifellos darunter. Am Ende eines heißen, kräftezehrenden Tages verzog ich mich manchmal auf das Flachdach, starrte über das dunkle Mittelmeer zu den weit entfernten Lichtern von Spanien hinüber und machte mir so meine Gedanken.

Ich hatte weder mit den Wellen des Heimwehs gerechnet, noch war ich auf die Erfahrung vorbereitet, daß Missionare (ich selbst eingeschlossen) und Bekehrte nicht immer so heilig waren, wie ich es mir naiv vorgestellt hatte. Es gab Augenblicke, in denen ich mich allen Ernstes fragte, ob die ganze Sache meinen Einsatz wert war.

Ich erinnere mich lebhaft an ein Ereignis, das in einer Zeit, in der ich das dringend brauchte, meine Wertmaßstäbe zurechtrückte. Es war ein heißer Nachmittag. In zwei Einzelzimmern im unteren Stock lagen zwei Ausländer im Sterben. Ich war speziell für sie zuständig und pendelte zwischen den beiden Zimmern hin und her.

In einem Zimmer lag ein Engländer. Neben seinem Bett saß seine Frau. Sie erzählte mir ruhig und sachlich, was geschehen war. Ihr Mann trainierte arabische Rennpferde, und sie lebten in einem palastartigen Haus auf dem Berg, umgeben von Schönheit und Luxus. Abend für Abend wurden in dem Haus Cocktailpartys veranstaltet, und die reichen Angehörigen der Ausländerkolonie von Tanger gaben sich ein Stelldichein. Alles ging gut, bis der Mann eines Tages schreckliche Kopfschmerzen bekam und seinen Arzt aufsuchte. Der warnte ihn, er habe einen viel zu hohen Blutdruck, und riet ihm unter anderem dringend, keinen Alkohol mehr zu trinken.

Ein paar Nächte später wachte er in panischer Angst auf. «Ich kann nicht hier liegen und an den Tod denken», sagte er zu seiner Frau. «Ich muß etwas nehmen, was mir vergessen hilft.» Er ging nach unten, betrank sich und bekam einen Schlaganfall. An jenem Nachmittag starb er, ohne noch einmal das Bewußtsein wiederzuerlangen, und als ich an seinem Bett stehend auf ihn hinunterblickte, war ich ganz traurig und deprimiert. Er hatte in den Jahren, die hinter ihm lagen, so viel besessen – alles, was einem das Leben an Vermögen und Vergnügungen bieten kann. Aber der Zukunft hatte er nur mit Angst und Hoffnungslosigkeit entgegensehen können. Was hatte das Ganze also letztlich für einen Sinn gehabt?

Aber in dem kleinen Einzelzimmer gleich gegenüber, auf der anderen Seite des Ganges, lag Don Samuel aus Spanien. Damals konnten Protestanten in Spanien noch wegen ihres Glaubens eingesperrt werden, und Don Samuel hatte viele

Monate in einer Zelle zugebracht. Nach seiner Entlassung war er zu seiner Frau und seinen Kindern nach Tanger ausgereist. Es war ein freudiges Wiedersehen gewesen, und die Familie hoffte, jetzt beginne endlich ein neues, gemeinsames Leben. Aber innerhalb weniger Wochen stellte sich heraus, daß die schlechte Ernährung und die schlimmen Haftbedingungen Don Samuel zuviel abverlangt hatten. Er litt bereits bei der Haftentlassung an Magenkrebs im fortgeschrittenen Stadium, und an besagtem Nachmittag lag auch er im Sterben. Seine Frau und seine übrige Familie saßen an seinem Bett.

Doch als er seine letzten Atemzüge tat, breitete sich auf einmal unglaubliche Freude auf seinem Gesicht aus. «Holen Sie den Doktor!» flüsterte er. «Ich möchte, daß er sieht, was ich sehe!» Ich rannte in die Poliklinik, und Farnham lief mit mir zurück. Wir kamen gerade rechtzeitig. Don Samuel deutete an die Zimmerdecke. «Seht doch! Seht doch nur!» sagte er auf Spanisch. «Das müßt ihr sehen! Ins Licht! Ins Licht! Ich gehe zu Jesus – oh, seht ihr das nicht?» Er war von uns gegangen, und wir standen da und starrten die geweißte Zimmerdecke an. Aber ein Schimmer der Herrlichkeit schien immer noch das stille Zimmer zu erhellen, und die Botschaft hing in der Luft: in der Vergangenheit so wenig; nur an Härten und Verfolgungen und Schmerzen mehr als genug; aber vor sich eine Schönheit und Erfüllung, die wir uns nicht einmal in unseren kühnsten Träumen ausmalen konnten. Und machte das nicht das Leben lebenswert und allen Einsatz sinnvoll?

Was mich persönlich betraf, war ich allerdings immer noch unsicher. Ich hatte viele Missionsbiographien gelesen, und die Heldinnen und Helden, die darin vorkamen, schienen alle einen «Ruf» bekommen zu haben – einen besonderen Bibelvers, einen konkreten Anruf Gottes oder eine klare Erleuchtung. Ich dagegen hatte, soweit ich das sah, einfach das auf der Hand Liegende getan. Ich hatte dafür gebetet und von Herzen Gottes Willen tun wollen, aber ich hatte keine besondere Bestätigung bekommen. Das plagte mich. Hatte Gott mich wirklich berufen und gesandt, oder hatte ich nur meine eigenen Pläne verwirklicht?

Und dann geschah etwas. Etwa ein Jahr zuvor war ein junger Mann mit akuter Knochenmarkentzündung aus einem Bergstädtchen zu uns gebracht worden, und Farnham hatte zuerst gemeint, er müsse das Bein amputieren. Doch nach vier Operationen war es Mohammed allmählich bessergegangen, und jetzt konnte er heimkehren. Damals hatten wir die Freiheit, auf den Krankenstationen Andachten zu halten, und Mohammed hatte eine Menge verstanden. Die Bergstadt, in der er wohnte, war etwa zwei Autostunden entfernt, und wir beschlossen, ihn nach Hause zu fahren.

Es war Juni und sehr heiß. Wir brachen um fünf Uhr morgens auf und rumpelten bald über die gewundene Gebirgsstraße. Links blickten wir in den Abgrund, vor uns erhoben sich die hohen Felsen. Der Mohn leuchtete am Straßenrand, und es duftete nach Kampfer. Hoch in den Hügeln legten wir eine Pause ein und frühstückten im Schatten eines Olivenbaums. Hier begann Mohammed zu reden.

«Warum müssen wir den weiten Weg zu euch kommen, um geheilt zu werden und eure Botschaft zu hören?» fragte er plötzlich. «Warum kommt nicht jemand von euch zu uns herauf und lebt bei uns? In unserer Stadt kann man Häuser mieten oder kaufen.»

Farnham und Mohammed schlugen das Neue Testament auf und waren bald in seine Botschaft vertieft. Ich aber saß ein wenig abseits und schlug den Abschnitt auf, der in meiner täglichen Bibellese an der Reihe war. Ich las gerade im Buch Hesekiel und war zufällig bei Kapitel 34 angelangt: «Meine Schafe sind zerstreut, weil sie keinen Hirten haben ... Sie irren umher auf allen Bergen und auf allen hohen Hügeln und sind über das ganze Land zerstreut, und niemand ist da, der nach ihnen fragt oder auf sie achtet.»

Ich blickte um mich. Ein sonnenbeschienener Hügel hinter dem anderen, ein dunstiges Tal nach dem anderen, noch in die Schatten des frühen Morgens eingehüllt; und in die Falten geschmiegt sah ich das Blaugrün der Feigenkaktushecken, hinter denen sich jeweils ein winziges Dorf versteckte – und niemand war da, der nach ihnen fragte oder auf sie achtete!

Plötzlich, undramatisch, aber mit völliger Gewißheit wußte ich, daß in diesem Augenblick geschah, worauf ich gewartet hatte. Hier war die nicht vorausgesehene Wegbiegung und die verheißene Stimme: «Dies ist der Weg; den geh!»

Gott hat uns nie eine Stimme auf einer geraden und übersichtlichen Wegstrecke versprochen. Dafür hat er uns unseren gesunden Menschenverstand, normale menschliche Entscheidungskriterien und das ruhige Gefühl seiner Leitung gegeben. Aber wenn wir an eine Weggabelung kommen, dann bewahrheitet sich sein Versprechen: «Deine Ohren werden hinter dir das Wort hören: ‹Dies ist der Weg; den geh! Sonst weder zur Rechten noch zur Linken!›» An der Abzweigung wird er so klar zu uns sprechen, doch wir schwanken und zögern noch. Wir dürfen aber weitergehen mit dem Gebet des Glaubens: «Ich will deinen Willen tun, und ich glaube, daß dies der rechte Weg ist. Wenn ich mich irre, dann halte du mich bitte auf!»

Und sollte er ein solches Gebet nicht erhören? Wenn wir ein Kind, das wir liebhaben und das bei uns sein und bleiben will, über eine Straße führen, und es irrtümlich eine falsche Richtung einschlägt – ist es vorstellbar, daß wir dieses Kind nicht zurückrufen oder zurückholen würden? Und sollte er, der das Urbild aller Vaterschaft und die Quelle aller Mutterschaft ist, weniger für die geliebten Kinder tun?

Ich erzählte damals nichts, weil es zu viele Probleme gab. Im Krankenhaus herrschte Schwesternmangel, und ich führte Farnham den Haushalt. Farnham den Haushalt zu führen bedeutete, mit einem nicht endenden Strom von Besuchern fertig zu werden: Patienten von den Bergstämmen, die irgendwie untergebracht werden mußten, Mütter mit kranken Babys, die nicht bis zum nächsten Tag warten konnten, aufgeweckte junge Burschen, die sich unterrichten lassen wollten, Missionare und Missionarinnen auf dem Weg nach Süden, die «nur auf einen Schwatz» vorbeikamen, oder Touristen, die zuviel Zeit hatten und sich gern das Krankenhaus anschauen wollten. Manchmal kamen alle auf einmal an, und dann gab es, wie eine junge Schweizer Helferin es einmal

76

ausdrückte, «une rude salade». Aber Farnham mochte noch
so erschöpft sein, die Leute waren ihm immer willkommen,
und er freute sich offenbar immer, sie zu sehen – das Problem
war nur, daß er so oft nicht da war ...

7

Familienfreuden und -leiden

Es gab keinen Zweifel, Farnham brauchte eine Frau; wir beteten darum, als wir im Sommer 1950 heimreisten, um an Johns Hochzeitsfeier teilzunehmen. Er hatte sich mit der Krankenschwester Gwynne Morton verlobt, als er im Mildmay Mission Hospital gearbeitet hatte. Sie wurde hier in Coventry, wo John später eine Praxis eröffnete, meine geliebte Schwägerin und bewährte sich als Mutter von sieben Kindern. Ihr Heim wurde ein willkommener Heimathafen, in den wir von unseren Auslandseinsätzen immer zurückkehren konnten.

Oliver hatte bereits 1945 – als erster von uns – geheiratet. Eileen war ihm eine wunderbare lebenslange Gefährtin und arbeitete später mit Oliver und ihren drei Jungen begeistert in der Jugendarbeit ihrer lebendigen Kirche mit. Damals war gerade das Duke of Edinbourgh's Scheme ins Leben gerufen worden, das sich voll und ganz das Interesse der Jugendlichen an Klettern, Skifahren und Bergsteigen zunutze machte.

Doch das war noch ferne Zukunft, als wir in England ankamen und uns darauf freuten, einen Monat zu Hause zu verbringen.

Clarendon, die Schule meiner Tante, war nach Nordwales umgezogen, in ein imposantes Gebäude, das unter dem Namen Kinmel Hall bekannt war und das Sir John Laing gekauft hatte und nun vermietete, damit dort eine christliche Schule einziehen konnte. Meine Eltern waren mit der Schule umgezogen und wohnten in einer großen Wohnung, von der aus sie den venezianischen Garten mit seinen kunstvoll beschnittenen Bäumen, den Rosenbeeten und dem Seerosenteich überblicken konnten. Sieben kleine Mädchen wohnten bei ihnen, und meine Mutter verwöhnte sie nach Strich und Faden. Die

Schülerinnen rissen sich darum, in der Wohngruppe von Mrs. St. John zu sein.

Wir verbrachten den ganzen Monat bei unseren Eltern und hatten herrliche Ferien. Wir kletterten auf den Hängen des Snowdon herum und durchstreiften die wunderbare walisische Landschaft. Aber nichts deutete darauf hin, daß sich eine Romanze anbahnen könnte – bis genau eine Woche vor unserer geplanten Rückreise nach Nordafrika. Die Überseeische Missionsgemeinschaft (damals hieß sie noch China Inland Mission) hielt ihre Jahreskonferenz in der Schule ab, und Farnhams alter Studienfreund Leith Samuel hatte sein Kommen angekündigt. Als Farnham erfuhr, daß er eingetroffen sei, rannte er zur Haustür, um ihn zu empfangen.

Da standen Leith und seine Frau. Farnham hieß sie willkommen und wurde dann der jungen Frau vorgestellt, die eben hinten aus dem Wagen stieg – einer großen jungen Dame mit einem braunen Haarkrönchen und Sommersprossen auf der Nase. «Darf ich dir Janet Thompson vorstellen? Sie ist Medizinstudentin», sagte Leith. Sie gaben einander die Hand, und da war es um Farnham geschehen. Er kam mit verklärtem Gesicht nach oben. Glücklicherweise kannte ich das Mädchen ein wenig, da ich mit ihr zur Schule gegangen war, doch da sie fünf Jahre jünger war als ich, hatten sich unsere Wege seither nicht wieder gekreuzt.

Janets Eltern, die als Missionare in China gearbeitet hatten, nahmen ebenfalls an der Konferenz teil, was die Dinge ein wenig verkomplizierte; aber unter Hinweis darauf, daß wir schließlich uralte Bekannte seien, arrangierten wir ein Frühstückspicknick am Strand, zu dem ich Janet einlud. Wir schwammen im kalten walisischen Meer und brieten Eier; sie sahen einander durch den Rauch des Lagerfeuers an, und Janet ließ sich auf dem Soziussitz seines neuen Motorrads von Farnham nach Hause bringen.

Danach ging alles sehr schnell, und sie verlobten sich fünf Tage später am heidekrautbewachsenen Hang des Tryfan, nur zwei Tage, bevor wir abreisen mußten. Ihre Ehe erwies sich als eine jener im Himmel geschlossenen Ehen, als Gottes gutes und vollkommenes Geschenk an einen, der bereitwillig gewartet hatte.

Johns Hochzeit fand am Samstag in Clarendon statt. Janet nahm ebenfalls daran teil, und es hätte fast eine doppelte Feier geben können, aber ihre Eltern hatten Mühe mit dem unziemlichen Tempo der jungen Liebe, und sie baten Janet und Farnham, ihre Verlobung erst nach Janets Abschlußexamen offiziell bekanntzugeben, also erst drei Monate später. Am nächsten Morgen brachen Farnham und ich mit dem Motorrad in Richtung Nordafrika auf. Am Ende der Zufahrt zur Schule, hinter einem Busch, verabschiedeten sie sich voneinander. Sie kannten sich seit einer Woche und sollten sich sechs Monate lang nicht mehr sehen.

Die Reise nach Nordafrika dauerte acht Tage, und es war eine der herrlichsten Wochen, die ich je erlebt habe.

Das Motorrad holperte und schaukelte zum Klang unserer Lieder – sentimentaler Liebeslieder oder froher Lobeshymnen, hatte Farnham doch plötzlich entdeckt, was Verliebtsein bedeutete. Sein Herzenswunsch war erfüllt worden. Ich freute mich mit ihm, und das half mir über den Schmerz des Abschieds von meinen Eltern hinweg. Sooft ich frisch gemähtes Heu oder den Geruch eines Bohnenfeldes einatme, meine ich bis heute die Freude jener Reise zu spüren. Ich kann mich nicht mehr an alles erinnern, aber gewisse Einzelheiten sind mir lebhaft im Gedächtnis geblieben. So entsinne ich mich noch an den ersten Morgen nach unserer Abreise. Wir hatten am Abend zuvor bis nach Dover fahren und mit der Nachtfähre den Kanal überqueren wollen. Doch Farnham hatte einen Zwischenhalt eingelegt und einen Freund, Maurice Wood, besucht, um ihm die große Neuigkeit mitzuteilen, und prompt hatten wir die Fähre verpaßt. Das war nicht weiter schlimm. Damals konnten wir ebensogut am Morgen übersetzen, also stellten wir das Motorrad am Straßenrand ab und kletterten die Böschung hinauf. Dort entrollten wir unsere Schlafsäcke, die wir hinten am Sattel festgeschnallt hatten, zogen unsere kleinen Kissen hervor, machten es uns bequem und waren bald eingeschlafen.

Früh am Morgen wurde ich von Stimmen geweckt. Es war noch gar nicht richtig hell, und ich lag allein da. Ich spähte über den Rand meines Schlafsacks und sah meinen Bruder in tiefstem Schlaf unten an der Straße. Die Beine hatte er weit von sich gestreckt. Neben ihm standen zwei Polizisten und blickten ratlos auf ihn hinunter. «Hallo!» rief ich. «Ist was?» – «Noch nicht», erwiderte einer von ihnen ernst. «Aber wenn Sie Ihren Mann nicht wecken und ihm sagen, er soll seine Beine von der Straße London-Dover runternehmen, hat er sie bald ab!»

Wir reisten mit einem Minimum an Gepäck – ein Topf, eine kleine Bratpfanne, Eßutensilien und eine Wasserflasche, Wäsche zum Wechseln, ein großer Sack Reis und eine Bibel – das war alles, wenn ich mich recht erinnere. In Calais kauften wir Brot und eine große, schwere Wurst, die wir in Scheiben schneiden und unter den Reis mischen wollten. Sie roch zwar nach ein paar Tagen ziemlich seltsam, aber wir überlebten es. Ich habe noch die langen, geraden, von Pappeln gesäumten Straßen in Frankreich vor Augen. Rechts und links Sonnenblumenfelder und dazwischen große rote Mohnflecken. Manchmal führte die Straße direkt neben einem breiten Fluß her; dann legten wir eine Pause ein und schwammen ein paar Züge. Und dann der unvergeßliche einschläfernde Pinienduft, als wir durch die Wälder von Les Landes fuhren!

Ich weiß noch, wie mir auf meinem Soziussitz schwindelig wurde und ich mich kaum wachhalten konnte. Damals trug man noch keine Helme, und ein Sturz vom fahrenden Motorrad hätte mit ziemlicher Sicherheit den Tod bedeutet, aber wir hatten keine Angst. Wir freuten uns viel zu sehr am Leben, als daß wir ans Sterben gedacht hätten.

Ich erinnere mich an den Paraffingeruch und die sättigende Masse aus Reis und alter Wurst, bei Sonnenuntergang gegessen. Danach verzogen wir uns mit unseren Schlafsäcken hinter irgendeine einladende Hecke und schliefen tief und fest. Ich erinnere mich ans Passieren der spanischen Grenze. Dann knatterten wir bergauf, durch Haarnadelkurven, in die kühlen Höhen der Pyrenäen. Zwischendurch ein kleines grünes

Tal, das von der Straße abzweigte, und ein Bergbach, der durchs Gras gurgelte. Butterblumen, Vergißmeinnicht und Parnaßgras wuchsen am Wasser, wo wir picknickten, uns wuschen und uns satt tranken. Selten habe ich seither die Worte «Er weidet mich auf einer grünen Aue und führt mich zum frischen Wasser» gelesen, ohne an dieses Plätzchen zu denken. Wir erlebten auch Unwetter hoch oben in diesen Bergen. Eines Abends waren wir durch und durch naß, und draußen zu übernachten war ausgeschlossen, so blieben wir in einem wunderbar billigen Gasthaus. Ich muß wohl unglaublich jung und unschuldig ausgesehen haben; jedenfalls ließ es sich die Wirtin nicht nehmen, in mein Zimmer zu kommen, mich gut zuzudecken und mir mit einer Flut von spanischen Kosewörtern, die meistens auf «issima» endeten, gute Nacht zu sagen.

Von den kühlen Höhen der Pyrenäen ging es im Zickzack hinunter zu den heißen Ebenen nördlich von Madrid, zu den seltsamen Felsen und den kahlen, bereits abgeernteten Feldern. Die nächsten drei Tage lang änderten wir unseren Lebensrhythmus. Wir standen gegen vier Uhr morgens auf, in der großen Stille vor dem Morgengrauen, zündeten unseren Primuskocher an, stürzten kochend heißen Tee hinunter und fuhren los, während wir noch unser Brot und unsere Wurst kauten. Die Dunkelheit ging in ein Perlgrau über, dann schossen im Osten die ersten feurigen Strahlen der aufgehenden Sonne über den Himmel, irgendwo begannen die Hähne zu krähen – die Welt erwachte.

Wenn es gegen elf Uhr ging, schienen wir durch einen Flammenvorhang zu fahren. Dann suchten wir uns einen schattigen Platz in einem Eukalyptushain oder unter einem überhängenden Felsen und machten Siesta. Einmal teilten wir uns mit einer spanischen Zigeunerfamilie den Schatten einer Steinmauer.

Ich schlief lang und tief, und als ich erwachte, saßen sie alle erwartungsvoll um Farnham herum. Er sprach fließend Spanisch und las ihnen gerade die Geschichte vom Verlorenen Sohn vor. Um vier Uhr machten wir uns wieder auf den Weg nach Süden, und die Feuerwand wich der angenehmen Abendkühle und dem erstaunlichen Schauspiel des Sonnenuntergangs über der verbrannten, kahlen Landschaft. Wir fuhren in die Nacht hinein, unter den hellen Sternen des Südens, und sangen laut, um uns gegenseitig wachzuhalten. Dann, so gegen elf Uhr, machten wir es uns in irgendeinem Graben bequem und schliefen wieder.

Ich erinnere mich an den flachen Rücken der Sierra und die erfrischende Bergluft und an den atemberaubenden Augenblick, als wir hinunterblickten und Tausende Fuß unter uns das Juwelblau des Mittelmeers sahen. Links duckte sich Gibraltar wie ein wilder alter britischer Löwe, während weit hinten, aber sehr klar die Küste Nordafrikas zu sehen war. Den ganzen Spätnachmittag lang klammerte ich mich verzweifelt an Farnhams Rücken, während er durch die Haarnadelkurven brauste, die zur Küste führten. Aber dafür schliefen wir in dieser Nacht luxuriös am Strand, nachdem wir uns im warmen Meer den Staub und Schmutz und die Anstrengungen der Reise abgewaschen hatten. Wir schlugen unser Lager in der Nähe einer Fischerhütte auf, und als wir frühmorgens aufwachten, brachte uns eine Gruppe splitternackter, lächelnder kleiner Kinder einen großen Teller mit Orangen und Oliven. Güte und Barmherzigkeit hatten uns begleitet und uns auf dem ganzen Weg bewahrt. Als wir mit der Fähre nach Tanger übersetzten, sprangen die Delphine und blitzten im Sonnenlicht. Wir begannen einen neuen Lebensabschnitt.

Eine neue Schwester hatte im Krankenhaus die Arbeit aufgenommen, und im Frühjahr wollte Farnham nach England zurückkehren, um sich in Chirurgie weiterzubilden, für seine Gemeinschaft zu arbeiten und Janet zu heiraten. Damit schien für mich der Weg frei, in die Stadt in den Bergen zu ziehen.

Wir fuhren zusammen mit den Motorrad hinauf, um das Land auszukundschaften. Es hatte geregnet, und wir holperten die steile Straße hinauf. Es war kaum zu glauben, daß wir nur ein paar Meilen von der kleinen Stadt entfernt waren, denn es war nichts zu sehen als Felsen und Steine, die mit jener dünnen grünen Schicht überzogen waren, die so schnell erscheint, sobald die ersten Regentropfen das Land benetzen. Wir fuhren weiter bis zum Hügelkamm, und da lag die Stadt, direkt unter uns, geschützt zwischen zwei Felsausläufern und smaragdgrün eingefaßt, denn über der Stadt türmt sich ein riesiger Felsen auf, und aus einer Spalte sprudelt klares, eiskaltes Wasser, eine Flut, die nie versiegt. Die Dürre kann ihr nichts anhaben, weil ihre Quelle tief im Felsen verborgen ist. Ein Teil des Wassers fließt in einem schäumenden Strom irgendwohin, ein anderer Teil wird mit Rohren in die Stadt geleitet, so daß in fast jeder Straße frische Brunnen plätschern. Doch lange bevor man die Häuser erkennt, sieht man die bewässerten Felder und die grünen, ach so grünen Gärten. Hier, in diesem geschützten Tal, ist das dürre Land zur Wasserstelle geworden und das durstige Land zu Wasserströmen.

Mohammed kam uns entgegen und nahm uns mit nach Hause, wo seine Familie uns mit einem Eintopf nach dem anderen willkommen hieß – Fischeintopf, Schaffleischeintopf mit Gemüse, Hühnerfleischeintopf mit Oliven. Als wir uns fast nicht mehr rühren konnten, machten wir uns auf die Suche nach einem Haus und fanden tatsächlich eines, das uns geeignet erschien. Es war klein, aber von seinen Fenstern und vom Dach aus konnte ich die gewundene Straße sehen, die nach Osten in die höheren Berge führte, und das Herbstgold im Tal unter uns. Ich sah auch direkt in den Innenhof der Dorfherberge, wo die Esel der Stadt untergebracht waren, zu denen sich nachts die Ärmsten und Obdachlosen gesellten, die für ein paar Pennys im Stroh schlafen durften. So stellte ich mir den Platz vor, an den Maria ihr Baby gelegt hatte, und der Gedanke gefiel mir und entschädigte mich für die Wahrscheinlichkeit, daß mir bei heißem Wetter der Gestank der Esel in die Nase steigen würde.

Wir machten ab, das Haus in drei Monaten zu nehmen, und fuhren am nächsten Morgen wieder weg. Bei der Abfahrt drückte mir Mohammed als Abschiedsgeschenk drei lebendige Hühner in die Arme, und ihr Geflatter und Gegacker machte unsern Aufbruch zum Schauspiel für die ganze Nachbarschaft. Es ist nicht so einfach, auf dem Soziussitz eines Motorrads drei lebendige Hennen zu transportieren, aber sie beruhigten sich erstaunlich schnell. Als ich mich umwandte, um noch einen Blick auf das Tal zu werfen, das so wunderschön im Tagesanbruch dalag, und auf die langen Frühmorgenschatten auf den Hügeln – da wußte ich genau, daß ich zurückkommen sollte. Das Los war mir gefallen auf liebliches Land, mir war ein schönes Erbteil geworden.

Die drei Monate gingen schnell herum. Wir erlebten ein glückliches Weihnachtsfest im Krankenhaus, und der Gedanke, das alles nun zu verlassen, war seltsam. Dann traf am 11. Februar spät in der Nacht das Telegramm ein: Meine liebe Großmutter war in ihrem Heim in Nordwales gestorben.

Dies war meine erste persönliche Begegnung mit dem Tod in meiner Familie. Ich hatte mich oft gefragt, was das wohl für ein Gefühl sei, zu wissen, daß jemand, der das ganze Leben lang dagewesen war, nun nicht mehr da war. Am nächsten Tag rannte ich nach der Arbeit auf die höchsten Klippen, von denen aus man die Straße von Gibraltar überblicken konnte, und versuchte, mich mit meinem Verlust auseinanderzusetzen. Aber es stellte sich gar kein Gefühl des Verlustes ein, sondern nur ein erstaunliches, glückliches Gefühl der Nähe und Verbundenheit. Ich hatte fast den Eindruck, ich könnte die Hand ausstrecken und sie berühren. Die räumliche Trennung und der Schleier des Alters und eines verwirrten Geistes waren ein für allemal aufgehoben und beiseite getan. Waren wir uns schon vorher im Geist nahegewesen, waren wir nun gänzlich vereint. Ich erkannte die Bedeutung der Worte «alles, was da Kinder heißt im Himmel und auf Erden» und der Aussage, daß «weder Tod noch Leben uns scheiden kann von der Liebe». Großmutter war jetzt im Himmel, an einem Ort, zu dem auch ich freien Zugang hatte. Nie hatte ich weniger ein Gefühl des Verlustes gespürt, nie stärker das Bewußtsein einer tröstenden menschlichen Nähe gehabt. Großmutter war stärker und mutiger und klüger, als sie es je gewesen war, bevor sich ihr

Geist umwölkt hatte. Gerade als ich mich darauf vorbereitete, all meine europäischen Gefährten zu verlassen, kam dieses starke Gefühl der Verbundenheit. Der Trost war stärker als die Trauer.

8

Hinauf in die Berge

Als es schließlich Zeit war, mich von Farnham zu verabschieden und mich in der Bergstadt niederzulassen, zog ich nicht allein los. Evelyn Pike, meine ehemalige Englischlehrerin und lebenslange Freundin, reiste an und begleitete mich. Wir trafen an einem Märzabend ein und übernachteten in dem kleinen spanischen Hotel. Mein Haus über der Herberge war an jemand anders verkauft worden, und so mußten wir wieder ganz von vorn mit der Haussuche beginnen. Das war ein schwerer Schlag, doch irgendwie kam mir der Satz in den Sinn: «Gott reicht uns alles dar, es zu genießen», und so brachten wir den ersten Tag mit Suchen zu.

Mohammed war voller Enthusiasmus. Soweit ich mich erinnere, sahen wir uns vier oder fünf Häuser an. Das erste war deprimierend. Es lag in einer Senke, durch die ein Abwasserkanal floß, und hatte überhaupt keine Fenster. Die zahlreiche spanische Bevölkerung, die zu beiden Seiten des Kanals wohnte, hieß uns sofort lautstark willkommen, aber ich war nicht so sicher. Wir wollten ein zweites Haus besichtigen, aber der Schlüssel war verlorengegangen, so konnten wir nur durch das Schlüsselloch in ein schwarzes Nichts blicken. Mohammed meinte, wir seien ein bißchen zu anspruchsvoll. Offensichtlich fand er meine Vorliebe für Fenster unnatürlich. Das dritte Haus war zu winzig, das vierte zu teuer. Das fünfte – wir fanden es erst am Abend – schien endlich das zu sein, was «Gott uns darreichte».

Wir stiegen eine schmale Treppe hinauf, die zu zwei kleinen Schlafzimmern führte, den reinsten Klosterzellen mit unebenen geweißten Wänden und vergitterten Fenstern. Doch von dort aus führte eine noch schmalere Treppe aufs Dach, und sobald ich einen Blick über die Brüstung geworfen hatte, beschloß ich, dieses Haus zu nehmen. Ich überblickte den ganzen Marktplatz. Im Licht der untergehenden Sonne packten die Händler ihre Stände zusammen und beluden ihre Esel. Zwei Störche segelten über unsere Köpfe hinweg und landeten auf einem Bein auf dem efeuüberwachsenen Festungswall einer alten Burg. Dahinter erstreckten sich die kleinen Häuser, eines hinter dem anderen. Reihe um Reihe roter Dächer, und dahinter der dunkle Fels. Die Farben im letzten Licht des Tages waren unbeschreiblich; helles, kräftiges Rot, Pink in verschiedenen Schattierungen, weiche Braun- und Grautöne. Und dazwischen die Minarette der Moscheen in strahlendem Weiß, die lange Schatten über die Stadt warfen.

Evelyn (die zwei oder drei Wochen bleiben wollte) und ich besorgten uns ein paar Matratzen aus zweiter Hand, einen niedrigen runden Tisch und einen Schrank und richteten uns recht gemütlich ein. Wir entdeckten allerdings bald, daß das Haus auch gewisse Nachteile hatte. Bei starkem Regen floß das Wasser die Treppe vom Dach herunter, und zweimal erlebte ich in den ersten Wochen dieses nassen März, daß ich von einem Besuch nach Hause kam und mir mein Kochtopf auf dem Boden entgegengeschwommen kam. Stundenlang stand ich bis zu den Knöcheln im Wasser und versuchte, der Fluten Herr zu werden. Mehrmals fielen Katzen durch den offenen Teil des Daches und starben in meiner Wohnung, während ich fort war. Käfer krabbelten aus den Dachbalken, und ich ging in ein Geschäft, um Insektenpulver zu kaufen. Es waren mehrere Kunden im Laden, die offenbar nachfühlen konnten, was ich durchmachte, und mir eifrig alles zeigten, was es gab. «Das ist für die Käfer auf dem Dach», erklärten sie mir, «das für die Käfer in Ihrem Bett und das für die in Ihren Kleidern und an Ihrem Körper.» Sie schienen überrascht, daß ich nicht das ganze Sortiment kaufte, und ich entdeckte nur zu bald, daß ich es besser getan hätte!

Dann mußte Evelyn wieder abreisen, und die erste Nacht allein in dem weißgetünchten Haus werde ich wohl nie vergessen. Meine Haustür war stabil und fest verriegelt, aber ich hatte Angst, ganz allein in dieser muslimischen Stadt zu schlafen. Ich machte mich fertig fürs Bett und schlug mein Andachtsbuch Daily Light auf. Die Worte hätten in Gold geschrieben sein können: «Der dich behütet, schläft nicht. Siehe, der Hüter Israels schläft und schlummert nicht.» Plötzlich war die Angst weg, und ich habe nie eine unfreundliche nächtliche Störung erlebt. Gott hat all die Jahre sein Versprechen gehalten.

Die ersten paar Monate waren einsam. Farnham war nach England abgereist, und ich hatte nur selten Besucher. Bis auf Mohammeds Familie und eine andere Familie, deren Tochter im Krankenhaus gewesen war, brachte die Stadt mir Mißtrauen entgegen. Außer ein paar mit Marokkanern verheirateten spanischen Frauen hatten noch nie Ausländer innerhalb der Stadtmauern gewohnt, es gab allerdings eine blühende spanische Kolonie vor den Toren der Stadt. Ich lernte Stunde um Stunde Arabisch und probierte es an Mohammeds Mutter aus, während sie mir beibrachte, wie man Schafwolle kämmt, oder an Zohra, während sie Rosen- und Orangenblütenparfüm destillierte. Ich war bei alledem nicht unglücklich. Die Berge und Täler außerhalb der Stadt waren ein einziges Blütenmeer. Überall leuchteten Schwertlilien, Mohnblumen und Ringelblumen. Malvenfarbene und rote Zwerggladiolen bildeten leuchtende Teppiche auf den Feldern. Ich begann noch einmal die alten Missionsbiographien zu lesen, darunter die Geschichte von Padgett Wilkes von Japan, in der mich ein Satz besonders traf: «Macht ist eine gefährliche Waffe. Unser Gott ist ein eifersüchtiger Gott. Er wird sie keinem anvertrauen, der nicht durch und durch geheiligt ist.»

Es war eine Zeit des Lernens und des Wachsens, eine Zeit, in der ich entdeckte, was mir in einer fremden Umgebung und wenn kein Mensch da war, mit dem ich Englisch sprechen konnte, die Gegenwart Jesu bedeutete. In diesen Monaten tauchte auch irgendwo das verlorene Manuskript von *Spuren im Schnee* wieder auf. Es war in einer Telefonzelle gefunden, wie durch ein Wunder identifiziert und auf Umwegen an meine Mutter geschickt worden. Ich schrieb es fertig und durchlebte dabei in Gedanken noch einmal das idyllische Jahr in der Schweiz und all die glücklichen Erinnerungen daran. Im großen und ganzen bewahrheitete sich wieder einmal die Verheißung: «Die Wüste und Einöde wird frohlocken, und die Steppe wird jubeln.»

Ganz in der Nähe der Stadt lebten Miss Vokes und Dyllis von der Emmanuel Mission. Zu ihnen eilte ich sonntags voller Freude zum Mittagessen, das meistens aus Spiegeleiern und Bratkartoffeln bestand. Wir vermieden es zunächst, uns auch die Woche über zu treffen, weil wir in der Stadt nicht den Eindruck erwecken wollten, wir seien verbündet. Aber die Gemeinschaft am Sonntag war etwas vom Herrlichsten, was ich je erlebt habe. Miss Vokes war ausgebildete Dirigentin und lehrte uns Kantaten und Choräle. Sie dirigierte uns zwei Frauen in ihrem Wohnzimmer, als hätte sie mindestens fünfzig Sängerinnen und Sänger in einem Konzertsaal vor sich. Ich zählte die Tage bis zum Sonntag.

Und dann begannen abends die kleinen Jungen einzutrudeln. Viele von ihnen waren auf die Straße gesetzt worden, weil es für ihre wachsenden Familien nicht genug zu essen gab (mit zehn Jahren traute man ihnen zu, daß sie für sich selbst sorgen könnten). Sie streiften in kleinen Gruppen durch die Stadt, bettelten oder stahlen sich ihren Lebensunterhalt zusammen; manche gingen abends nach Hause, andere – vor allem diejenigen, die aus den Dörfern kamen – schliefen auf den Stufen der Moschee. Ein Junge kam an meine Haustür und bettelte um Brot. Ich gab ihm etwas. Das sprach sich herum, und am nächsten Abend klopften in der Dämmerung sechs oder sieben erwartungsvolle Jungen mit strahlenden Augen bei mir an. Sie versicherten mir, sie seien alle Waisen, heimatlos und fast verhungert. Ich ließ sie herein und gab ihnen Brot und Sirup. Sirup hatten sie noch nie getrunken und waren entsprechend begeistert. Sie drängten sich um den niedrigen Tisch, leckten sich alle zehn Finger ab und blickten sich im Zimmer um, um zu sehen, was es zu stehlen gab.

Ich erzählten ihnen in gebrochenem Arabisch die Geschichte vom Guten Hirten und zeigte ihnen ein Bild dazu.

Sie lachten herzlich, und als sie wieder verschwanden, segneten sie meine Vorfahren und wünschten mir Frieden. Ein Löffel und ein Stück Seife waren nicht mehr auffindbar, aber die Jungen waren so empört und beleidigt, als ich das am nächsten Abend zur Sprache brachte, daß ich mich am Ende fast meiner selbst schämte. Abend für Abend kamen sie, und ich lernte Bohnenmus und Linsen mit Kräutern zu kochen und auf meine Sachen aufzupassen. Sobald sie alles aufgegessen und sich die Finger abgeleckt hatten, blickten sie mich mit engelsgleichen Gesichtern an und warteten auf ihre Geschichte.

Dann aber schöpften die Lehrer in der Moschee Verdacht. Sie fragten die Jungen aus und verboten ihnen, weiterhin zu kommen. Ich wunderte mich, was passiert war. Drei oder vier Abende blieben sie aus, doch sie vermißten ihre Mahlzeit und beschlossen, es zu riskieren. Eines Abends wurde laut an meine Haustür geklopft. Ich öffnete, doch die Straße schien leer. Plötzlich wurde ich von einer Meute heranstürmender Jungen fast umgerissen. Sie kamen aus dunklen Hauseingängen und Torbögen, sausten in meinen Flur und verriegelten die Haustür hinter sich. Sie strahlten mich an und stürzten sich auf Brot und schwarze Oliven, weil ich sie nicht erwartet und nichts gekocht hatte. Sie schienen alle froh, wieder da zu sein, und ich war – in Unkenntnis dessen, was sich ereignet hatte – froh, daß ich sie wiedersah. Es war stockdunkel, als sie davonschlichen.

Sobald sie jedoch auf der Straße waren, brach die Hölle los. Mit Knüppeln bewaffnete Männer hatten ihnen aufgelauert, und die Kinder, die nicht entwischen konnten, wurden brutal zusammengeschlagen. Es war undenkbar, daß sie sich noch einmal in mein Haus wagen konnten, also beschlossen sie, sich bei der Gegenseite beliebt zu machen, indem sie mir Schimpfwörter nachriefen und mich mit Steinen bewarfen. Jemand legte mir eine tote Katze auf die Türschwelle, und unsere glücklichen Abende schienen vergessen.

Außer von einem. Einige Tage waren vergangen, da hörte ich es kurz vor Mitternacht an meine Tür klopfen. Ich stand auf und sah aus dem Fenster. Unter der Laterne stand ein kleiner Junge und winkte aufgeregt. Ich ging hinunter und öffnete. Er drängte sich an mir vorbei ins Haus und schloß die Tür. Dann küßte er mir die Hand, verneigte sich vor dem Bild an der Wand, auf dem Jesus die Kinder segnet, führte mich nach oben und setzte sich mit mir hin. Er lachte mich triumphierend an. Heute war er allein bei mir und mußte mir weder den armen Waisenknaben noch den reifen Heiligen vorspielen. Er war nichts weiter als ein glücklicher kleiner Junge, der eine Freundin gefunden hatte.

«Die anderen kommen nicht mehr», informierte er mich, «aber ich werde jeden Abend kommen. Erzählst du mir jetzt eine Geschichte und gibst mir etwas Brot?»

Ich versuchte, ihn zu warnen, aber er ließ sich nicht entmutigen. Nacht für Nacht tauchte er auf und weckte mich gewöhnlich. Eines Abends erschien er ganz aufgeregt und lud mich ein, am nächsten Tag mit ihm zu kommen und seine Mutter zu besuchen.

«Deine Mutter!» rief ich. «Ich denke, du bist ein Waisenkind!»

Er tat diese Bemerkung mit einer Handbewegung ab, als sei sie keiner Antwort wert, und versprach, mich am nächsten Tag gegen zwei Uhr abzuholen.

Er erschien pünktlich und marschierte gleich wieder los. Ich folgte ihm in einigem Abstand, denn es erschien mir nicht klug, mit ihm zusammen in der Öffentlichkeit gesehen zu werden. Ich hastete hinter ihm her die schmalen gepflasterten Straßen entlang, die zum ärmeren Teil der Stadt führten. Er verschwand in einem Hauseingang, und ich betrat hinter ihm das Haus. Ich sah gerade noch, wie er eine wackelige Leiter hinaufkletterte, die zum Dachboden führte, den die ganze Familie offenbar bewohnte. Er war wie ein Eichhörnchen die Sprossen hinaufgehuscht, ich begann ihm ungeschickt und vorsichtig nachzusteigen. Ich hörte ihn ankündigen: «Sie ist gekommen!»

Luftschnappen, Kichern und allgemeine Panik. Ich merkte, daß keiner da oben ihm geglaubt oder auch nur im Traum damit gerechnet hatte, daß ich tatsächlich kommen würde. Und als mein komisches bleiches Gesicht und mein helles Haar durch das Loch im Fußboden erschien, verstummten alle verblüfft, um in der nächsten Sekunde loszulachen. Ich lachte mit, kletterte weiter, bis ich auf dem Boden angelangt war, und setzte mich. Was sollte ich auch anderes machen?

Hamid war sichtlich empört. So hatte er sich das nicht vorgestellt! Mit seinen zehn Jahren hatte er das Recht, sein Weibervolk herumzukommandieren, und er trug seiner Mutter auf, Tee zu machen. Sie schluckte ihre Erheiterung hinunter, beeilte sich, ihm zu gehorchen, und blies in die Holzkohlenglut. Dann verzweifeltes Suchen, Flüstern und Argumentieren – man stellte fest, daß kein Zucker da war. Da die ölige Substanz in der großen Tonschüssel darauf schließen ließ, daß man gerade im Begriff gewesen war, zu Mittag zu essen, schlug ich vor, mich ihnen anzuschließen. Sie zögerten. Aßen Europäer auch Bohnenmus? Hamid versicherte, daß ich so etwas mochte, und so nahmen wir jeder mit einem Stück Brot um die Schüssel Platz und tauchten es in den Brei. Ich hatte Hunger und genoß das Essen, denn die Marokkaner gehen so geschickt mit Kräutern und Gewürzen um, daß selbst die Speisen der Ärmsten wunderbar schmecken. Bald hatten sie ihre Schüchternheit überwunden, und sie löcherten mich mit Fragen. Wie oft wusch ich mich? Wieviel Miete zahlte ich? Wie alt war ich? Warum war ich nicht verheiratet? Wir kamen ganz gut miteinander zurecht, bis Hamid uns unterbrach. «Zu laut!» sagte er. «Sie wird euch jetzt eine Geschichte erzählen. Erzähl ihnen von dem verlorenen Schaf!»

Neugierige Nachbarn kletterten die Leiter herauf, und der Dachboden füllte sich allmählich. Ich tat mein Bestes, aber erwachsene Frauen haben nicht so viel Phantasie wie kleine Jungen, uns sie waren nicht an meinen Akzent gewöhnt. So entdeckte ich in ihren Gesichtern nichts als offene Belustigung oder totale Verwirrung. Sie verstanden einfach nicht, wovon ich redete. Ich stammelte und stockte, und Hamid kam mir sofort zu Hilfe. Der Kleine erhob sich zu voller Größe.

«Also», sagte er, «dann werde ich euch die Geschichte von dem Hirten erzählen, der hundert Schafe hatte und eines verlor.» (Er beugte sich nach vorne und zählte mit gerunzelter Stirn seine imaginäre Herde.) «So nahm er seine Laterne und ging in die Berge und suchte und suchte.» (Er wanderte durch den Raum, beschattete seine Augen und hielt seine imaginäre Laterne hoch.) «Da! Es schreit! Hört ihr es?» (Er kauerte sich in eine Ecke und blökte herzerweichend.) «Der Wolf will es fressen, aber der Hirte hat keine Angst. Er rettet es und legt es voller Freude auf seine Schultern.»

Die kleine Schar sah fasziniert und mucksmäuschenstill zu, wie Hamid mühsam von einem Ende des Dachbodens zum anderen stapfte, gebeugt unter der Last des Schafes, das er mit einer Hand festhielt.

In der Nähe der nach unten führenden Leiter blieb er stehen, hob den Kopf, winkte und rief: «Kommt, meine Freunde! Kommt, meine Nachbarn! Ich habe mein verlorenes Schaf gefunden. Wir wollen uns freuen und ein großes Fest feiern.» Die Zuhörerschaft war begeistert. Die Leute lachten und applaudierten. Aber Hamid wandte sich an mich und forderte mich auf: «Und nun sag du ihnen, was es bedeutet!»

Ich versuchte es zögernd und nach den richtigen Worten suchend; doch ihr Interesse war mit dem Ende der Geschichte erlahmt. Niemand hörte mir zu – außer Tamoo, der kleinen Tochter von Hamids Schwester, die hinter dem Rücken ihrer Mutter hervorschaute und mich schüchtern anlächelte. Ich lächelte zurück und hatte das unerklärliche Gefühl, daß sich hier etwas Neues anbahnte.

«Schicken Sie mir das kleine Mädchen», bat ich, einem plötzlichen Impuls folgend. «Ich werde ihr das Lesen und das Stricken beibringen.» Ich verabschiedete mich und entfernte mich vorsichtig rückwärts – die Leiter war wirklich äußerst gefährlich. Auf dem Heimweg schmiedete ich weit in die Zukunft reichende Pläne. Eines Tages würden sich Männer, Frauen und Kinder aufgrund der lebendigen Erzählungen und Predigten ihrer eigenen Landsleute Christus zuwenden.

Unsere Aufgabe war es, diese Leute zu finden und auszubilden.

9

Erste Kontakte

Die kleine Stadt benötigte dringend bessere medizinische Versorgung. Es kam zwar dreimal in der Woche ein spanischer Arzt herauf, aber damals gestatteten es die meisten Männer ihren Frauen nicht, den Schleier vor anderen Männern abzulegen, geschweige denn, sich vor einem Ausländer zu entkleiden. Folglich gab es für Frauen und Kinder praktisch keine ärztliche Betreuung. Ich hatte gehofft, ihnen dank meiner Ausbildung als Krankenschwester helfen zu können, aber die Wochen vergingen, und ich wurde von der Stadt im allgemeinen immer noch feindselig und mißtrauisch beobachtet.

«Meine Zeit steht in deinen Händen» ist einer meiner Lieblingsverse. Rückblickend weiß ich heute, daß ich diese stillen Monate brauchte, um die Sprache viel gründlicher zu lernen, ehe ich versuchen konnte, Kontakt mit den Menschen aufzunehmen. Ich hatte die dicke arabische Grammatik durchgearbeitet und konnte mich wenigstens bei einfachen Gesprächsthemen verständlich ausdrücken, als endlich der Durchbruch kam. Die Frau eines reichen Bürgers der Stadt hatte ihren ersten Sohn geboren, und für den siebten Tag nach der Geburt war ein riesiges Fest geplant. Die Schafe waren geschlachtet, das Brot gebacken, aber dann wurde das Baby krank und nahm keine Nahrung mehr zu sich. Die Gäste strömten schnell herbei, denn sie wollten ihr Fest gefeiert haben, bevor das Baby starb, wenn es denn schon sterben mußte. Sie kamen in Scharen. Die junge Mutter aber hatte nur den einen Wunsch, daß ihr Sohn weiterleben möge. Sie flüsterte dem Dienstmädchen zu: «Ich habe gehört, daß eine englische Krankenschwester in der Stadt ist. Lauf und hole sie her!»

Ich folgte dem Mädchen in das große Haus. In dem fensterlosen Zimmer war die Luft dick und mit Kochdünsten erfüllt. Das Baby atmete schwer und unregelmäßig. Ich hatte den Eindruck, daß es eine Lungenentzündung hatte, aber weil es zu schwach und atemlos zum Saugen war, war die Dehydration das vordringlichste Problem. Ich tat, was jeder mit gesundem Menschenverstand getan hätte, kochte eine Tasse und einen Löffel über dem Holzkohlefeuer aus, preßte die Muttermilch aus der Brust, fütterte das Kind Tropfen für Tropfen mit dem Löffel und fügte Sulfathiazol in winzigen Dosen bei. Und während ich das tat, betete ich.

Im Raum herrschte Totenstille. Das Auskochen der Utensilien erschien ihnen fast wie Hexerei. «Baz!» entfuhr es ihnen. «Sie hat den Löffel gekocht!» Sie drängten sich um uns, um nur ja nichts zu verpassen, und Gott war uns gnädig. Das Baby wurde gesund, und von da an begannen die Patienten bei mir anzuklopfen, bis ich gar nicht mehr mit ihnen allen fertig wurde. Viele von ihnen benötigten ohnehin einen Arzt. Ich eröffnete drei Tage in der Woche eine Ambulanz und mischte aus Rohstoffen, die ich in England bestellt hatte, ein paar Flaschen mit Standardarzneien und -lotionen zusammen. Außerdem beschaffte ich mir über das Krankenhaus in Tanger einen Vorrat an Tabletten, Wurmpuder usw. Darüber hinaus kaufte ich ein paar Antibiotika, wertvoll wie Gold, weil sie damals noch so selten und teuer waren. Bald hatte ich die verschiedensten Patienten und Patientinnen: Kräftige Männer aus den Dörfern, die zu mir kamen, damit ich ihnen Zähne zog (oft war ein Zahn abgebrochen, weil der Dorfbarbier daran herumgedoktert hatte, und nur der Stumpf stand noch); schrecklich blutarme Mädchen, die mit dreizehn oder vierzehn Jahren ihr erstes Kind bekommen hatten; unterernährte Babys mit fleckiger Haut; Kinder mit Husten und Würmern und entzündeter Kopfhaut wegen der überall verbreiteten Kopfläuse. Es kam sogar vor, daß Maultiere mit schrecklichen Sattelwunden durch die Tür geschoben wurden, aufgeregte, lachende Patienten an die Wand drückten und ein allgemeines Chaos auslösten. Und so ein Tier in den

Behandlungsraum zu bringen, war das eine – es im «Rück-
wärtsgang» wieder hinauszubugsieren, das war noch einmal
eine andere Geschichte! Es in dem kleinen Raum herumzu-
drehen, war praktisch unmöglich, und mit einem einzigen
Schwanzwedeln hätte es den Tisch leergefegt.

Oft konnte ich nur wenig tun, doch half mir das extreme
Ansprechen dieser Menschen auf Medikamente, die sie nie
zuvor bekommen hatten. Antibiotika bewirkten die reinsten
Wunder. Es gab allerdings auch Schwierigkeiten und Fehler,
die oft auf beiderseitigen Mißverständnissen beruhten. So
wurde ich einmal zu einem Zweijährigen gerufen, der, soweit
ich das beurteilen konnte, eine schlimme Lungenentzündung
hatte. Ich löste eine Sulphathiazoltablette auf und flößte sie
ihm ein. Dann gab ich der Mutter einige Verhaltensmaßregeln
und legte zwei weitere Tabletten auf den Schrank. «Eine um
zwölf Uhr», schärfte ich der Frau mehrmals ein, «und eine um
vier Uhr. Um acht Uhr komme ich dann wieder vorbei.»

Ich erschien wieder zur verabredeten Zeit. Der Junge war
allem Anschein nach kerngesund und quicklebendig. Die
Tabletten lagen immer noch da, wo ich sie deponiert hatte.
«Warum haben Sie ihm die Tabletten nicht gegeben?» fragte
ich. Die Mutter sah mich verständnislos an. «Sie haben zwölf
Uhr und vier Uhr gesagt, aber wir haben keine Uhr», erwiderte sie.

Ich erinnere mich, wie ich einmal von einem Mann, der in
einem etwa acht Meilen entfernten Dorf wohnte, zu einem
fünfzehnjährigen Jungen gerufen wurde, der drei Tage zuvor
rückwärts in einen Kessel mit kochendem Wasser gefallen
war. Die Familie fand den Gestank unerträglich und brauchte
Hilfe. Der Vater hatte ein Maultier mitgebracht, aber die
rauhen Gebirgspfade legte ich lieber zu Fuß zurück. Das Dorf
lag in einer tiefen Mulde zwischen zwei Gebirgsausläufern –
eine kleine Ansammlung von Lehmhütten, umgeben von saftig grünen Maisfeldern. In einer der Behausungen lag der
Junge. Er war von der Hüfte bis zu den Kniekehlen verbrüht
und stöhnte. Die Blasen waren mit irgendeiner Kräuterpaste
eingestrichen worden und offensichtlich infiziert.

Obwohl er unglaublich tapfer war, brauchte ich eine bis zwei Stunden, um die Wunden zu reinigen. Neben Salbe und dem kostbaren Penizillin hatte ich ein sauberes Laken mitgebracht, das wir in Streifen rissen und als Verband gebrauchten. Zwei Tage später besuchte ich den Jungen wieder, um die Wunden noch einmal zu behandeln und mit einem weiteren alten Laken neu zu verbinden. Es schien ihm viel besser zu gehen, und die Wunden sahen sauber aus. Ich deutete auf die schmutzigen Stoffstreifen. «Die müssen Sie im Fluß waschen», sagte ich, «und dann viele Minuten lang in Wasser kochen. Anschließend müssen Sie sie zum Trocknen auf die Leine hängen. Ich komme dann und rolle sie auf.»

Nach zwei weiteren Tagen erschien ich wieder und wurde begeistert willkommen geheißen. Als ich nach den Bandagen fragte, brachen alle in brüllendes Gelächter aus. Das anschließende Gespräch verlief etwa so:

«Haben Sie sie gewaschen?»

«Ja, ja, wir haben sie im Fluß gewaschen.»

«Haben Sie sie gekocht?»

«Ja, ja, wir haben sie lange über der Holzkohle gekocht.»

«Haben Sie sie zum Trocknen aufgehängt?»

«Ja, ja, wir haben sie aufgehängt ...», und dann allgemeine Erheiterung, «... aber eine Ziege ist gekommen und hat alle gefressen.»

Der Junge wurde trotzdem wieder gesund, und das Dorf begann mich anzuerkennen. Einmal traf ich ein, als sich auf der anderen Talseite gerade ein Hochzeitszug auf das Dorf zubewegte. Die von Kopf bis Fuß verschleierte Braut ritt auf einem Maultier, und alle Männer des Dorfes begleiteten sie und spielten dabei auf Flöten und Trommeln. Plötzlich fand sich das arme Mädchen ganz allein vor. Alle ihre Begleiter stürmten durch das Tal und umringten mich. «Aspirinas!» riefen sie. «Aspirinas!» (Aspirin war das einzige westliche Medikament, dessen Namen sie kannten.)

In einem anderen Dorf mußte ich einem Mann alle drei bis vier Wochen Flüssigkeit aus dem Unterleib absaugen. So zog ich los mit meinen sorgfältig sterilisierten Nadeln und Kanülen, die ich in einem sterilen und mit einem ausgekochten Tuch abgedeckten Aluminiumtopf transportierte. Die Prozedur mußte im Freien stattfinden, da es in der Hütte zu dunkel war, und der Mann machte es sich auf dem Boden bequem und lehnte sich mit dem Rücken gegen einen Baumstamm. Alles war bereit, und ich wusch mir gerade die Hände, da kamen plötzlich die Ziegen nach Hause. Sie stürmten hinter einem Felsen hervor, und eine alte Geis trampelte mit einem Hinterbein mitten in meinen sterilen Topf! Es dauerte lange, bis wir Feuerholz gesammelt, ein Feuer entzündet und alles wieder ausgekocht hatten.

Aber im Herbst kehrte Farnham mit seiner Janet zurück. Sie kamen an jedem ersten Wochenende im Monat zu uns herauf und sahen sich einige Fälle an. Manchen meiner Patienten rieten sie, zur Behandlung ins Krankenhaus zu kommen (was für einige von ihnen ein enormes Abenteuer und die reinste Expedition bedeutete). Es war eine große Erleichterung, die Verantwortung mit jemand teilen zu können, aber wir wußten, daß letztlich nur Gott Heilung schenken konnte. Wo ich mit meiner Weisheit am Ende war, griff er oft auf wunderbare Weise direkt ein. Im Sommer des folgenden Jahres kam Marguerite aus der Schweiz für einige Zeit zu mir, und ich lernte, wieviel es bedeutet, wenn jemand still für einen betet, während man sich um Kranke kümmert oder das Evangelium zu verkünden versucht.

Soweit ich mich erinnere, war es vorher, als ich noch allein war, da erschien ein gutgekleideter Mann an meiner Tür und sagte, seine Frau sei von einem Teufel besessen, und er habe erfahren, daß der Jesus, den ich anbetete, Teufel austreiben könnte. Einer solchen Herausforderung hatte ich mich bis dahin noch nie stellen müssen, aber ich erklärte mich bereit, mitzugehen und mir seine Frau anzusehen. Tatsächlich, sie murmelte vor sich hin und tobte herum, und in einer Gesellschaft, in der es keine psychiatrische Behandlung gibt, ist so etwas wirklich schrecklich. Die einzige «Behandlung» besteht darin, die kranke Person an einen Pfosten an einer Wand festzubinden und zu versuchen, um sie herum weiterzuleben.

Doch als ich sie mir genauer ansah und mir die Symptome schildern ließ, hatte ich nicht das Gefühl, mit dem Bösen konfrontiert zu sein. Meiner Meinung nach handelte es sich bei ihr um epileptische Anfälle, und die Frau tat mir einfach sehr leid. Ich machte mir bewußt, daß der Herr Macht über Krankheiten wie über böse Mächte hat, und ich bat, für eine Stunde nach Hause gehen und dann zurückkommen zu dürfen. Die Herausforderung durch diese Macht blieb.

Ich begann zu beten, aber ich bekam keinen inneren Frieden, kein Gefühl der Zuversicht oder des Durchbruchs. Meine Gebete schienen nicht weiter als bis zur Zimmerdecke zu dringen, und ich empfand nichts als bedrückendes Versagen. Ich konnte nur rufen: «Herr, was ist los? Warum redest du nicht zu mir?» Und da erhielt ich plötzlich die Antwort. Als hörte ich Worte, wurde ich lebhaft an eine Zeit in meinem Leben erinnert, in der ich mit einer Frau zusammengearbeitet hatte, die ich nicht ausstehen konnte. «Du hast sie nicht gemocht, und sie hat dich nicht gemocht», schien mir die Stimme zu sagen, «und es ist dir egal gewesen. Du hattest andere Freundinnen und Freunde, und deshalb hast du es überhaupt nicht für nötig gehalten, das in Ordnung zu bringen. Schreib ihr, und entschuldige dich bei ihr!»

Das war das Letzte, was ich tun wollte; aber es hing zu viel davon ab. «Also gut, ich schreibe heute abend», versprach ich, und irgendwie kehrte das Bewußtsein der Gegenwart Gottes zurück. Ich ging in das Haus zurück und betete im Namen Jesu, da wurde die Frau ruhig und erholte sich. Der Name Jesu erwies sich als mächtig, und die Familie erkannte diese Macht an, auch wenn sich, soweit ich weiß, in der Folge niemand aus dieser Familie Jesus je anvertraut hat. Für mich selbst aber bedeutete diese Erfahrung einen Schritt nach vorn, eine Bestätigung und Vertiefung der Wahrheiten, die Gott mich zu lehren versuchte. «Macht ist ein gefährliches Instrument. Unser Gott ist ein eifersüchtiger Gott. Er wird sie keinem anvertrauen, der nicht durch und durch geheiligt ist.» Und ich bin zu der Überzeugung gelangt, daß «durch und durch geheiligt» bedeutet: In den Lebensbereichen, die Gott mit seinem Licht ausgeleuchtet hat, rein und gehorsam sein. Wir haben einen gnädigen Gott, und er läßt nicht schon morgens die Mittagssonne scheinen. Wenn er uns ein für allemal die unergründlichen Tiefen des Stolzes und der Selbstsucht unseres Wesens zeigte, würden die meisten von uns verzweifeln und aufgeben. Nein, das Leben enthüllt uns Stückchen um Stückchen unsere Schattenseiten, und immer und immer wieder hören wir den freundlichen Ruf: «Willst du rein werden?» Und sooft wir antworten: «Ja, um jeden Preis», nimmt er uns beim Wort, kommt zu uns, um uns zu reinigen, und wirkt durch uns.

10

Fatima und ihre Freundinnen

Die kleine Tamoo vergaß meine Einladung nicht. Sie erschien am nächsten Tag, blitzsauber geschrubbt, ihr Haar zu zwei festen Zöpfen geflochten. Ihr braunes Gesicht war rund wie der Vollmond, und ihre schwarzen Augen strahlten. Marguerite und ich nannten sie «unser Korinthenbrötchen», und es dauerte nur ein paar Tage, dann kamen auch ihre Freundinnen mit, und wir hatten plötzlich eine Schule im Haus.

An jenem ersten Morgen wurde sie allerdings nur von ihrer Mutter Fatima begleitet. Und über Fatima und deren Mutter Zohra kann ich unbedenklich schreiben, weil sie beide im Himmel in Sicherheit sind. Fatima teilte mir mit, sie sei gekommen, um für uns zu arbeiten, und erzählte mir dann ihre Lebensgeschichte. Im Alter von etwa elf Jahren wurde sie von ihren Eltern mit einem um ein Vielfaches älteren Mann verheiratet, den sie noch nie gesehen hatte. Mit etwa dreizehn Jahren bekam sie einen kleinen Sohn, aber bis kurz vor der Geburt hatte sie keine Ahnung, daß sie schwanger war. Das Baby starb. Zwei Jahre später wurde Tamoo geboren und war bald der Sonnenschein in ihrem Leben. Ihr Mann jedoch war eine Katastrophe. Er war drogenabhängig und gab praktisch alles Geld, das er verdiente, für seine Sucht aus. Stunde um Stunde lag er mit halbgeschlossenen Augen auf seiner Matte und rauchte sein Teufelskraut, während seine Frau und seine kleine Tochter an den Berghängen nach eßbaren Wurzeln gruben oder hungern mußten.

Sie waren hungrig, als sie zu mir kamen. Ich brauchte jemanden zum Helfen, denn inzwischen strömten Eltern und Kinder zu mir. Ich konnte ihr zwar kaum etwas zahlen (unsere finanziellen Möglichkeiten waren bereits bis zum äußersten Limit ausgeschöpft), aber ich schlug vor, sie und ihre kleine Tochter könnten mit uns frühstücken und zu Mittag essen. Ich habe das nie bereut. Fatima wurde bald der Eckstein der ganzen Arbeit. Sie unterhielt sich in Arabisch mit uns und führte uns in die Kultur ein – und in die Kunst, aus praktisch nichts eine gute Mahlzeit zu kochen. Und die Kinder liebten sie und vertrauten sich ihr an. Patientinnen kamen ohne Angst ins Haus, wenn sie da war, und die Leute aus den Dörfern tauten in ihrer herzlichen, aufs Praktische bedachten Gegenwart sichtlich auf. Wir fragten uns, wie wir je ohne sie zurechtgekommen waren.

Aus ihrer Sicht hatten wir jedoch einige seltsame Angewohnheiten. Jeden Morgen lasen wir in der Bibel und beteten miteinander, und das erschien ihr zuerst unbegreiflich. «Kann eine alte Katze tanzen lernen?» war ihre Haltung. Aber Tamoo liebte die Geschichten aus den Evangelien, und allmählich begann auch Fatima zuzuhören. Zum Beispiel die Geschichte von den fünftausend Leuten, die mit fünf Broten und zwei Fischen gespeist worden waren, die beeindruckte sie. Immer wieder mußten wir sie ihr vorlesen, und dabei ging ihr nach und nach auf, daß Gott manchmal Gebete erhört.

Eines Morgens kam sie bitterlich schluchzend und wutschnaubend bei uns an. Als sie am Abend zuvor nach Hause gekommen war, hatte sie die Wohnung leer vorgefunden. Ihr Mann war zu einer anderen Frau gezogen und hatte alles, was sie besaßen, mitgenommen – Decken, den Kochtopf, alles. Sie hätte nur mit Hilfe von Bestechungsgeld und einflußreichen Freunden etwas dagegen unternehmen können, und sie hatte weder das eine noch das andere. Lange saß sie da, verfluchte ihren Mann, bedachte ihn mit Schimpfnamen und weinte. Nie wolle sie den Kerl wiedersehen, schluchzte sie.

«Warum bist du dann so wütend, daß er weg ist?» fragte ich.

«Ich weine doch nicht meinem Mann nach!» entgegnete sie zornig. «Ich weine meinen Decken nach!»

Wir gaben ihr, was wir eben entbehren konnten, und Marguerite nähte sogar ein paar Vorhänge. Das Lebensnotwendige war relativ billig, und für eine Weile war sie vielleicht glücklicher ohne den Mann. Eines Tages aber kam sie fast krank vor Kummer bei uns an, und diesmal konnten wir sie nicht trösten. Ihr Mann hatte Tamoo zu sich geholt und zu seiner kleinen Dienstmagd gemacht, weil seine neue Frau schwanger war; und wieder gab es keine Möglichkeit, das anzufechten. Es war undenkbar, daß eine Frau das Haus ihres Exmannes aufsuchte, und so traf sie ihre Tochter allenfalls am Brunnen. Das waren traurige Begegnungen, denn Tamoo sah mager und schmutzig aus, und Kopf und Arme waren mit Wunden bedeckt. Sie weinte und wollte nach Hause zu ihrer Mutter.

Da faßte Fatima auf einmal die Möglichkeit des Betens ins Auge, und sie schlug vor, wir sollten Gott bitten, ihr ihre Tochter zurückzugeben. Meinem schwachen Glauben erschien das höchst unwahrscheinlich. Das Baby würde bald zur Welt kommen, und eine siebenjährige Sklavin war da äußerst praktisch. Aber wir begannen täglich für die Angelegenheit zu beten. Ich weiß nicht mehr, wie lange wir beteten, aber es war mitten im Winter, als wir eine Antwort erhielten.

Der Winter war in der kleinen Stadt eine trostlose Jahreszeit. Die Berge lagen unter einer dicken Schneedecke, und auf der gepflasterten Straße sammelten sich schwarze Pfützen und schmutziger Schneematsch. Der Wind pfiff zwischen den Häusern hindurch, trieb Schneeregen vor sich her, und die kleinen Hütten in den Außenbezirken waren schrecklich undicht. Die Kinder in ihren nassen Lumpen drängten sich dampfend und schniefend um den Holzkohlenofen, mußten aber irgendwann doch wieder hinaus und betteln. An jenem kalten Abend mit Sturm und Regen war ich froh, als ich ins Bett kriechen und schlafen konnte.

Doch ich wurde durch lautes Klopfen geweckt und lief zum Fenster. Draußen vor der Tür stand eine Frau, gebeugt unter einer schweren Last, die sie unter ihrem Überwurf auf dem Rücken trug. Sie winkte aufgeregt. Ich ging nach unten und öffnete die Haustür. Fatima fiel mir fast entgegen. Sie warf ihren Überwurf ab, und zum Vorschein kam Tamoo, die nach Luft schnappte und hustete.

Kein Zweifel, das Kind hatte eine Lungenentzündung. Wir steckten sie ins Bett und stützten sie mit Kissen. Wir verabreichten ihr ein Antibiotikum, Hustensaft und etwas Heißes zum Trinken, und dann fiel sie in einen unruhigen Schlaf. Dann erst erzählte mir Fatima ihre Geschichte. Nachbarn hatten ihr berichtet, ihre Tochter sei krank, und so lag sie schlaflos im Bett und machte sich Sorgen um ihre Tochter, während das Wasser durch das Dach auf sie heruntertropfte. Da merkte sie plötzlich, so erzählte sie, daß jemand bei ihr im Zimmer war. Irgendwie – sie wußte selbst nicht, warum – war ihr klar, daß das Jesus war. Er sagte zu ihr: «Steh auf und hole deine Tochter!» Fatima erklärte, das sei unmöglich. Es regne so stark, und sie könne im Dunkeln nicht allein losziehen, und überhaupt verstoße es gegen Sitte und Anstand, das Haus ihres Exmannes zu betreten. Aber der Anwesende ließ sich nicht beirren und sagte noch einmal: «Geh und hole deine Tochter!» So stand sie auf, warf sich ihren Überwurf um und ging in die Nacht hinaus.

An der Haustür angekommen, blieb sie lange stehen und lauschte. Sie hörte ein Kind weinen, aber niemand schien sich darum zu kümmern. Schließlich zog sie versuchsweise an dem Metallring, und zu ihrer Überraschung war die Tür nicht verschlossen, und sie schlich ins Haus. Sie brauchte wieder lange, bis sie sich vergewissert hatte, daß das Haus bis auf ihr weinendes Kind leer war; doch endlich wagte sie es, ans Bett zu treten und sich Tamoo auf den Rücken zu packen. Niemand hielt sie auf, weil niemand da war. Sie eilte durch die dunklen, menschenleeren Straßen zu unserem Haus, wie der aus dem Gefängnis befreite Petrus, und fragte sich, ob das alles nicht nur ein Traum sei.

Der Vater fragte nie mehr nach Tamoo, und für das Ganze gab es eine ganz einfache «Erklärung»: Er war in jener Nacht zu irgendwelchen Geschäften unterwegs gewesen. Da merkte seine Frau, die sehr jung und töricht war, daß Tamoo schwer krank war. «Wenn sie stirbt und ich hier bin», dachte das arme Geschöpf, «wird mein Mann sagen, ich sei schuld. Da will ich lieber nicht hier sein.» So nahm sie ihr Baby und übernachtete mit ihm im Haus ihrer Mutter. Soweit die «natürliche Erklärung». Was aber niemand erklären konnte, war die Gegenwart Jesu, der sich um Tamoo kümmerte und sie ihrer Mutter zurückgab. Und Fatima suchte gar keine Erklärung dafür. Sie akzeptierte das Geschehene einfach als Tatsache, und es war wohl an diesem Punkt, daß sie sich entschied, Christin zu werden. Immerhin – wenn dieser Jesus fünftausend Menschen mit fünf Broten und zwei Fischen satt bekommen konnte, war ihm alles zuzutrauen!

Sie wuchs schnell. Sie war ungeheuer lernbegierig und wollte unbedingt weitererzählen, was sie erfahren hatte. Irgendwann begannen wir dann die Frauentreffen am Mittwoch. Zuerst kam nur eine Handvoll, und auch das nur unregelmäßig. Ich hatte als Zeit zwei Uhr vorgeschlagen, aber da außer mir keine eine Uhr hatte, tauchten sie irgendwann im Laufe des Nachmittags auf, die letzten gegen sieben. Fatima liebte diese Treffen, während ich sie deprimierend fand. Die Frauen interessierten sich viel mehr dafür, warum ich nicht verheiratet war und was ich in den Schubladen hatte, als für das Evangelium, das ich ihnen zu verkündigen versuchte. Manchmal hätte ich am liebsten aufgegeben.

Ich weiß noch, wie ich einmal zu einer freundlichen, lächelnden Gruppe sprach und allmählich meine Aufmerksamkeit ganz einer einzelnen Frau zuwandte. Sie war eine Frau aus einem der umliegenden Dörfer, und ich hatte sie schon mehrere Male gesehen. Aber an diesem Nachmittag sah sie mich so intensiv an und hing so an meinen Lippen, daß ich das Gefühl hatte, ganz allein zu ihr zu reden. Sie sollte das Evangelium verstehen und zum Glauben kommen! Am Ende hielt ich inne und wartete. Würde sie Fragen stellen oder auf andere Weise zeigen, daß sie begriffen hatte, worum es ging?

Sie stand auf und kam auf mich zu. Sie begann mich leicht zu kneifen und abzutasten. Dann wandte sie sich zu den übrigen Frauen um. «Zu dünn», gab sie im Brustton der Überzeugung von sich. «Kein Fleisch auf den Knochen. Sie wird nie einen Mann bekommen.»

Aber es gab auch eine Ermutigung. Fatimas alte Mutter

Zohra war Wasserträgerin. Sie schleppte schwere Wassereimer vom Fluß oder von den Brunnen in die Häuser und bekam für jede Ladung von ihren Auftraggebern etwa zwei Pennys. Es war eine anstrengende, zermürbende Arbeit. Zohra war immer die erste, die am Mittwochnachmittag bei mir erschien, und die letzte, die ging. Bei jedem Treffen saß sie hellwach und redselig am Tisch, wenn der Tee hereingebracht wurde, doch sobald die Bibellese begann, fing sie laut an zu gähnen.

«Deine Worte sind so gut, daß sie Ruhe in mein Herz bringen», pflegte sie zu sagen, und dann streckte sie sich auf der Matratze hinter den anderen Besucherinnen aus. Sie schlief tief und fest, während ich mich in meinem gebrochenen Arabisch verzweifelt bemühte, ihr Schnarchen zu übertönen. Es war, als befände sich ein lautes Schwein im Raum, und das störte mich schrecklich, so daß ich mir mehr als einmal vornahm, sie zu bitten, nicht mehr zu kommen.

Aber dem Herrn sei ewig Dank, daß er mich zurückhielt und ich die Worte nie aussprach! Vielleicht war ich mir unterschwellig der Mühen und Plagen ihres Lebens bewußt und wieviel es ihr bedeuten mußte, wenigstens an einem Nachmittag in der Woche in einem Haus zu sitzen, das ein wenig schöner war als ihr eigenes, und sich auszuruhen und Tee zu trinken.

Dann kam eine Zeit, in der Zohra wach blieb und zuhörte. Sie wirkte plötzlich fröhlicher und energischer, und als sie mir half, die Teegläser abzuwaschen, machte ich eine entsprechende Bemerkung.

«Du hast heute etwas begriffen, nicht wahr, Zohra?» sagte ich.

«Natürlich. Jetzt habe ich es verstanden. Seit letzter Woche, als du von mir gesprochen hast.»

«Von dir gesprochen?» Ich hatte keinen blassen Schimmer, wovon sie sprach.

Aber dann dachte ich zurück und erinnerte mich, daß wir gemeinsam den Bibelvers gelernt hatten (und zwar in einer Übersetzung in die arabische Umgangssprache): «Jesus sagt:

‹Kommt zu mir, ihr alle, die ihr müde seid und schwere Lasten tragt; ich will euch Ruhe geben.›»

«Das handelte von mir und meinen Wassereimern, nicht?» strahlte sie. «Ich bin die einzige, die schwere Lasten tragen muß. Und die ganze letzte Woche habe ich, während ich das Wasser von Fluß heraufgeschleppt habe, immer wieder ‹Jesus, Jesus!› gesagt – und die Eimer sind nicht halb so schwer gewesen wie früher!»

Wie war ich dankbar, daß sie eingeschlafen war, bevor ich Zeit gehabt hatte, den Vers zu erklären! Ich hätte ihr gesagt, die schwere Last, das seien ihre Sünden – und damit hätte ich alles kaputtgemacht. Jesus war ihr genau an der Stelle begegnet, an der ihr ihre Hilfsbedürftigkeit bewußt war. Er hatte sich ihrer müden Schultern und ihres schmerzenden Rückens angenommen, war mit ihr über die rauhen Wege gestapft und hatte ihr ihre Last erleichtert. Später würde er mit ihr über andere Lasten reden. Sie hatte zu lernen begonnen…

Dann geschah etwas, was das kleine Rinnsal von Frauen in eine wahre Flut verwandelte, bis sich der Raum drei-, vier-, fünfmal hintereinander füllte. Jemand hatte erfahren, daß uns Kinder besuchten, und hatte uns ein Paket mit Spielzeug geschickt – darunter eine Maus zum Aufziehen. Es war ein äußerst attraktives Tierchen; man zog es auf, und dann flitzte es los, änderte ständig die Richtung oder drehte sich im Kreis. Ich wollte mir den Spaß erlauben, es in der Schule loszulassen, und zwar nach der Bibellektion, bevor sich die Kinder auf den Heimweg machten.

Das Tierchen schlug wie eine Bombe ein und löste zuerst Angst und dann helle Begeisterung aus. Beim ersten glorreichen Auftritt schoß es direkt auf die Füße der Kinder zu und bog dann plötzlich ab und sauste davon. Sie schrien vor Entsetzen und sprangen mit ihren schmutzigen Füßen auf meine Matratzen mit den schönen Überwürfen. Diese Maus war offensichtlich verrückt geworden oder von einen bösen Geist besessen, und einige brachen in Tränen aus. Als ich sie dann beruhigte, es handele sich bloß um ein Spielzeug, kreischten sie nur noch lauter, jetzt aber vor Begeisterung.

«Noch mal, noch mal!» riefen sie, liefen der Maus entgegen, wichen ihr aus und schütteten sich aus vor Lachen. Ich brachte sie kaum dazu, nach Hause zu gehen.

Es war Mittwoch, und das Frauengrüppchen würde sich irgendwann im Laufe des Nachmittags einfinden. Wir stellten ein Dutzend Tassen auf einem Tablett bereit, aber gegen zwei Uhr merkten wir, daß nicht alles nach Plan verlief. Mehr und mehr Frauen tauchten auf, von denen ich die meisten noch nie im Leben gesehen hatte. Sie begrüßten uns lächelnd, tranken Tee und hörten sich geduldig meinen Vortrag an. Noch mehr Frauen kamen, und ich bat sie, unten zu warten. Ich war verwirrt. Was war los? Brach etwa eine Erweckung aus?

Am Ende meines ersten Vortrags schlug ich vor, die erste Gruppe solle doch hinausgehen und der zweiten Platz machen. Aber sie blickten mich freundlich und geduldig an und sagten: «Wir sind doch gekommen, um die Maus zu sehen!»

So führte die Maus immer wieder ihre Kunststücke vor. Sie hatte bei den Frauen fast ebensolchen Erfolg wie bei den Kindern. Auch sie quietschten vor Schrecken und Begeisterung; auch sie sprangen auf meine Matratzen; und auch sie wollten nicht nach Hause gehen. Das Eis war gebrochen, und sie begannen regelmäßig mittwochs nachmittags zu kommen. Manchmal trudelten bis zu vierzig oder fünfzig Frauen in ihrer «Freizeit» zwischen Mittagessen und Sonnenuntergang bei uns ein. Es war ein soziales Ereignis in ihrem ansonsten so ereignislosen Leben – für die meisten von ihnen wahrscheinlich nicht mehr als das. Aber dann und wann kam eine Frau hoffend und fragend zurück, gezogen von der Ahnung, daß ihr etwas Wichtiges fehle. Also riefen wir einen kleinen Bibelstudienkreis ins Leben, der sich täglich traf, mittags, wenn die Kinder gegangen waren. Keine der Frauen konnte lesen, aber Fatima sog alles wie ein Schwamm auf und war bald die Seele dieser Zusammenkünfte. Ihre praktischen, lebensnahen Erklärungen waren weitaus verständlicher als meine eigenen, und sie lehrte die Frauen, für alles zu beten. Sie beteten für ihre Kinder und ihre Ziegen, für die Miete und die Ernte. Und sie erlebten wunderbare Gebetserhörungen.

Fatima hatte den einen großen Wunsch, daß auch ihre Nachbarinnen und Nachbarn die frohe Botschaft hören und begreifen würden, denn sie hatte ein echtes Evangelistinnenherz.

Die Gegenwart des Herrn nahm sie ganz wörtlich und erlebte sie ganz real. Als ich ihr zum erstenmal die Geschichte der Auferstehung vorlas und ihr sagte, Jesus lebe heute und sei bei uns, erschrak sie richtig und sah sich im ganzen Zimmer um. Was Wahrheit und Ehrlichkeit betraf, mußte ich sie vieles lehren; aber in bezug auf Glauben und Vertrauen war ich es, die von ihr lernte. Er war da, auch wenn sie ihn nicht sehen konnte, und er vermochte alles zu tun, was nötig war. Das war für sie das Selbstverständlichste von der Welt.

Dann kam die Zeit, in der ich in die Stadt im Tal hinunter mußte. So sagte ich der Gruppe, sie solle am nächsten Mittag nicht kommen. Fatima blickte mich erstaunt an. «Wir können doch allein zusammenkommen», meinte sie. – «Aber keine von euch kann die Bibel lesen», wandte ich ein. – «Macht nichts», erwiderte sie. «Wir kennen die Lieder auswendig, und wir können beten, und an die Geschichten erinnern wir uns auch.»

Ich überließ ihnen also meinen Schlüssel, und sie kamen zusammen. Ich fragte Fatima am nächsten Tag, wie sie zurechtgekommen seien. «Oh, wir hatten eine wunderbare Versammlung», berichtete sie. Sie hatten mich offenbar überhaupt nicht vermißt. – «Was habt ihr denn gemacht?» erkundigte ich mich. – «Wir haben gebetet und gesungen, und ich habe ihnen eine Geschichte erzählt.» – «Wie viele sind denn da gewesen?» – Sie zählte an ihren Fingern ab. «Wir waren zusammen sieben. Ich und meine Mutter und meine Tochter, dann unsere Nachbarin mit zwei Freundinnen... und der Herr Jesus. Ja, sieben sind wir gewesen.»

Einmal hatte ich die Grippe, uns es ging mir ziemlich schlecht. Marguerite hatte wieder abreisen müssen, weil ihr Visum nicht verlängert worden war, aber Fatima, Zohra und ihre Freundinnen behandelten mich mit mir unbekannten

Kräutermitteln, dazu Orangen, Spaghetti und kleinen gebratenen Sardinen. Ich hatte hohes Fieber und brachte keinen Ton heraus, und so krächzte ich am Montag Fatima zu, sie solle alle informieren, daß das Haus für die Woche geschlossen sei. Es gebe keine Schule, keine Frauenversammlung und bis auf weiteres auch keinen Ambulanzbetrieb.

Am Dienstag nachmittag saß sie an meinem Bett und brachte mir die Nachricht schonend bei. «Heute sind zwei Frauen aus einem Dorf gekommen», erzählte sie, «und haben sich erkundigt, wann die Frauenversammlung stattfindet. Ich habe ihnen mitgeteilt, sie sollten morgen kommen.»

«Aber Fatima», ächzte ich, «ich hab' dir doch gesagt, daß ich die nächsten Tage nicht aufstehen kann. Es ist ausgeschlossen, daß ich morgen rede!»

«Oh, aber der Herr wird dich morgen rechtzeitig heilen, so daß du die Versammlung abhalten kannst», versicherte sie mir. «Ich hab' ihn darum gebeten. Sonst müßten ja die Frauen in ihr Dorf zurückgehen, ohne je das Evangelium gehört zu haben. Ich kann dir helfen, aber ich weiß noch nicht genug, um bei der Versammlung zu sprechen. Deshalb wirst du morgen gesund sein.»

Die ganze Nacht über warf ich mich verzweifelt und fieberhaft besorgt im Bett herum. Ich wollte nicht geheilt werden. Ich fühlte mich krank und wollte ungestört im Bett bleiben. Am Morgen hatte ich fürchterliche Kopfschmerzen und konnte nur noch flüstern. Jetzt würde Fatima ja wohl merken, daß sie einen Fehler gemacht hatte! Ich blieb ganz still liegen und versuchte so krank wir möglich auszusehen.

Auch sie verhielt sich ganz still – bis gegen halb eins, als sie mit einem Teller Spaghetti auftauchte. «Jetzt mußt du bald aufstehen», sagte sie. «Die Frauen können jeden Augenblick erscheinen, und ich muß noch das Zimmer herrichten.»

«Aber Fatima, ich fühle mich todkrank, und ich bringe keinen Ton heraus.»

«Der Herr wird dich gesund machen. Das hab' ich dir doch schon gesagt.»

Ich lag dummerweise in dem Zimmer, in dem die Versammlung stattfinden sollte, also stand ich ärgerlich auf. Ich hoffte, ich würde in Ohnmacht fallen. Das würde ihr eine Lehre sein.

Es geschah nicht. Als ich mich ankleidete, schien das Fieber zu sinken. Mein Kopf wurde frei und klar. Als die Frauen eintrafen, klang meine Stimme kräftig und normal. Wir hielten an jenem Tag drei oder vier Versammlungen ab, ohne daß ich mich erschöpft oder benommen fühlte. Ich war froh, als ich mich am Abend wieder ins Bett fallen lassen konnte, aber ich war auf dem Weg zur Besserung. Und ich war völlig verblüfft. Fatima nicht.

«Ich hab's dir doch gesagt!» war ihr einziger Kommentar.

11

Die Kinder kommen

Im Laufe des Winters strömten immer mehr Kinder in unser Haus. Meine neue Helferin, Bente aus Dänemark, nahm inzwischen Marguerites Stelle ein. Sie hatte ein Herz für Kinder und nahm mir wieder viel Arbeit und Verantwortung ab. Ich begann *Hamid und Kinza* zu schreiben.

Die Handlung des Buches ist erfunden, beruht aber auf vielen wahren Begebenheiten. Es hat sie alle gegeben – die alte, kinderlose Ehefrau in dem Dorf, in dem ich wohnte, die von einer neuen, attraktiven jungen Mutter verdrängt wurde; den Bettler, der das blinde Kind mietete, damit es neben ihm auf dem Markt sitzen sollte; die Babys, die auf der Schwelle der Missionare niedergelegt wurden; und vor allem Hamid. Hamid, der auf die Straße gesetzt wurde, weil zu Hause das Essen knapp wurde; der für den Hefekuchenbäcker arbeitete und meine Eier und meine Uhr stahl und alles andere, was er in die Finger bekam. Der mir ein halbverhungertes Kätzchen als Weihnachtsgeschenk brachte; der erkannte, daß der Weg zum Himmel in dem Buch beschrieben war, und deshalb unbedingt lesen lernen wollte. Hamid erschien mitten in der Nacht zum Leseunterricht. Er wurde zu einem wichtigen Teil meines Lebens, und ich reise immer noch jedes Jahr nach Marokko und besuche ihn. Die kleine Stadt, die unter spanischer Herrschaft so verarmt und heruntergekommen war, ist unter der marokkanischen Regierung aufgeblüht und heute ein recht wohlhabendes Tourismuszentrum. Gutgekleidete, vornehme Männer im mittleren Alter begrüßen mich begeistert und sind fast beleidigt, wenn ich mich nicht mehr genau erinnere, wer von den vielen zerlumpten, hungrigen, barfüßigen Jungen sie einst gewesen sind.

Soweit ich mich erinnere, brachte Mohammed Hamid mit.

Er war ein schmächtiger Junge mit einem pickeligen Gesicht und kurzgeschorenen Haaren und einem enormen Geschwür auf einem Schienbein. Alles deutete darauf hin, daß man ihm übel mitgespielt hatte, denn er ließ mich nicht in seine Nähe kommen. Ich mußte Watte, Salbe, Gaze und Binden in einer Ecke des Zimmers ablegen und von der entgegengesetzten Ecke her meine Anweisungen geben. Wenn ich auch nur einen Schritt auf ihn zu tat, flitzte er wie ein erschrecktes Kaninchen aus der Tür.

Aber er gestattete mir, von meiner Ecke aus um seine Heilung zu beten, und allmählich verheilte das Geschwür. Als er keine Schmerzen mehr hatte, wurde er freundlicher, und dann kam der Tag, an dem er sich beim Hinausgehen noch einmal umdrehte und ernsthaft sagte: «Dein Herz ist gut, deine Lehre ist gut, dein Essen ist gut. Möge Gott deinen Vorfahren gnädig sein!»

Er begann sich den Jungen anzuschließen, die jeden Abend zu ihrer Mahlzeit aus Brot und Linsen oder Bohnen erschienen und anschließend Teppiche knüpften und eine biblische Geschichte hörten. Sie waren im großen und ganzen eine zähe, tapfere kleine Bande, vollauf damit beschäftigt zu betteln, zu schnorren und zu stehlen, und die reinsten Überlebenskünstler. Die Mädchen, die am Morgen kamen, waren viel mehr zu bedauern. Sie wohnten zwar zu Hause, waren aber zum größten Teil sehr arm, und so wurden viele von ihnen in aller Frühe zum Betteln auf die Straße geschickt. Deshalb kamen sie zur Schule, wenn sie konnten, und gingen wieder, wenn sie mußten. Wir setzten ihnen ein Frühstück aus Brot und Oliven vor sowie Kaffee aus gerösteter und gemahlener Gerste, Ziegenmilch und Zucker. Das war eine große Attraktion und zog so viele Mädchen an, daß wir sie kaum unterbringen konnten. Viele von ihnen hießen Fatima, und ihre Nachnamen waren vage und wechselten zuweilen, so daß wir sie in unserem Register anders identifizierten, etwa so: Fatima Fleckenkopf, Zohra und Tooma Ziege, Fatima TB, Fatima Buckel, Rahma Wunden am Arm usw. usw. Auf ihren Köpfen wimmelte es von Läusen, an den Säumen ihrer Gewänder auch. Manchmal nahmen wir an einem Nachmittag ihre Köpfe in Angriff – ein vergeblicher Kampf, den aber alle genossen. Begeistertes Kreischen und Lachen, wenn die Läuse ins Bassin fielen!

Als sie anfänglich kamen, hatte ich Angst. Bei kaltem Wetter mußten wir uns in dem Zimmer versammeln, in dem ich schlief, und ich weiß noch, wie ich gebetet habe. «Herr», sagte ich, «die Körperläuse sind mir egal. Damit werde ich fertig. Aber die Kopfläuse kann ich nicht sehen. Wie soll ich damit zurechtkommen?» Aber der Herr war sehr gnädig. In den Jahren, in denen ich unter diesen Kindern arbeitete, las ich zwar oft Läuse von den Säumen meiner Kleider ab, aber kein einziges Mal hatte ich, soweit ich weiß, auch nur eine Kopflaus. Der Psalmdichter spricht von der Verheißung Gottes, ein Schild und Schirm über seinem Haupt zu sein. Das habe ich auf eine sehr praktische Weise erlebt.

Tooma war die kleinste unserer Schülerinnen. Sie hatte eine ältere Schwester, Zohra, die mit einem Baby auf dem Rücken, das Fatima hieß, zum Unterricht erschien. Sie alle schliefen bei einer Ziegenherde, die ihre Mutter tagsüber auf den Berg trieb, während Tooma auf dem Fischmarkt bettelte, bis ihr die Händler ein paar Sardinen zuwarfen. Sie heftete den Fisch an ihr schmutziges Kleidchen und erschien so in der Schule. Es war nicht gerade appetitlich. Aber als die Kleinste steuerte sie immer zielstrebig auf meinen Schoß zu, und obwohl ich stets eine übergroße Schürze trug, schien sich die Aromamischung aus altem Fisch, Ziegen und ungewaschenem Kind in jeder Pore meines Körpers festzusetzen. Eines Tages sprach ich ihre ältere Schwester an: «Zohra, kannst du nicht mal Toomas Kleid waschen?»

Sie war ziemlich beleidigt. Wie konnte ich nur so verrückt sein!

«Wir haben keine Seife», sagte sie.

«Wenn ich dir Seife gebe, wäschst du es dann?»

Seife bekommen? Da konnte sie nicht widerstehen. Die drei zogen los. Es war ein kalter, regnerischer Tag, und in kürzester Zeit waren sie alle wieder da. Tooma in einem triefend nassen Kleid, das ihr am Körper klebte. Und beide, Mädchen und Kleid, hatten eine völlig andere Farbe.

«Aber Zohra», regte ich mich auf, «warum hast du ihr denn das klatschnasse Kleid wieder angezogen? Das arme Kind holt sich ja den Tod!»

Es stellte sich heraus, daß Tooma das Kleid überhaupt nie ausgezogen hatte. Sie hatte kein anderes, also war sie zu ihrem großen Vergnügen samt Kleid in den Waschkessel gesteckt worden. Ich zog ihr das nasse Zeug aus und einen meiner alten Unterröcke an und darüber eine warme Schlafanzugjacke meines Bruders, die ich mit einer Schnur um die Taille zusammenband. Sie lief nach draußen und tanzte die Straße entlang, sichtlich überzeugt, nach der neuesten europäischen Mode gekleidet zu sein. Damals – es war während meiner Anfangszeit in Marokko – schrieb ich an meine Freundinnen und Freunde in England und bat um alte, warme Kinderkleidung, und sie reagierten großartig.

Zum Unterricht gehörten eine Stunde Stricken, Frühstück, Lesen und biblische Geschichten. Marguerite und später Bente halfen im Klassenzimmer, Fatima organisierte das Essen, und das klappte prima. Sorge bereitete uns nur die Wolle. Freundinnen in England und der Schweiz schickten uns Restknäuel in allen Farben, und die Kinder strickten mit Feuereifer ihre eigenen Pullover mit Regenbogenstreifen. Aber die Wolle war schnell verbraucht. Für die Teppiche der Jungen verwandten wir rohe Schafwolle, die wir kämmten und auf dem Dach trockneten, aber die beiden Wollarten ließen sich nicht mischen, und neue Wollstränge zu kaufen überstieg unsere Finanzen.

So kam ein Freitag, an dem ich den Kindern niedergeschlagen mitteilen mußte, sie könnten am Montag zum Leseunterricht und zur biblischen Geschichte kommen, aber das Stricken müßten wir für eine Weile aufgeben. Die Wolle sei aufgebraucht, und wir müßten jetzt einfach auf das nächste Paket warten.

Zohra war sehr wütend. Sie war ein mageres Kind mit einem klugen Gesicht und großer Willensstärke. Ihre Schwester, das Baby Fatima, lebte praktisch auf ihrem Rücken, und wenn Zohra sich setzte, schrie Fatima gewöhnlich. Aber Zohra hatte sich in den Kopf gesetzt, lesen zu lernen, und sie hatte sich in den Kopf gesetzt, Pullover zu stricken – zuerst für ihre beiden kleinen Schwestern, dann einen für sich selbst. So wanderte sie unermüdlich im Flur auf und ab, lernte ihre Buchstaben und klapperte mit den Stricknadeln. Bente und ich nahmen uns in unserer Freizeit ihres Strickzeugs an, denn solcher Eifer mußte belohnt werden, und nun, nur wenige Tage vor dem Ziel, da Toomas Pullover fast fertig war, ging uns die Wolle aus! Zohra ließ ihre ganze Enttäuschung an uns aus.

Plötzlich erhellte sich ihr Gesicht. «Du hast uns gesagt, daß Gott Gebet erhört», sprach sie mich an. «Dann wollen wir ihn einfach bitten, uns bis Montag die Wolle zu schicken.» Sie stellte den leeren Karton auf die Mitte der Matte, und alle Kinder versammelten sich einmütig darum, streckten ihre Hände aus, die Handflächen nach oben, wie die Bettler auf dem Marktplatz, und Zohra betete: «Oh, Herr, Gott, schicke uns bis Montag Wolle!» Ich stand schweren Herzens daneben. Wie sollte bis Montag Wolle kommen? Pakete, wenn überhaupt welche kamen, gelangten stets zuerst nach Tanger, und mein Bruder wollte frühestens in einer Woche kommen.

Plötzlich hörten wir Lärm vor dem Haus. Eine ganze Schar von kleinen Jungen hämmerte an die Haustür, und alle riefen: «Te-le-foon! Te-le-foon!» Ich ließ alles stehen und liegen und rannte los. In dem großen Haus am Ende unserer Straße gab es den Luxus eines Telefons, und die Leute waren bereit, mich zu rufen, wenn etwas Dringendes vorlag. Das war immer eine aufregende Angelegenheit. Die Kinder liefen mir auf der Straße nach und warteten draußen, gespannt, was es Neues gab. Jetzt betrat ich das Haus und nahm den Hörer auf, die ganze Familie neugierig und aufgeregt um mich versammelt.

Es war Farnham. «Wir haben nächste Woche Besuch aus England; deshalb kommen wir schon morgen zu euch», berichtete er. «Ach ja, und dann bin ich eben unten beim Zoll gewesen. Du hast eine riesige Kiste mit Wolle aus der Schweiz bekommen. Ich bringe sie mit.»

Zohra war nicht überrascht. «Ich hab's dir doch gesagt», meinte sie. «Ich brauche übrigens *rote* Wolle.» Diese Begebenheit machte aber doch einen tiefen Eindruck auf sie, denn sie hörte von Stund an viel aufmerksamer zu, wenn ich Geschichten aus der Bibel vorlas. Eines Tages kam die kleine Tooma atemlos und erschöpft zum Unterricht. Auf ihrem Rücken zappelte Fatima. Ihre Mutter war krank, und so mußte Zohra die Ziegen auf den Berg treiben.

Zohra erschien nach einer Woche wieder in der Schule. Ich merkte sofort, daß etwas mit ihr geschehen war. Sie war stiller, weniger aggressiv und sah glücklicher aus. Ein paar Tage später blieb sie nach der Schule zurück. «Ich muß dir was erzählen», sagte sie. «Als ich die Ziegen am ersten Tag auf den Berg trieb, hatte ich schreckliche Angst. Ich war noch nie allein auf dem Berg gewesen. Aber dann fiel mir ein, daß Jesus gesagt hat: ‹Ich bin immer bei euch›, und da fürchtete ich mich nicht mehr.

Dann hatte ich Hunger und Durst, und ich hatte doch nur ein kleines Stück Brot bei mir. Aber ich erinnerte mich, daß Jesus gesagt hat, daß er das Brot des Lebens ist. So aß ich mein Stück Brot und war auf einmal nicht mehr hungrig. Und ich ging ein Stück weiter, da traf ich auf einen Bach, der zwischen den Felsen floß. Ich trank und war nicht mehr durstig.

Dann kam auf einmal der Nebel vom Berg herunter. Ich konnte meine Ziegen nicht mehr sehen und hatte Angst, sie zu verlieren. Aber ich wußte, daß Jesus Gebete erhört, also hab' ich gebetet. Die Sonne schien durch den Nebel, und die Ziegen kamen zurück. Jetzt weiß ich, daß das alles wahr ist.»

So einfach war das also, aber sie war schließlich auch ein einfaches Kind. Sie lernte schnell lesen und meisterte bald das kleine Lesebuch, das wir geschrieben hatten und das ein befreundeter Drucker freundlicherweise für uns vervielfältigt hatte. Es bestand aus neun Blättern mit ein paar Sätzen auf jeder Seite und wenigen einfachen Schwarzweißzeichnungen. Darin war von der Herrlichkeit des Himmels die Rede, von der Schranke der Sünde, der Geburt Jesu, der Geschichte und Bedeutung seines Todes. Erzählt wurde ferner von seiner

Auferstehung und Himmelfahrt, und am Schluß standen drei kurze Gebete – ein Gebet um Vergebung, ein Gebet um den Heiligen Geist der Liebe und ein Gebet zum Guten Hirten um Schutz und um seine Leitung auf dem Weg von der Erde zum Himmel.

Mufaddla, die jeden Morgen von einem außerhalb der Stadt liegenden Bauernhof zur Schule kam, liebte ihr kleines Buch. Sie konnte es bald fließend lesen, und eines Tages bat sie mich, es ihr nach Hause mitzugeben. In meiner damaligen Unerfahrenheit willigte ich ein. Am nächsten Tag kam sie nicht mehr, und später fand ich das Buch zerrissen auf meiner Türschwelle. Bente und ich waren sehr traurig, war sie doch eine so eifrige, intelligente Schülerin gewesen, die offenbar so viel verstanden hatte und so offen gewesen war. Nun gehörte sie zu denen, die uns – und Jesus – wieder entrissen worden waren.

Monatelang sah ich sie nicht mehr. Dann kam eines Tages ihr Vater an die Haustür, die Freundlichkeit in Person. Der Bruder auf dem Hof sei krank; ob ich wohl kommen und nach ihm schauen könnte.

Ich ließ das Haus in Bentes Obhut zurück und ging allein los. Die gepflasterten Straßen hinunter und dann über die Hauptstraße, die sich in östlicher Richtung in die Berge schlängelte und einen weiten Blick über das Tal und die Bergketten dahinter bot. Das Gehöft lag abseits der Straße, durch Feigenbäume abgeschirmt, ein niedriges, strohgedecktes Gebäude, dessen eine Hälfte die Familie beherbergte, die andere das Vieh. Drinnen war es ziemlich dunkel, doch ich konnte Mufaddla sehen, die zwischen den Ziegen hockte. Ich wandte mich dem Jungen im Bett zu. Er hustete und hatte Fieber, und sie erklärten sich bereit, bei mir zu Hause Medizin für ihn abzuholen. Ich machte noch die üblichen höflichen Bemerkungen, dann machte ich mich auf den Heimweg.

Ich war noch nicht weit gekommen, da hörte ich hinter mir Schritte, und eine kleine Hand schob sich in meine. Mufaddla, mit strahlenden Augen und zerzaustem Haar und strengem Ziegenaroma, lächelte zu mir empor. «Komm oben auf den kleinen Hügel mit mir!» bat sie mich. Wir stiegen gemeinsam hinauf und blickten auf die Dächer des Gehöfts hinunter, auf den Olivenhain und die Feigenbäume und das dunkle Grün der Maisfelder.

«Das ist der Hof meines Bruders», sagte Mufaddla und deutete auf eine lange, niedrige Hütte. «Und das ist das Haus meines Großvaters. Aber mein Zuhause kannst du nicht sehen.»

«Doch, doch, das kann ich», versicherte ich und erhob mich auf die Zehenspitzen. «Es ist da unten, hinter dem Feigenbaum.»

«Das meine ich nicht», wehrte sie ungeduldig ab. «Ich meine mein richtiges Zuhause da oben bei Gott.»

«Ach so, Mufaddla. Aber wer wird dich dahin bringen?»

«Jesus, mein Heiland», flüsterte sie. Dann war sie weg, rannte den Hügel hinunter und verschwand zwischen den Bäumen. Aber sie hatte mir erzählt, was sie mich wissen lassen wollte, und ich kehrte getröstet nach Hause zurück. Jesus hat gesagt: «Das ist das ewige Leben, daß sie mich kennen.»

Die größte Freude erlebte ich wohl mit Alia, dem kleinen Sklavenmädchen im Haus des Bürgermeisters. Ihre Mutter stammte aus einem weit entfernten Dorf. Nach dem Tod ihres Mannes hatte sie bitteren Hunger leiden müssen. So hatte sie ihre zweijährige Tochter zu einem entfernten Verwandten ihres verstorbenen Mannes in der Stadt gebracht und sie ihm verkauft. Das Kind war als kleine Sklavin aufgewachsen. Man behandelte sie anständig, aber sie war in dem großen Haus völlig überfordert. Sie muß um die vierzehn Jahre gewesen sein, als sie an meiner Tür auftauchte, ein Handtuch über den Kopf gezogen. Ich konnte ihr Gesicht nicht sehen. Ich hörte nur ein gemurmeltes: «Meine Herrin sagt, du sollst kommen.»

Ich folgte ihr und wurde zur Frau des Bürgermeisters geführt, die in einem wunderschönen, mit Vorhängen geschmückten Zimmer saß, ihren Sohn, auf den sie (nach drei Töchtern) so stolz war, auf dem Schoß. Das Baby hatte

Keuchhusten und konnte keine Mahlzeit bei sich behalten. Es war schrecklich abgemagert und ausgetrocknet und vom vielen Husten ganz erschöpft.

Es war nicht weit von Haus zu Haus, so ging ich drei- bis viermal am Tag hinüber, um den Kleinen zu füttern und ihm seine Medizin zu verabreichen und ihn anschließend noch einmal zu füttern, wenn er wollte. Und ganz allmählich ging es ihm besser. Abends bat mich die Mutter zuweilen, noch etwas zu bleiben und mich mit ihr zu unterhalten. Ich versuchte, ihr von Jesus zu erzählen, der Macht hat zu heilen. Aber sie wandte sich jedesmal nervös ab und wechselte das Thema. Nach zwei Wochen verabschiedete ich mich ziemlich traurig von ihr. Das Baby aß jetzt gut und nahm zu, so daß ich keinen Grund hatte, weiterhin zu kommen. Es gab ja so viele andere.

Es muß drei Wochen später gewesen sein, da wurde ich durch wildes Hämmern an der Tür erschreckt. In der Annahme, es habe sich irgendein Unfall ereignet, rannte ich hinunter und öffnete. Draußen stand ein atemloses Mädchen mit einem großen Gemüsekorb am Arm. Sie stürmte ohne Einladung an mir vorbei in den Flur. Dann blickte sie zu mir auf. «Erinnerst du dich an mich?» fragte sie. Ich mußte zugeben, daß ich sie nicht kannte. «Ich bin das Dienstmädchen im Haus des Bürgermeisters. Wenn du mit meiner Herrin gesprochen hast, habe ich immer hinter dem Vorhang gelauscht. Du hast ihr vom Himmel erzählt. Sie hat mich auf den Markt geschickt, und ich bin den ganzen Weg gerannt; deshalb habe ich jetzt fünf Minuten Zeit. Kannst du mir in fünf Minuten den Weg zum Himmel erklären?»

Ich holte mein «wortloses Büchlein» für Analphabeten, und wir betrachteten es gemeinsam. Der Glanz des Himmels, die Dunkelheit der Sünde, das sühnende Blut Jesu, für Sünder am Kreuz vergossen, die strahlende Reinheit vergebener Sünde. (Die dritte Seite bedeutet ihnen beim erstenmal nichts, aber ich habe erlebt, daß mir Frauen sagten: «Sag mir noch einmal den Namen des Mannes, der für mich gestorben ist!»)

Sie verstand genug, daß sie ihre Hände mit den Handflächen nach oben ausstreckte wie die Bettler auf der Straße und sagte: «O Gott, gib mir ein reines Herz.» Dann stürzte sie wieder hinaus. Es dauerte lange, bis ich sie wiedersah.

Aber ihre Herrin bemerkte, daß sich etwas bei ihr verändert hatte. Der alte mürrische, aufsässige Gesichtsausdruck war verschwunden; sie schien irgendwie tief innen zufrieden zu sein. Eines Tages fragte sie sie. Ich weiß nicht, was gesagt wurde und wie das Kind alles erklärte, aber Alia durfte plötzlich kommen und lernen. Sie erschien am Sonntag zu einer höchst unorthodoxen Zeit, nämlich während unseres Morgengottesdienstes. Eines Tages bat ich sie, uns zu erzählen, welchen Unterschied es in ihrem Leben ausmachte, daß sie Jesus kannte. Sie überlegte einen Augenblick. Dann sagte sie: «Daß ich keine Angst mehr habe.»

Etwa zwei Jahre später wollte ihr Herr sie mit einem Mann vom Land verheiraten, der weit weg wohnte, so daß sie nicht mehr zu uns hätte kommen können. Alia aber war zutiefst überzeugt, daß das nicht passieren würde, ehe sie lesen gelernt hatte. «Ich weiß, daß ich irgendwann einmal fort muß», sagte sie, «aber nicht, bevor ich Gottes Wort lesen kann.»

Es kam der Tag, an dem der Mann erschien, um die ihm versprochene Braut zu heiraten.

Sie ließ uns die Nachricht zukommen: «Betet bitte für mich», und die kleine Gruppe von Christen versammelte sich in meinem Haus und betete für ihre Befreiung. Wir sangen die arabische Übersetzung eines englischen Chorals, den Fatima besonders gern hatte: «Die Seele, die sich Jesus anvertraut hat, werde ich nicht ihren Feinden überlassen. Und sollte die ganze Hölle sich gegen sie erheben, so werde ich diese Seele doch nicht im Stich lassen». Später an diesem Tag sandte sie uns die Botschaft, alles sei in Ordnung.

Daraufhin fragte ich sie, was passiert sei. Man hatte ihr die übliche Frage gestellt: «Willst du diesen Mann heiraten?» Und zu aller Überraschung und Entrüstung hatte sie «Nein, lieber nicht» geantwortet. Nun wäre ihre Ablehnung mit einer Handbewegung beiseitegewischt worden, wenn nicht der Mann selbst die Beherrschung verloren hätte. Er schrie, wenn sie ihn nicht heiraten wolle, gebe es jede Menge anderer Mädchen, die sich glücklich schätzen würden, seine Frau zu werden. Er würde sie jedenfalls um nichts in der Welt mehr nehmen. Ihr Herr, der den Brautpreis erhalten hätte, war nicht gerade erfreut. Aber das machte Alia nicht allzu viel aus. Gott hatte ihr Gebet erhört, und sie war, zumindestens für den Augenblick, sicher. Als sie später dann doch fortziehen mußte, konnte sie stockend ihr Neues Testament lesen.

Die meisten dieser Mädchen wurden im Alter von etwa 15 Jahren von ihren Eltern verheiratet und kamen dann kaum noch aus dem Haus heraus. Es war schwierig, den Kontakt mit ihnen aufrechtzuerhalten, weil die Familien, in die sie hineinheirateten, uns nicht immer wohlgesonnen waren. Viele junge Ehemänner zogen in die großen Städte und ließen sich dort nieder. Wenn ich jedes Jahr für ein paar Wochen nach Marokko reise, begegne ich bis heute dem einen oder der anderen von ihnen. Fast immer erinnern sie sich nur noch an eines aus der «guten alten Zeit» – das kleine Lied, das wir fast täglich in Arabisch gesungen haben:

Es gibt ein wunderschönes Land.
Verschlossen sind seine Tore.
Keine Sünde kann je dort hinein.
O Herr, mein Gott, gib mir ein reines Herz!
Nimm meine Sünden weg im Blut meines Heilands.
Leite mich auf der Straße zu deinem Haus, o Gott,
und nimm mich dort mit Freuden auf!

Sie wiederholen die Worte lachend und freudig, denn es ist wirklich eine gute, eine glückliche alte Zeit gewesen. Wieviel sie davon begriffen haben, weiß ich nicht. Aber dann mache ich mir klar, daß die theologischen Kenntnisse des Verbrechers am Kreuz weit geringer waren als der Inhalt dieses kleinen Liedes. Und doch hieß Jesus ihn willkommen.

Viele Jahre später nahm ich an einer Konferenz von arabischen Christen in Frankreich teil, in deren Verlauf eine Reihe von Frauen erzählten, wie sie Christinnen geworden waren. Die meisten von ihnen hatten als Kinder Näh- oder Strickunterricht bei Missionarinnen gehabt und dabei biblische Geschichten gehört. Doch keine von ihnen hatte es zu der Zeit wirklich gewagt, sich Jesus anzuvertrauen oder sich zu ihm zu bekennen. Jahre später hatten sie dann dieselbe Botschaft übers Radio oder von einer anderen Christin gehört; dann war auf einmal alles wieder dagewesen – das warme Zimmer, die Freundlichkeit, Tee und Gebäck, die leuchtenden Farben der Wolle –, und irgendwie wollten sie die Erinnerung daran festhalten und hörten zu. Dabei ging ihnen plötzlich ein Licht auf, und sie begriffen und ergriffen den Herrn, von dem sie schon vor so langer Zeit gehört hatten.

Mir hat das geholfen, zu glauben, was man in der Arbeit unter muslimischen Kindern manchmal kaum für möglich hält: daß unsere Arbeit nicht vergeblich ist in dem Herrn.

12

Hinaus in die Dörfer

Es dauerte nicht lange, dann bekamen wir die ersten Einladungen, die Kranken in den Dörfern zu besuchen. Wir reservierten uns dafür einen Tag in der Woche. Wir liebten diese Tage. Sowohl Marguerite als auch Bente waren begeisterte Wanderer, und wenn Fatima uns begleitete, waren wir doppelt willkommen. Am Anfang brachen wir wenn möglich in der Kühle der Morgendämmerung auf, bevor die Sonne über den hohen Gebirgskamm hinter uns gestiegen war, wenn die Täler noch in Dunst gehüllt waren und die übrige Welt noch im Schlaf lag. Wir erlebten, daß man mit einem Vorrat an Malz- und Eisenpräparaten für die blutarmen jungen Mütter, einer Flasche Wundtinktur, Augentropfen, Wurmmittel und Schwefeltabletten für Babys mit Durchfall und Erbrechen ein halbes Dorf neu beleben konnte.

Und allmählich schlossen wir Freundschaften und wurden oft zum Übernachten eingeladen. Die Dorfbewohner überschütteten uns mit ihrer Freundlichkeit, und ihre Gastfreundschaft hatte keine Grenzen. In der Abendstille, wenn sie mit ihrer Feldarbeit fertig waren, strömten sie herbei, um sich von uns behandeln zu lassen. Anschließend blieben sie noch, so daß wir mit ihnen reden konnten. Eile schienen sie nicht zu kennen. «Weiter! Weiter!» pflegten sie zu sagen. «Die Nacht ist noch jung!» Und dann freuten sie sich über das verlorene und wiedergefundene Schaf und klatschten begeistert Beifall, wenn der Verlorene Sohn vom Vater empfangen wurde. Und manchmal, manchmal zog ein Ahnen über das Gesicht einer Zuhörerin oder eines Zuhörers. Da hatte jemand etwas vom Sinn der Geschichte begriffen. Zuweilen geschah es dann, daß sich dieser Jemand später unauffällig bei uns einfand, um mehr zu erfahren.

Ganz anders war es, wenn Fatima zu ihnen redete. Eine Frau lebte in einem weit entfernten Dorf und schaute oft mit ihrem Sohn bei uns herein, wenn sie zum Markt kamen. Sie wollten gern mehr von der Bibel erfahren und baten Fatima und mich (ich war in jenem Herbst allein), sie einmal pro Woche zu besuchen. «Ich werde das ganze Dorf zusammenrufen», versprach die Frau. «Am Abend werden wir alle kommen.» So machten Fatima und ich uns mit der kleinen Tamoo Montag nachmittags auf den Weg und kehrten dienstags rechtzeitig zum Schulunterricht am Morgen zurück.

Nie werde ich die langen Wanderungen über die spärlich bewachsenen Hügel vergessen, den schweren Kampferduft in der Luft, die Braun- und Goldtöne der Landschaft, die sich so klar gegen den hellblauen Himmel abhob... oder die kompakte Schwärze von Herbstpappeln in den letzten Strahlen, die unglaublichen Farben des Sonnenuntergangs hinter uns und den warmen Geruch welkenden Farns.

Bevor wir das Dorf erreichten, mußten wir einen Fluß überqueren, zu dessen beiden Seiten sich ein breiter Sumpfstreifen hinzog. Er war nicht tief, bildete aber für Fatima und Tamoo, die nicht daran gewöhnt waren, durch Schlamm zu waten, ein mühsames Hindernis. Außerdem kamen wir dort meistens bei einbrechender Dunkelheit an. Fatima kämpfte sich vorwärts, stöhnte und klagte dabei leise vor sich hin, und ich verstand manchmal ein paar Satzfetzen. «Oh, diese Dunkelheit! Nun ja, die ganze Welt ist in der Finsternis der Sünde verloren, und das Licht der Welt ist Jesus. Ich weiß nicht, wie wir diese Uferböschung hinunterkommen sollen. Ich halte mich an dir fest, und meine Tochter hält sich an mir fest, und ich hoffe, der gute Herr hält uns alle fest.» (Holpernd... und stolpernd...) «Aber es ist ein langer Weg durch diesen Sumpf. Doch für den Herrn Jesus würde ich weiter als bis nach England laufen.» (Platsch – jetzt war sie in ein Loch getreten.) «Huch, ich stecke im Sumpf. Wir gingen alle in die Irre wie Schafe. Ah, da ist ein Mann... (Zusammenstoß mit einem Mann, der um ein Medikament gegen Hautausschlag bittet.) «Ja, komm heute abend mit zum Haus der Nachbarin, junger

Mann, dann hörst du vom Herrn Jesus, der dich von deinen Wunden und von deinen Sünden heilen kann.»

Wenn wir schließlich zum Fluß selbst kamen, nahm ich Tamoo auf den Rücken. Wir wateten zusammen durchs Wasser, und das Gemurmel wurde aufgeregter. «O Herr, halt mich fest, halt mich an der Hand! Und du, halt dich fest, meine Tochter, und fall nicht ins Wasser, denn es ist ein tiefer, dunkler Fluß, tief wie der Sündenpfuhl, aus dem uns der Herr gerettet hat.»

Aber wir kamen immer sicher am anderen Ufer an, und von da an ging es besser. In meinem alten Tagebuch habe ich eine typische Visite in diesem Dorf festgehalten:

«Um 20.30 Uhr nach dreistündigem Marsch angekommen und mich dankbar auf eine Matte in Yamanas Hof fallen lassen. Die Welt war wie ein wunderschönes Bild, eingefaßt in den Lehmrahmen des Toreingangs. Ein knorriger alter Walnußbaum, smaragdgrüne Maisfelder, der türkisgrüne Streifen des Flusses im Tal. Die weiche, dunkle Silhouette der Berge vor dem aprikosenfarbenen Himmel.

21.00 Uhr – Fladenbrot und Eier, danach Aufbruch mit Laternen zum Haus des Lehrers, schwer bewaffnet mit Stökken gegen wilde Hunde. Über mehrere Gräben, und dann Ankunft bei dem Lehrer, dem wir im Frühling ein Evangelium geschenkt hatten und der uns nun überaus herzlich empfing.

22.00 Uhr – Pfefferminztee
22.30 Uhr – Predigt vor vollem Haus
23.00 Uhr – Eier und Tomaten
23.45 Uhr – Predigt geht weiter (‹Die Nacht ist noch jung›)
00.30 Uhr – Tee
01.00 Uhr – Singen zur Violine
01.30 Uhr – Riesiger Kartoffel- und Rebhuhneintopf
02.00 Uhr – Mir wird schwindelig. Ich überrede sie, eine Matte in die Nähe der Tür zu legen, und schlafe darauf ein.

03.00 Uhr – Großer gelber Hund stürmt herein. Riesen-
durcheinander. Der ganze Haushalt lacht
immer noch, als ich gegen 7 Uhr erwache.
07.30 Uhr – Tee
08.00 Uhr – Lese 1. Johannes mit Fatima
09.00 Uhr – Tomaten und Eier
09.30 Uhr – Rede zu den Frauen. Rede weiter zu den
Männern.

Der Lehrer schien es ernst zu meinen. (‹Wenn er wirklich für
meine Schuld bezahlt hat, dann muß ich an ihn glauben.
Niemand hat sonst je für mich bezahlt.›

11.00 Uhr – Riesige Schüssel Makkaroni. Wir essen alle mit
einem einzigen Holzlöffel, der herumgereicht
wird.
11.30 Uhr – Lese ihnen die Geschichte vom Verlorenen Sohn
vor, und Fatima spricht zu einer Gruppe Frauen.
(‹Wir sind gekommen, um euch zu sagen, wie ihr
Christinnen werden könnt, damit ihr mit uns in
den Himmel kommt.›)

Zurück zu Yamanas Haus. Sehr heiß. Wasche mich aus einem
Eimer im Kuhstall. Sehr dunkel, mit fünf Kühen. Ziehe mich
hastig wieder an. Entdecke, daß alle Kinder mir durch eine
Mauerspalte zuschauen.
Wieder ein volles Haus. Mehr Reden. Gebratener Fisch.
Wieder Tee.
Gelange wie geplant zum nächsten Dorf. Die Hitze ist
unerträglich, und ich sorge selbst für eine Unterkunft. Rede
und unterhalte mich bis Mitternacht. Lege mich mit der Familie, drei Katzen und 50 000 Flöhen zum Schlafen auf den
Boden, und sie schließen die Tür. Wir sind hermetisch eingeschlossen. Die Katzen streiten sich, schnurren und miauen
fast die ganze Nacht. Lauch und Knoblauch hängen direkt
über mir. Neben meinem Ellbogen gärt Buttermilch. Kann
wegen Luftmangels bis 4 Uhr nicht schlafen und wache um

5.15 Uhr wieder auf, weil ich fast ersticke. Alle anderen schnarchen, so schleiche ich nach draußen, in die kalte, frische Dämmerung. Am Himmel funkeln noch die Sterne, aber im Osten färbt er sich schon heller, und Dunstschwaden steigen auf. Es ist noch dunkel, so bade ich an der Quelle des Flusses und legte mich dann auf die Tenne und beobachte den Sonnenaufgang. Dann schlafe ich auf der sauberen Spreu bis zur Frühstückszeit und tauche zur Erleichterung der Familie wieder im Haus auf.»

Nach dem Frühstück versammelten sich die Dorfbewohner wieder und wollten unbedingt mehr hören. «Ich gehe mit einem weit offenen Herzen nach Hause», sagte ein Mann. «Wenn ihr wiederkommt, müßt ihr fünf Tage bleiben, dann kann ich alles lernen.»

Ich saß auf der Veranda in der Sonne und kämmte mich, da trat unsere Gastgeberin an mich heran und strich mir bewundernd über das Haar. «Nichts», murmelte sie, «keine einzige Laus!»

Fatima verlor im Laufe der Zeit alle Angst und Schüchternheit und übernahm stets ihren eigenen Part. Wenn Bente oder ich sprachen, hörten die Leute gewöhnlich freundlich und zuweilen amüsiert zu, wurden zwischendurch aber auch ernst. Wenn Fatima sprach, herrschte gespannte und aufmerksame Ruhe. Man ließ sie nicht aus den Augen. Aber sie war eine begabte Erzählerin und schmückte zum Beispiel die Gleichnisse mit allen möglichen lokalen Details aus, so daß die Leute oft wider Willen lachen mußten. Ihre Lieblingsgeschichte war das Gleichnis von verlorenen Schaf. «Kann mir einer von euch erzählen», pflegte sie am Ende der Geschichte zu fragen, «warum der Hirte die ganze Nacht über nach dem einen Schaf suchte? Er war ein reicher Mann. Warum ging er es suchen?»

Es erhob sich ein großes Gemurmel. Die Leute zerbrachen sich den Kopf. Das war ja wirklich seltsam. Für sie war der Besitzer von hundert Schafen der reinste Millionär. Reiche Leute aber laufen nicht in den Bergen herum, um nach einem verirrten Lamm zu suchen.

«Dann will ich es euch erzählen», fuhr sie fort. «Er ging und suchte das Schaf, weil er keine Ruhe hatte, bis seine ganze Herde beisammen war. Sein ganzes Herz war bei dem verirrten Schaf. Und deshalb sind wir heute abend hierhergekommen. Es gibt viele Christen in anderen Ländern und auch in unserem Land. Aber das reicht dem Herrn nicht. Er will euch hier in Beni Isi und Amis... An dieser Stelle trat ich über die Schwelle ins Freie und blickte über das Tal. Auf der anderen Seite blinkten in den Falten der schwarzen Berge die Lichter anderer Dörfer. Fatima hatte nie eine Bibelschule besucht, aber in einem Land, in dem aus purer Not ein Menschenleben oft so wenig gilt, hatte sie das Herz des Vaters entdeckt, der nicht rastet, bis seine Familie komplett ist und für den jeder einzelne Mensch unendlich wertvoll ist.

Es gab auch weniger angenehme Erlebnisse. Einmal übernachtete ich im Fastenmonat Ramadan, in dem man erst nachts ißt, in einem Dorf. Gegen zwei Uhr morgens wurde ich geweckt. Neben meinem Bett war ein Tisch aufgebaut, und die ganze Familie saß erwartungsvoll um eine große Schüssel mit einem duftenden Eintopf. Vor mir als dem Ehrengast stand die größte Delikatesse: ein kleiner Teller mit den Augen einer Ziege, die mich im Dämmerlicht kläglich anstarrten! Aber im großen ganzen waren die Besuche in den Dörfern die reinste Freude, und es war ein Opfer, wenn eine von uns zu Hause bleiben mußte, um dort die Routinearbeiten weiterzuführen. Von allen Menschen, die ich kennengelernt habe, ist der marokkanische Bauer mit seinem derben Humor, seiner schlichten Freundlichkeit und seiner Gastfreundschaft der Menschenschlag, bei dem ich mich am wohlsten fühle.

Wir gingen nie ohne Einladung. Als Gastgeber waren sie unübertrefflich, aber Fremden gegenüber konnten sie hart und mißtrauisch sein; und die Hunde, die die Eingänge zwischen den Kaktushecken bewachten, waren groß und wild – und wahrscheinlich nicht gegen Tollwut geimpft. Wir beteten für die verstreuten Gehöfte und warteten, bis Gott uns die Tür öffnete. Und genau das tat er oft auf erstaunliche Weise.

Jenseits des Tales gab es ein Dorf, in das wir liebend gern gegangen wären. Von unserem Haus aus sahen wir es auf einem Hügel über der Hauptstraße liegen. Aber niemand hatte es besucht, und wir hatten keinen Kontakt. An einem frühen Morgen waren wir auf dem Rückweg von Yamana auf der Straße unterwegs, da kam zu unserer Freude ein Bus in unserer Richtung. Wir stiegen ein und waren zuversichtlich, rechtzeitig zum Schulunterricht zu Hause zu sein.

Als wir die Kreuzung erreichten, an der die Straße zu unserer kleinen Stadt abzweigte, baten wir den Fahrer, anzuhalten und uns aussteigen zu lassen. Er war ein stolzer Spanier und weigerte sich. «Das ist keine Haltestelle», knurrte er. «Sie müssen warten. Die nächste Haltestelle kommt in fünf bis sechs Meilen. Dann können Sie von der anderen Seite her zur Stadt raufgehen.» Das bedeutete einen Marsch von zusätzlich vier oder fünf Meilen, einen sehr steilen Hügel hinauf, der voll in der Sonne lag – und es wurde schon heißer und heißer.

Ich war sehr wütend und ließ den Fahrer deutlich wissen, was ich von ihm hielt. Ich würde ihn melden, murmelte ich, obwohl das natürlich kompletter Unsinn war. Fatima begriff mein Verhalten nicht. «Haben wir denn nicht heute morgen gebetet, der Herr solle uns leiten?» fragte sie vorsichtig. «Warum regst du dich dann so auf?» Ehrlich – ich schämte mich so, daß ich kein Wort herausbrachte. Gottes Stimme schien mir laut und deutlich zu sagen: «Was ich tue, verstehst du jetzt nicht; du wirst es aber hernach erfahren.»

Der Bus hielt weit unten im Tal an, und wir standen da und blickten unglücklich die steile Straße hinauf, die von der Hauptstraße abbog und in unsere Stadt zurückführte. Die Chance war mehr als gering, daß einer der seltenen Busse vorbeikommen würde. Wir hatten keinen Gedanken darauf verschwendet, daß sich auf der anderen Seite der Straße der Hügel erhob, auf dem jenes unbesuchte, aber oft im Gebet genannte Dorf lag, als uns die Stimme einer Frau hinter uns anrief und wir uns umwandten.

Es war kein Markttag. Sie war allein den Hügel heruntergekommen, und das war ungewöhnlich. Wohin konnte eine

Frau unterwegs sein, wenn nicht zum Markt? Und dann wanderten die Frauen immer in Gruppen oder familienweise. Sie trug ein Bündel in den Armen und trat zielstrebig auf Fatima zu. «Ist das die englische Krankenschwester?» fragte sie und deutete mit dem Daumen in meine Richtung. Nachdem sie erfahren hatte, daß das stimmte, sagte sie: «Dann mach mich mit ihr bekannt!»

Fatima tat es. Die Frau schlug das Tuch von dem Bündel zurück und zeigte mir ein Baby mit den am schlimmsten entzündeten Augen, die ich je zu Gesicht bekommen hatte. Sie waren fest geschlossen, die Lider waren so geschwollen, daß sie wie blaue Trauben aussahen, und unter den Wimpern quoll dicker Eiter hervor.

«Wie lange ist das schon so?» fragte ich.

«Drei Tage.»

«Warum haben Sie Ihr Kind nicht früher gebracht?»

Und dann sprudelte die Geschichte nur so heraus. «Ich wußte es doch nicht. Ich hatte nie von Ihnen gehört. Aber als ich letzte Nacht schlief, hatte ich einen Traum. Eine weißgekleidete Gestalt kam zu mir und sagte: ‹Bring dein Kind zu der englischen Krankenschwester!› Ich antwortete: ‹Ich kenne sie nicht und weiß auch nicht, wo sie wohnt.› Aber die Stimme sagte: ‹Geh bei Sonnenaufgang unten zur Hauptstraße, da wirst du sie treffen.› So bin ich gekommen, und Sie sind da.»

Ja, das waren wir wahrhaftig. Der Hügel erschien uns weniger steil und hoch als erwartet, als wir ihn gemeinsam hinaufstiegen. Nach der Behandlung und Penizillinspritzen in dreistündigen Abständen ging es am frühen Abend den Augen des Kindes schon viel besser. Die Mutter trat, mit Medikamenten versorgt, den Heimweg an. Das Schönste war eine liebevolle, dringende Einladung, am Samstag ihr Dorf zu besuchen und das Buch mitzubringen.

Bente, Fatima und ich machten uns am Samstag mittag auf den Weg. Es war der erste Besuch, dem noch mehrere folgten. Das Dorf war groß und über den ganzen Hügel verstreut, und wir beteten, daß wir schnell das Haus finden möchten. Wir hätten uns keine Sorgen zu machen brauchen. Die Nachricht hatte sich schnell verbreitet, und die erste Frau, der wir begegneten, führte uns direkt zum Haus unserer Freundin. Zu unserer Freude schienen die Augen des Babys ganz geheilt. Auf dem Gras vor der Hütte hatte sich eine Menschenmenge versammelt. Es wurde viel gelacht, als wir unsere einfachen Arzneien verteilten. Dann fragte unsere Freundin: «Habt ihr den Weg zum Himmel mitgebracht?»

Sie hörten mit offenem Mund zu, als wir das wortlose Büchlein erklärten. Eine Frau hatte offenbar auch mit dem Herzen zugehört. Sie begleitete uns ein Stück, als wir aufbrachen, und hielt meine Hand. Und dann sagte sie: «Geben Sie mir so ein Buch, dann könnte ich es jede Stunde anschauen und den Weg zum Himmel lernen.» Wir gaben es ihr. Wir ahnten nicht, daß unsere Tage gezählt waren.

13

Ende und Neubeginn

Wir hätten wissen müssen, daß sich bald Widerstand regen würde. Ich war fast fünf Jahre in der Stadt gewesen, und alles schien gutzugehen. Vielleicht hatten wir es an der nötigen Vorsicht fehlen lassen? Es kamen immer mehr Menschen zu uns. Die Ambulanz platzte dreimal in der Woche aus allen Nähten, fünfzig bis sechzig Frauen kamen mittwochs in Schichten zu jeweils zehn zu den Frauenversammlungen, die Arbeit unter Kindern entwickelte sich erfreulich, und freitags machten wir unsere Besuche in den Dörfern. Es herrschte eitel Sonnenschein, als plötzlich der Sturm losbrach.

Es begann damit, daß Bente, meine geliebte Mitarbeiterin, zur dänischen Botschaft in der Küstenstadt bestellt wurde. Dort eröffnete man ihr, es habe Beschwerden wegen unserer Aktivitäten gegeben, und ihre Aufenthaltsbewilligung für den Distrikt sei aufgehoben worden. Sie kam völlig aufgelöst zurück, ließ sich aber durch Psalm 37 trösten. An ihrem letzten Tag bei uns besuchten wir noch einmal ein Dorf. Bei unserer Rückkehr fanden wir unser Haus blitzsauber vor, und Fatima und alle Kinder hatten ein Fest und einen Abschiedsgottesdienst vorbereitet. Bente reiste am nächsten Tag ab, um im Krankenhaus in Tanger eine neue Stelle anzutreten. Ich kehrte mit dunklen Vorahnungen nach Hause zurück.

Dann wurde ich zu den örtlichen Behörden zitiert. Als Britin brauchte ich kein Visum, doch da es Reklamationen wegen unserer Besuche in dem Dorf jenseits des Tales gegeben hatte, verbot man mir, es weiterhin aufzusuchen. Ich dachte betrübt an die Frauen dort, die mir so ans Herz gewachsen waren, vor allem an die, die mich beim letztenmal sehnsüchtig gefragt hatte: «Gibt es einen, der mir helfen kann, nicht mehr die Beherrschung zu verlieren und zu lügen?»

Würde ihr nun noch einmal jemand von diesem Einen erzählen können?

Einen oder zwei Tage später kam Zorah, die Wasserträgerin, verängstigt und aufgelöst zu mir. Man hatte sie zur Polizeistation gebracht, verhört, bedroht und wieder freigelassen. Als ich über den Markt ging, sah ich, wie ein Soldat eines unserer Schulmädchen packte, aber ich eilte ihr zu Hilfe, und er ließ sie los. Dann kam Fatima und erzählte mir von einem Traum, den sie gehabt hatte. Sie war am Ufer eines Flusses entlanggegangen, als plötzlich eine dunkle Hochwasserwelle alles überschwemmt hatte. Fatima war mitgerissen und zu Tal gespült worden und fühlte, wie sie ertrank, da war plötzlich eine Gestalt in einem weißen Gewand am Rand der Flut erschienen, hatte die Hand ausgestreckt und sie aufs Trokkene gezogen. «Es wird etwas Schlimmes passieren», sagte sie ruhig, «aber Jesus wird uns bewahren.»

Kinder wurden mitten auf dem Markt verhört, und es herrschte eine unheimliche Atmosphäre drohenden Unheils. Dann erschien Fatima eines Tages nicht. Ich machte mich auf den Weg, um nach ihr zu suchen, da sah ich, wie sie und ihre Familie von einer Polizei-Eskorte zum Gerichtsgebäude gebracht wurden.

Wir taten, als würden wir einander nicht kennen, doch im Vorbeigehen lächelte Fatima mir zu und deutete unauffällig nach oben.

Sie wurden den ganzen Tag festgehalten, und am Abend hielt ich es nicht mehr aus. Ich mußte einfach hingehen und mich vergewissern, was los war. Sie saßen zusammen und schienen einigermaßen wohlauf. Ich wurde zum Basha, dem Stadtgouverneur, gerufen. Er war höflich, aber unnachgiebig. Man schätze meine medizinische und soziale Arbeit, aber jegliche christliche Verkündigung müsse künftig unterbleiben, und von der Gruppe im Gerichtsgebäude dürfe mich niemand mehr aufsuchen. Um dieses Verbot durchzusetzen, werde ein Posten am Ende meiner Straße stationiert, und wer dennoch zu mir zu gelangen versuche, werde festgenommen und inhaftiert.

Drei Tage später fiel der Polizeiposten am Ende meiner Straße plötzlich tot um. Er war ein netter Kerl gewesen, und sein Schicksal tat mir schrecklich leid. Aber der Zwischenfall machte einen enormen Eindruck, und niemand war bereit, den Posten zu übernehmen. So kamen die Mitglieder der kleinen Gruppe weiterhin zu mir, einzeln, mitten in der Nacht oder in den frühen Morgenstunden. Einigen von ihnen schien das Abenteuer Spaß zu machen. Aber mir war klar, daß das nicht immer so weitergehen konnte. Draußen vor der Stadt hatten die beiden Damen von der Emmanuel-Mission ein Haus gemietet und freundeten sich mit den Menschen in ihrer Umgebung an. Unsere Schar konnte sich ihnen, wenn die Zeit gekommen war, unauffällig anschließen.

Die Wartezeit war lang und deprimierend. Die Schule war geschlossen, die Ambulanz leer. Ich ging hinaus zu den herbstlichen Hügeln und sprach mit den Dorfbewohnern, die zum Markt reisten oder vom Markt zurückkamen. Oft behandelte ich die tiefen, schmerzenden Risse in ihren ledrigen Fußsohlen. Eines Nachmittags gegen halb drei trat eine fünfköpfige Gruppe – zwei Männer, zwei Frauen und ein Esel – an mich heran. Sie fragten mich, ob ich mit ihnen in ihr Dorf käme, um einen Kranken zu behandeln.

Ich war mißtrauisch. «Wo ist das Dorf?» fragte ich.

«Nahe, sehr nahe», erwiderten sie. «Gleich hinter dem Berg da.»

Der Berg, der bis weit oben dicht mit Pinien bewachsen war, schien mir ein ordentliches Hindernis, aber ich schätzte, daß wir ihn vor Sonnenuntergang hinter uns haben könnten, und so willigte ich ein. Ich war noch nie auf der anderen Seite dieses Berges gewesen. Wir brachen auf und kletterten in bester Stimmung zwei oder drei Stunden. Die Schatten wurden länger, als wir in den Wald eindrangen und der felsige Pfad immer schmaler wurde. Die Strahlen der untergehenden Sonne blitzten durch das dunkle Blätterdach, und wir kletterten immer noch. Ein paarmal fragte ich, ob wir bald da seien, und stets versicherte man mir: «Nahe, sehr nahe.»

Die Dunkelheit brach herein, einer der Männer zündete

eine Laterne an, und wir stolperten schweigend weiter. Nadelbaumzweige zerkratzten uns das Gesicht. Dann sahen wir rechts auf einer Lichtung einen gelblichen Schein – eine Ansammlung kleiner Lehmhütten, deren Inneres schwach von Kerzen und Holzfeuern erleuchtet wurde, offenbar eine Holzfällerkolonie.

«Ist das das Dorf?» fragte ich erleichtert.

«Nein, nein», antworteten die Männer, «unser Dorf liegt auf der anderen Seite des Berges; aber es ist nahe, sehr nahe.»

Wir stolperten weiter in die pechschwarze Finsternis vor uns. Die Laterne gab uns gerade genug Licht für den nächsten Schritt, und wir hatten schon wieder eine gute Strecke zurückgelegt, bevor mir aufging, daß etwas nicht stimmte. Die Frauen waren im Holzfällerlager zurückgeblieben! Und ich war allein mit zwei unbekannten muslimischen Männern auf diesem wilden, finsteren Berg und hatte keine Ahnung, wohin sie mich brachten!

Mir brach der Angstschweiß aus. Durch den schwarzen, felsigen Wald zurücklaufen? Unmöglich! Ich konnte nur eines: weitergehen und Gott um seinen Schutz anrufen.

Was dann geschah, kann ich nicht erklären. Ich habe es nur dreimal in meinem Leben in Augenblicken höchster Gefahr oder Angst erlebt. Ich kann nur sagen: Ich wußte plötzlich, daß ich völlig sicher war. Ich spürte fast körperlich die ewigen Arme, die mich umfingen, und die Wärme des Schattens seiner Flügel. Wir traten aus dem Wald heraus, und der Nachtwind strich uns rein und kühl durchs Gesicht, und der Himmel über uns war ein strahlendes Sternenmeer. Wir überquerten den Kamm, und nun führte der Weg steil bergab. Wir rutschten auf dem losen Geröll. Dann kamen wir zu einem großen Felsblock. Als wisse er, was von ihm erwartet wurde, legte sich der Esel hin, und die Männer begannen die Satteltaschen auszupacken. Sie reichten mir ein Stück Brot und eine Decke und sagten mir, ich solle an den Bauch des Esels gelehnt schlafen, da würden mich seine Beine vor dem Wind schützen. Sie würden sich an seinen Rücken schmiegen. Sie sagten das in einem Ton, als böten sie mir ihr bestes Schlafzimmer an, und ich erkannte, daß ich nichts zu befürchten hatte. Sie waren freundliche Männer, und sie versicherten mir wieder, das Dorf sei nahe, sehr nahe. Am Morgen würden wir bald ankommen.

Die Decke roch nach Esel und Knoblauch, aber sie war warm, und ich schlief tief und fest bis zum Sonnenaufgang. Da bot sich mir ein überwältigendes Panorama von leuchtenden Bergspitzen und glänzenden Silberflächen, wo die Gebirgszüge zum Mittelmeer abfallen.

Die Männer fragten mich lächelnd, ob ich gut geschlafen hätte (wie hatte ich sie je verdächtigen können?), und versicherten mir, jetzt gäbe es bald Frühstück. Wir eilten etwa zwei Stunden fast im Laufschritt bergab, passierten einen langen Hohlweg, und da, an seinem Ende, trafen wir auf die übliche Kakteenhecke, die eine Gruppe von Lehmhütten umschloß. Wir waren da.

Ich wurde mit der gewöhnlichen herzlichen Gastfreundschaft empfangen und bekam Fladenbrot, Spiegeleier und Pfefferminztee vorgesetzt. Der Mann, um dessentwillen man mich geholt hatte, schien eine Blasenentzündung zu haben. Wir verabredeten, daß sie am nächsten Tag zu mir in die Stadt kommen und die nötige Arznei für ihn und ein paar andere Kranke, die ich mir angesehen hatte, abholen sollten.

Anschließend versuchte ich ihnen die gute Nachricht von Jesus zu verkündigen, und sie hörten höflich zu. Es hatte keinen Zweck, ihnen meinen kleinen Vorrat an Evangelien dazulassen, denn sie versicherten mir, niemand in ihrem Dorf könne lesen. Sie baten mich, bei ihnen zu bleiben, bis sie selbst wieder in die Stadt reisen müßten, aber ich hatte es eilig, nach Hause zu kommen. So machte ich mich allein auf den Weg, verirrte mich im Wald und kam erst um Mitternacht zu Hause an, müde, aber glücklich.

An die folgenden Wochen kann ich nicht mehr genau erinnern, weiß aber noch, daß es traurige Wochen waren. Farnham drängte mich, zum Krankenhaus herunterzukommen und ein Wohnheim und eine Schwesternschule für marokkanische Mädchen aufzubauen, die sich für das Christentum interessierten. Es war eine schwierige Entscheidung, aber ein für sich betrachtet unbedeutendes Erlebnis erschien mir wie ein Fingerzeig Gottes.

Ein Waisenjunge namens Absalom, der bei einem Weber arbeitete und unter dem Webstuhl schlief, erschien eines Tages mit einem schrecklichen Geschwür, das fast vom Knie bis zum Knöchel reichte, bei mir. Ich wußte, daß er Bettruhe und Krankenhausbehandlung brauchte, aber er weigerte sich, seine Arbeitsstelle zu verlassen, weil er fürchtete, sie dann zu verlieren. So konnte ich nur seine große Wunde reinigen und verbinden und beten. Zu meinem Erstaunen begann sie zu heilen.

Er kam jeden Tag und schien großes Vertrauen zu unseren gemeinsamen Gebeten zu haben. Ich begann ihm das Evangelium vorzulesen, und er hörte kommentarlos zu. Eines Tages aber kam er sichtlich verängstigt und beunruhigt ganz früh am Morgen zu mir. «Ich habe einen Traum gehabt», sagte er. «Sie müssen mir sagen, was der Traum bedeutet.

Ich stand am Anfang einer finsteren Straße, und am Ende dieser Straße stand das Kreuz, an dem Jesus gestorben ist. Ich wollte zu diesem Kreuz gehen, aber am Straßenrand lauerten Feinde. Sie waren bereit, mich anzuspringen und zusammenzuschlagen. Hinter dem Kreuz aber, auf der anderen Seite, da war ein Ort der Geborgenheit. Sagen Sie mir – was hat das zu bedeuten?»

Ja – was? Wollte Gott wirklich, daß wir diese unwissenden, verängstigten Menschen zum Kreuz führten, dem größten Schlachtfeld der Welt, und sie dann dort ungeschützt alleinließen? «Hinter dem Kreuz war ein Ort der Geborgenheit.» War die Zeit gekommen, einige von ihnen in einem geschützten Raum zu sammeln, wo sie eine Weile ohne Angst und Ablenkung lernen und wachsen konnten? Eine Schwesternschule mit Wohnheim konnte durchaus ein «Ort der Geborgenheit» für einige dieser jungen, einsamen Gläubigen sein.

Ich reiste zum Weihnachtsfest nach England und blieb noch eine Weile, um in Ruhe nachzudenken. Es war herrlich, zu Hause zu sein, aber der Reichtum und Materialismus des

Schulsprecherin in der Clarendon School

Mit Oliver (links) und John (rechts)

Die Krankenschwester

Mit jungen Freunden

Hausmutter in der Clarendon School

Harold und Ella St. John

Die Familie bei Harolds und Ellas Rubinhochzeitsfeier
(Schweiz 1954)

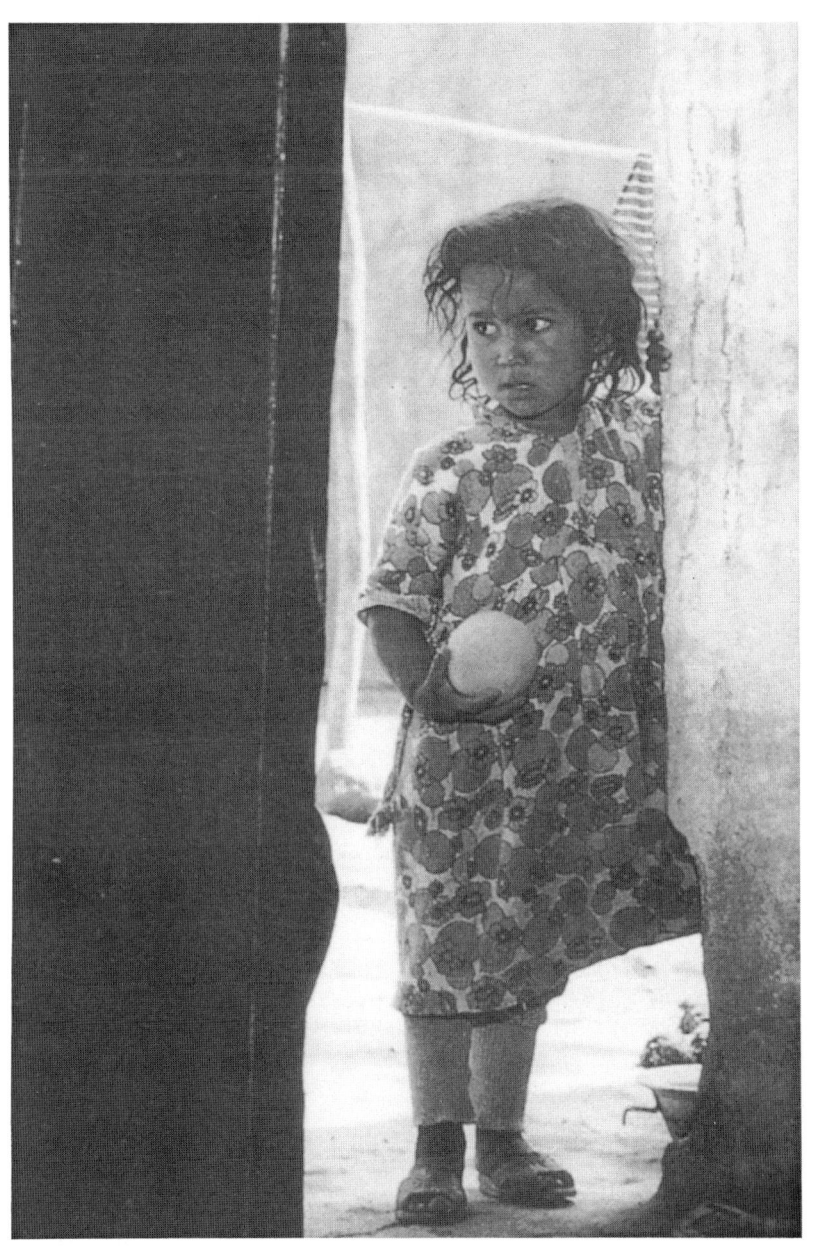

Berberkind

Straße in Tanger

Rückkehr vom Markt, Fez

Frauen am Dorfbrunnen

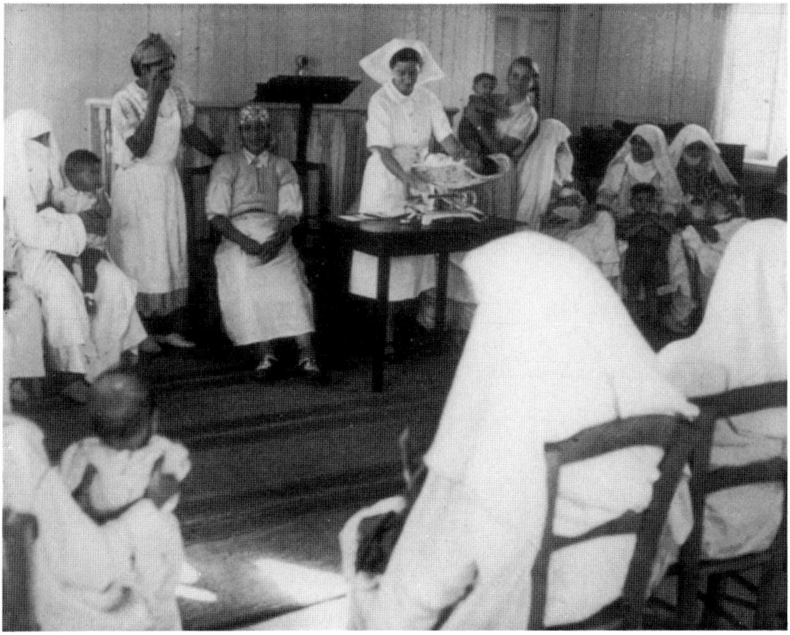

Die Babyklinik im Krankenhaus von Tanger, 1953

Das Krankenhausteam in Tanger
(Patricia ist die fünfte von links in der hintersten Reihe)

Westens bildete einen sonderbaren Kontrast zu der Armut und dem Hunger derer, die ich verlassen hatte. War das verwöhnte Kind mit seinem Berg von Geschenken wirklich glücklicher als Hamid, wenn er eine Orange oder ein Plätzchen erwischte? Und wo war wirkliches Glück zu finden – in dem, was wir haben, oder in dem, was wir sind? Der Vers «Vor dir ist Freude die Fülle» wurde mir sehr wichtig, und ich begann *Der verschlossene Garten* zu schreiben, eine Geschichte, in der Eliane das Geheimnis wahren Glücks entdeckt.

Ich verbrachte zwei unvergeßliche Monate im Shebeen Mission Hospital in Ägypten, informierte mich, wie man dort Mädchen mit sehr geringer Vorbildung zu Krankenschwestern ausbildet, und bekam manchen guten Rat. Nachdem ich mich endlich entschlossen hatte, zum Krankenhaus in Tanger zu ziehen, reiste ich in die Berge, um meine Sachen zu packen und abzuholen. Bei dieser Gelegenheit stellte ich fest, daß Fatima sich weiterhin um die ärmsten Kinder gekümmert hatte, sie in ihrem eigenen Haus mit Essen versorgte und ihnen Unterricht erteilte. Es war ein trauriger Abschied. Ich verließ die Stadt an einem kalten, regnerischen Tag und kam an der kleinen Zohra vorbei, die schluchzend auf dem Marktplatz kauerte. Aber die ganze kleine Schar fand eine geistliche Heimat in der Emmanuel-Mission draußen vor der Stadt, und sie konnte das Zeugnis von Christus noch einige Jahre weiterführen. Meine lieben Lausbuben wurden von einem bekehrten Teddy Boy und seiner Frau, Albert und Margaret Thomas, neu gesammelt und durchs Teenageralter hindurch geliebt. Am Ende wurden alle christlichen Missionare aus diesem Gebiet ausgewiesen, aber bei meinen Besuchen erkundigen sich bis heute Männer in den mittleren Jahren eifrig nach «Miistaah Tuumess», und unter so manchem Webstuhl und in so manchen dunklen Winkeln von kleinen Läden sind noch Evangelien versteckt. Es kommt auch immer wieder vor, daß ein wohlhabender Geschäftsmann im mittleren Alter ein wenig beleidigt ist, weil ich nicht sofort weiß, wer von den zerlumpten kleinen Jungen er einst gewesen ist.

Wie messen wir, die wir unter Muslimen arbeiten, den Erfolg jener Jahre? Ein paar Menschen sind körperlich gesund geworden; ein paar hoffnungslose Kinder haben die Erinnerung daran, daß jemand sie liebgehabt und sich um sie gekümmert hat; und wenige, sehr wenige sind zum lebendigen Glauben an Christus gekommen und haben dafür Leiden und Verstoßung durch die Familie auf sich genommen. In den vielen Jahren, die seither vergangen sind, sind nur vier Menschen bekennende Christen geblieben, und es hat sich keine Gemeinde gebildet. Ich bin überzeugt, daß es daneben heimliche Gläubige gibt, aber die kennt nur Gott.

Während eines Heimaturlaubs kam ich im Zug mit einer Frau ins Gespräch. Sie fragte mich nach meiner Arbeit, und ich erzählte ihr, ich sei Krankenschwester im Missionsdienst. Darauf sagte sie mir sinngemäß: «Meines Erachtens richtet ihr Missionare eine Menge Schaden an. Diese Leute habe ihre eigene Religion, und indem ihr versucht, ihnen eure Überzeugungen überzustülpen, entfremdet ihr sie ihrer eigenen Kultur, macht sie zu Außenseitern und macht ihnen das Leben unnötig schwer. Warum laßt ihr die Leute nicht in Frieden?»

Es wäre so leicht, ihr und anderen zuzustimmen, wenn es da nicht zwei Grundüberzeugungen gäbe, die weder jene Dame noch die Fernsehreporter, die ins gleiche Horn stoßen, teilen – Grundüberzeugungen, die die Frage in einem völlig anderen Licht erscheinen lassen. Erstens: Glauben wir wirklich, daß Christus unendlich und ewig wertvoll ist? Daß er damit für die Menschen unermeßlich viel mehr wert ist als alles, was sie unter Umständen verlieren, ja sogar als ihr Leben? Daß ihn kennen ewiges Leben bedeutet? Und zweitens: Glauben wir wirklich an den unschätzbaren, unermeßlichen, ewigen Wert jedes einzelnen erlösten Menschen für Gott? Wenn ja, dann laßt uns nach besten Kräften weitermachen. Wenn nein, dann lassen wir sie besser in Ruhe!

Im Rückblick auf diese ersten Jahre in Marokko schrieb ich *Die silberne Straße, Überraschung im Morgengrauen* und *Hamid und Kinza* und anschließend die Biographie von Hudson Pope, einem bekannten Kinderevangelisten des Bibellesebundes. In dieser Zeit sorgte meine Tante, Miss Swain, ferner dafür, daß ein Gedichtband von mir veröffentlicht wurde.

14

Das Krankenhaus in Tanger

Das Tulloch Memorial Hospital stand am Rand einer Klippe, von der aus man die Straße von Gibraltar überblicken konnte. An klaren Tagen sah man jenseits der Meerenge den Felsen, der sich wie ein großer alter Löwe im Meer duckte, und dahinter die Küste von Spanien. Im Westen mündet die Straße in den Atlantik, und im Licht der spektakulären Sonnenuntergänge waren die großen historischen Stätten fast sichtbar – das Kap von São Vicente, Cádiz, Trafalgar. Im Osten schweift der Blick über die wunderschöne Linie der Bucht von Tanger, in die sich heute die Stadt ausgebreitet hat mit Hotelblocks, Hochhäusern und Asphaltstraßen. Damals, als ich zum erstenmal da war, erstreckten sich dort noch leere goldene Strände, die unmittelbar in das Bergland übergingen. Tief gefurchte Pfade führten in die Hügel, die im Sommer braun und tot aussahen, aber beim ersten Regen grünten und blühten.

Das Krankenhaus war 1889 von Dr. Churcher in einem notdürftig hergerichteten maurischen Stall eröffnet worden. Benannt wurde es nach Edwina Tulloch, die als junge Frau während ihres ersten Jahres im Missionsdienst an Typhus gestorben war. Im Laufe der Zeit war ein neues Gebäude errichtet worden, in dem zwanzig Patienten stationär untergebracht werden konnten, ferner ein Operationssaal und eine Ambulanz. 1938 wurde ein weiterer großer Flügel mit einer ambulanten Abteilung, einer Abteilung für Radiologie und einer Apotheke gebaut. Dazu kam dann noch eine Abteilung für TB-Kranke. Um die Mitte des Jahrhunderts war das Tulloch Memorial Hospital eine kleine, moderne, gut ausgerüstete Klinik, das einzige Missionskrankenhaus im gesamten islamischen Gürtel Nordafrikas bis nach Ägypten.

Das Krankenhaus hatte eine heroische Geschichte. Hier hatten Ärzte und Krankenschwestern bis zu ihrem letzten Atemzug gegen Krankheiten und Seuchen gekämpft. Manche hatten mutterseelenallein die Stellung gehalten. Als 1906 eine Typhusepidemie ausgebrochen war, war nicht nur das Krankenhaus selbst bis in den letzten Winkel belegt, sondern die Kranken hatten sogar auf den Straßen um es herum ihre Zelte aufgeschlagen, um in der Nähe ihrer einzigen Quelle der Hilfe und des Trostes zu sein. Dr. Roberts und die Krankenschwester Ida Smith steckten sich, von Überarbeitung und Schlafmangel geschwächt, beide mit der Krankheit an und starben im Laufe einer Woche. Damit war kein medizinisches Personal mehr da, und so schien das Schicksal des Krankenhauses besiegelt. Aber es kam anders. Am Ende derselben Woche traf Idas Schwester Georgina ein, die ebenfalls Krankenschwester war, und hielt den Betrieb aufrecht, bis weitere Hilfe geschickt wurde. Auch sie starb wenige Jahre später, wahrscheinlich ebenfalls an Typhus, aber das kleine Krankenhaus blieb offen. Damals und noch für lange Zeit war es im Umkreis von Hunderten von Meilen der einzige Ort, an dem die Ärmsten kostenlos behandelt wurden. Und sie kamen zu Tausenden, zum Teil aus Entfernungen von hundert oder mehr Meilen. Aus entlegenen Dörfern stolperten sie die rauhen Bergpfade herunter, wurden auf ausgewaschenen Straßen auf Eselsrücken oder in klappernden Bussen durchgeschüttelt, doch sie kamen und kamen und kamen...

In der völlig überlasteten Ambulanz versuchte man, die Zahl der Morgenpatienten auf 120 zu begrenzen und die Leute in der Reihenfolge ihrer Ankunft zu behandeln (eine Schlange für den Arzt, die zweite für die Schwestern, die dritte fürs Röntgen). Es war extrem schwierig, das durchzusetzen, trafen doch die ersten Kranken schon gegen vier Uhr morgens ein. Sie bekamen Kärtchen mit Nummern, aber die meisten konnten die Zahlen nicht lesen; und die Namen eigneten sich auch nicht zur Identifikation, hieß doch die Hälfte aller Leute Fatima oder Mohammed. Nachnamen und Adressen waren vage. Ihr Einfallsreichtum, wenn es darum ging, sich vorzudrängen, war grenzenlos. Manche bestachen die ganz früh Gekommenen, damit sie die Nummernkärtchen mit ihnen tauschten. Andere versuchten eine Null der 100 auszuradieren. Es kam vor, daß eine einzelne harmlos aussehende Frau im Behandlungszimmer plötzlich ihren Überwurf hob und eine ganze Kinderschar zum Vorschein kam, wie Küken unter den Flügeln der Henne. Jedes von ihnen brauche den Doktor, versicherte sie treuherzig, aber sie habe es nicht übers Herz gebracht, mehr als ein Kärtchen zu nehmen! Wenn die Türen geschlossen wurden, schlichen die ganz Frechen durch den Garten und versteckten sich hinter den Büschen am Schwesterneingang. In einem günstigen Augenblick versuchten sie sich dann als Mitarbeiterinnen auszugeben und so ins Gebäude zu gelangen. Wenn sie erwischt wurden, fanden sie das furchtbar lustig und erwarteten, daß alle anderen mitlachten, wonach den gestreßten und leicht gereizten Schwestern und Ärzten nicht unbedingt zumute war. Wenn das Wartezimmer voll war, hielt eine Mitarbeiterin oder ein Mitarbeiter eine kurze evangelistische Ansprache, gewöhnlich unter sehr schwierigen Umständen. Oft muß es unmöglich erschienen sein, die Aufmerksamkeit auch nur einzelner der 120 Leute zu wecken, die auf den Wartezimmerbänken saßen, sich zur Tür hereindrängten, auf dem Boden hockten usw. Und doch erfuhren wir im Laufe der Jahre von einigen, daß sie zugehört hatten, nur wegen der Botschaft (die jeden Morgen mehrmals wiederholt wurde) wiedergekommen waren und aufgrund jener schlichten Einführung ernsthaft über den Herrn Jesus nachzudenken begonnen hatten.

Mein Bruder Farnham arbeitete von 1945 bis 1948 als Assistenzarzt von Dr. Anderson und war dann selbst bis 1975 Chefarzt. Im diesem Jahr übernahm die marokkanische Regierung das Krankenhaus und führte es mit eigenem Personal weiter. Farnham war in vieler Hinsicht der christusähnlichste Mann, den ich je kennengelernt habe. Dabei kam ihm einiges zugute. Seine Frau Janet war eine tüchtige Ärztin für Allgemeinmedizin und assistierte ihm als Anästhesistin. Sie war überhaupt die vollkommene Ergänzung für ihn. Er war außerordentlich sprachbegabt und konnte bald Arabisch recht gut verstehen und sprechen. Da er bereits früher Französisch und Spanisch gelernt hatte, kam er bestens in der multikulturellen Gesellschaft in Tanger zurecht. Dann war da natürlich die Mitarbeiterschaft. Zwei Ärzte standen Farnham später zur Seite – Julian Carlisle aus Harrow in England und William (Bill) Campbell aus den Vereinigten Staaten. Beide waren Spezialisten und besonders auf dem Gebiet der Inneren Medizin bewandert, während Farnham sich in erster Linie auf die Chirurgie konzentrierte. Beide erwiesen sich für ihn als wahre Brüder im täglichen gemeinsamen Leben und Arbeiten. Auch die Krankenschwestern bildeten ein treues und engagiertes Team. Nicht, daß sie immer mit Farnham einverstanden gewesen wären; seine unglaubliche Schaffenskraft konnte Schwächere schon einmal zur Verzweiflung bringen, und die Heiligen können weniger Heiligen manchmal schwer auf die Nerven gehen. Aber sie befolgten loyal seine Grundsätze und schätzten und achteten ihn für das, was er war – ein Mann Gottes.

In all den langen, zermürbenden und oft enttäuschenden Jahren verlor er nie den gottgeschenkten Blick für den einzelnen. Er blieb ein Mensch, der die Neunundneunzig zurückläßt, um das Eine zu suchen. In jener heißen, überfüllten, lauten Ambulanz mit den vielen Leuten, darunter den Frechen, den Ungeduldigen und den total aus der Rolle Fallenden, ließ er sich nicht hetzen, sondern wandte sich liebe- und verständnisvoll jedem und jeder einzelnen zu, und das merkten seine Patientinnen und Patienten und verehrten ihn geradezu. Er konnte es nicht ertragen, jemanden ohne Hilfe oder ohne ein Dach über dem Kopf wegzuschicken. So konnte es vorkommen, daß er mit einem staubbedeckten alten Mann aus den Bergen, der eine Augenoperation und ein Bett für die Nacht brauchte, auf der Krankenstation erschien. Wenn ihn dann die Krankenschwestern endlich hinauskomplimentiert hatten («Nein, nein und nochmals nein. Wir können ihn hier nicht unterbringen. Es ist absolut ausgeschlossen, noch jemand aufzunehmen!»), starrte er nachdenklich vor sich hin.

Es mußte doch noch irgendeinen Winkel geben. Vielleicht in seinem Haus? Janet hatte sicher eine Idee. Es gab da tatsächlich ein winziges Gästezimmer, das Janet stets makellos in Ordnung hielt, da es immer wieder vorkam, daß Gäste aus aller Herren Länder zu den unmöglichsten Zeiten und völlig unerwartet auftauchten. Eine solche unangemeldete Besucherin aus England wurde von Janet zuversichtlich zu dem kleinen Zimmer geführt. Ein Glück, daß das Bett frisch bezogen war! Doch welch ein Schock, als die Dame auf dem Kissen einen grauhaarigen Kopf erblickte, die Augen mit einer blutdurchtränkten Binde verbunden! Farnham konnte dem Anblick eines freien Bettes einfach nicht widerstehen.

Er war ein hervorragender Chirurg, und als später in der Stadt öffentliche Krankenhäuser und Privatkliniken eröffnet wurden, spezialisierte er sich mehr und mehr auf Augenchirurgie. 1963 ging er nach England zurück, um sich als Augenarzt weiterzubilden. So konnte er anschließend eine Spezialabteilung für Augenheilkunde im Krankenhaus eröffnen. Bis dahin hatte man dort alle erdenklichen chirurgischen und medizinischen Fälle behandeln müssen. Oft hatte er dabei auf wunderbare Weise Gottes Hilfe erlebt. So wurde er eines Morgens auf dem Weg von seinem Haus zum Operationssaal von einem Touristen aufgehalten. Der Mann erklärte, er sei Chirurg und mache hier Ferien. Er habe von der Klinik gehört – ob er wohl bei ein paar Operationen zusehen dürfe?

Es war eine ungewöhnliche Bitte, aber Farnham sagte freundlich zu und lud den Fremden ein, ihm zu assistieren. Alles verlief normal, bis ein Patient eingeliefert wurde, der offenbar ein Magengeschwür hatte, das aufgebrochen war. Eine Routineangelegenheit. Im Laufe des Eingriffs stellte sich jedoch heraus, daß es sich nicht um ein Magengeschwür handelte, sondern um eine seltene Erkrankung, die eine Operation erforderte, die Farnham noch nie durchgeführt hatte. Farnham blieb nichts anderes übrig, als nach dem chirurgischen Handbuch zu operieren. In diesem Augenblick schlug der auf Besuch weilende Chirurg (oder handelte es sich um einen Engel?) ruhig vor: «Soll ich übernehmen? Ich bin zufällig auf diesen Eingriff spezialisiert.» Er operierte rasch und gekonnt, während Farnham zusah und lernte und Gott dankte.

Farnhams frühe Briefe an unsere Eltern zeigen, mit welch hochgespannten Hoffnungen er nach Tanger ausreiste, welchen Anteil er am Schicksal seiner Patientinnen und Patienten nahm, wie er sich über seine Erfolge in der Chirurgie freute und welche geistliche Sehnsucht ihn in Hinblick auf die Menschen in seiner Umgebung erfüllte. Schon sehr bald erkannte er die alles überwältigende Macht des Islam, wie Stellen in seinen Briefen beweisen:

«Die Männer sind sehr schwierig. Ich kann gut begreifen, warum so viele Missionare entmutigt aus diesem Land in die Heimat zurückgekehrt sind. Sie scheinen so verschlossen, und ständig und überall gibt es Komplikationen. Jeder Weg, auf dem man an sie heranzukommen meint, scheint blockiert... Sie lesen und beten so leicht, aber kein einziger von ihnen bekennt sich klar zum Herrn, es scheint ihnen alles nichts zu bedeuten. Die Kirche hier ist gegenwärtig sehr klein und sehr tot, aber sie ist schlicht und im Sinne des Neuen Testaments geführt. Sie könnte wunderbar sein, wenn der Geist Gottes sie anhauchte...»

Mehr und mehr verließ er sich auf die Macht des Gebets, seiner eigenen Gebete und der Gebete anderer. Er schrieb: «Wenn ich nicht jeden Tag sehr sorgfältig plane, türmen sich die Dinge auf, und ich gehe spät ins Bett und habe keine Lust, morgens aufzustehen; die alte, uralte Geschichte.

Ich habe das Buch *Behind the Ranges* (die Biographie von J. O. Fraser) gelesen. Dabei ist mir neu aufgegangen, wie wichtig es ist, daß diejenigen, die hinter unserer Arbeit stehen, systematisch für uns beten. Mein Herz ist ganz zerschmettert von der Nachricht, die wir eben erhalten haben: daß unser einziges getauftes unverheiratetes Mädchen hier im Krankenhaus sich heimlich mit einem Moslem verlobt hat. Ihr könnt euch vorstellen, wie wertvoll uns jeder einzelne ist, da es doch so wenige gibt, und was für einen Schlag ein Ereignis wie dieses für die kleine Kirche bedeutet. Ich habe das Gefühl, das hätte verhindert werden können, wenn jemand regelmäßig für dieses Mädchen gebetet hätte. Ich möchte ein halbes Dutzend oder so von Euch Freunden in der Heimat bitten, Euch für jeweils einen der maurischen Bekehrten hier zu verpflichten. Wenn jeder von ihnen mit einer Gebetsmauer umgeben wird, kann das den Teufel daran hindern, sich mit dem nächsten aus dem Staub zu machen. Niemand weiß, wann er wieder zuzuschlagen gedenkt. Seid ihr bereit, wirklich treu jeden Tag für jeden einzelnen zu beten?» Und dann wieder:

«Die Gegenmächte sind so stark, daß wir unterliegen werden, wenn wir nicht bereit sind, uns ganz und gar in den Kampf hineinzugeben. Gegenwärtig erleben wir Niederlage um Niederlage auf diesem Schlachtfeld, und Euer Brief hat mir als Warnung gedient. Ich erkenne, daß alles weiter zerfallen wird, wenn nicht mit allerletztem Einsatz ein Gegenangriff gestartet wird. Gestern sprach Gott durch Hebräer 12 zu mir: ‹Ihr habt noch nicht bis aufs Blut widerstanden im Kampf gegen die Sünde...› Die gleiche Botschaft bekam ich zu meinem Geburtstag in den Worten von Ramon Lull, der vor 600 Jahren schrieb: ‹Mir scheint, daß das Heilige Land nicht anders gewonnen werden kann als in der Weise, in der Du, o Herr Jesus, es mit Deinen Aposteln gewannst: durch Glauben und Gebet und das Vergießen von Blut und Tränen.›»

Aber es war nicht alles Traurigkeit; es gab auch Augenblicke der Freude über Berichte der Arbeit anderer und Lichtstrahlen aus der Bibel. Er schrieb:

«Wie habe ich mich gefreut, von F. (einem Missionar in Südmarokko) zu hören: fünf Jahre ohne sichtbare Ergebnisse, und dann auf einmal Segen. Nun versammeln sich regelmäßig 30 Personen zum Gottesdienst. Ich habe vor Freude gejubelt. Vielleicht kann ich irgendwann einmal hinunterreisen und sie besuchen.

Ich habe gerade die Offenbarung in Arabisch gelesen, und dabei sind mir die Tränen gekommen, weil es so wunderbar ist zu wissen, daß eines Tages der arme Hamid und Fatima in weißen Gewändern umhergehen werden und Gott selbst alle ihre Tränen abwischen wird. Wenn nur mehr von den Leuten in Marokko das Evangelium hören könnten!»

Im Leben einiger älterer Missionarinnen und Missionare sah er Schlüssel zum Geheimnis des Segens:

«Miss Glen [in deren Haus er eingezogen war, als er erstmals in Tanger eintraf] hat seit 35 Jahren hier gearbeitet und zeigt keine Anzeichen der Schwäche. Sie hat Typhus und Krebs überlebt und Resultate gesehen, weil sie ihr ganzes Leben für die Menschen eingesetzt hat, d.h., sie hat die Leute immer bei sich leben lassen. Das setzt natürlich den Verzicht auf jegliches Privatleben voraus, aber dadurch werden sie gewonnen. Vielleicht können Verheiratete gar nicht so leben, und das beweist die Wahrheit der Worte des Apostels Paulus: ‹Wer ledig ist, der sorgt sich um die Sache des Herrn› (1.Kor 7,32). Miss Glen und Mr. Elson [der eine Schule für elternlose Jungen leitete] werden im Himmel von all ihren Mädchen und Jungen freudig begrüßt werden.»

Im Laufe der Jahre wirkte die Gnade verborgen in einigen wenigen Herzen, und erst 1955 durfte Farnham erleben, daß der Geist Gottes sichtbarer eingriff. In diesem Jahr berichtete er über einen Sonntagnachmittagsgottesdienst in Tanger. Er fand im Rahmen der alljährlich stattfindenden Maroccan Christian Conference statt, und fünf Personen waren dabei getauft worden.

«Mr. Acton predigte packend über die ersten Kapitel der Apostelgeschichte, und vielen wurde geholfen, besonders den Mädchen. Die Männer scheinen immer langsamer zu sein, aber A. aus Tetuan und die beiden Xauenjungen legten ein gutes Zeugnis ab. A. von der TB-Station ist diese Woche wütend angegriffen worden. Es gibt hier oben einige fanatische Moslems, die offenbar entschlossen sind, ihn oder seinen Glauben loszuwerden...»

«Sonntag abend: Vielen Dank, daß Ihr für uns gebetet habt; wir hatten einen wunderbaren Tag! Himmel auf Erden! Gott hat wirklich zu den Menschen gesprochen, und wir haben erlebt, wie harte, gleichgültige Moslems bekehrt und tief ihrer Sünde überführt wurden; und ich bin tief meines Mangels an

Glauben überführt worden. Mr. Bocking sprach in der Nachmittagsversammlung. Er stellte eine Tafel auf mit einem einfachen Bild des Weges zum Leben und des Weges zum Tod. Darunter zeichnete er ein Buch und forderte diejenigen, die Christen werden wollten, auf, nach vorne zu kommen und ihren Namen ins Buch des Lebens zu schreiben. Es waren einige schlimme Spötter anwesend, und ich rechnete nicht damit, daß jemand nach vorne kommen würde, aber zehn Mädchen gingen nach vorne. Unter ihnen waren T. mit ihrem Gipsbein und Z. mit ihren Krücken, F., die immer so stolz gewesen ist, aber noch keine Männer. Nach der Versammlung kam L. zu mir und sagte: ‹Geh hinauf ins Zimmer meines Bruders; er braucht dich.› A., ihr Bruder, ist immer sehr nett und zuvorkommend gewesen, aber er hat nie irgendwelches Interesse am Christentum gezeigt. Er arbeitet als Krankenpfleger auf der Männerstation und ist ein versierter Koranschüler. Ich ging in sein Zimmer und fand ihn weinend vor. Er müsse, sagte er, Christus annehmen und noch an diesem Abend in der Gemeinde Zeugnis ablegen. Er war sehr über sein früheres unmoralisches Leben betrübt, weiß aber nun, daß Christus ihm vergeben hat. So hatten wir eine herrliche Abschlußversammlung, bei der A. über ‹Die Gnade und Wahrheit ist durch Jesus Christus geworden› sprach, einen Vers, der es ihm anscheinend besonders angetan hat. Danach predigte Mr. Acton über das Gemeindegebet, und wir hatten eine Gebetsversammlung. Freut Euch mit uns! Wir haben heute erlebt, daß Gott jeden retten kann, und ich bin überzeugt, daß das erst der Anfang ist. Betet intensiv für die Männer auf der TB-Station! Sie haben das alles erfahren und sind wütend. Aber Gott ist größer, und wenn sie uns töten, können wir wenigstens sagen: ‹Herr, nun läßt du deinen Diener in Frieden fahren, wie du gesagt hast; denn meine Augen haben dein Heil *gesehen*.›»

Es gab viele Höhen und Tiefen, und oft kamen die Enttäuschungen Schlag auf Schlag, als sollten die treuen, oft erschöpften Mitarbeiter umgehauen werden. Die Schar der Christen in Tanger war nur klein, und mehrere von ihnen –

und wir hatten den Eindruck, immer die begabtesten und unentbehrlichsten – starben jung. Von ihnen können wir offen erzählen. H., der als junger Bursche in Mr. Elsons Schule bekehrt worden war, überlebte zwei Jahre grausamer Haft wegen seines Glaubens.

Nach seiner Entlassung bezeugte er als Mitglied der Gemeindeleitung treu und unerschrocken seinen Herrn, bis er mit knapp über vierzig an Krebs starb. Er war ein begabter Prediger und Bibellehrer und stand bei seinen Kollegen in hohem Ansehen. Obwohl diese Männer ihn als Christ ablehnten, wählten sie ihn zum Gewerkschaftskassierer. Er war der einzige, dem sie bedenkenlos ihr Geld anvertrauen konnten.

A., der die Gabe hatte, wunderbare arabische Choräle zu schreiben (welch ein Unterschied zu den holperigen Übersetzungen der Missionare!), starb als junger Mann an Leukämie.

M. wurde auf der TB-Station bekehrt; er stammte aus dem fernen Rifgebirge und war ein frommer Moslem, der uns später gestand, als der Doktor abends gekommen sei, um ihnen die Worte Jesu vorzulesen, habe er sich eine Pistole gewünscht, um ihn zu erschießen. Doch er gewann den Arzt lieb und staunte über die Freundlichkeit und Fürsorge, mit der man ihn behandelte. Mrs. Kent, die Oberschwester, die in den letzten Jahren ihres Lebens als Missionarin zunehmend von Arthritis lahmgelegt wurde, stieg jeden Abend die steile Treppe zur TB-Station hinauf, um mit ihm im Johannesevangelium zu lesen, und sein Herz wurde gewonnen. Er wurde, als seine TB ausgeheilt war, Krankenpfleger und heiratete eine christliche Schwesternschülerin. Einige Jahre arbeitete er auf der Männerabteilung, ein freundlicher, christusähnlicher Mann, starb aber in den Dreißigern an einem Herzleiden. Am Abend seines Todes bat er den Arzt zu sich und ließ sich von ihm die ersten Verse von Johannes 14 vorlesen. «Ich gehe hin, euch die Stätte zu bereiten», waren seine letzten Worte, die er nach Luft ringend, aber mit großer Freude sprach. Z., die ebenfalls im Krankenhaus bekehrt wurde und sich zur Krankenschwester ausbilden ließ, war das begabteste unserer Mädchen. Alles deutete darauf hin, daß sie einmal eine führende Position unter den Frauen einnehmen würde. Sie starb plötzlich in den Zwanzigern in Narkose während einer Mandeloperation.

Warum? O warum wurden sie uns genommen, wo wir sie doch so dringend brauchten? Hat der Feind in seinem eigenen Herrschaftsbereich mehr Macht und kann deshalb schwerer verletzen? Wußte ihr Herr, daß der Weg, der vor ihnen lag, zu schwer für sie sein würde? Versetzte er sie deshalb in ein angenehmeres Klima, um sie dort vollkommen zu machen? Wir werden es nie erfahren; wir erlebten nur, wie verheerend sich diese Schlag auf Schlag eintretenden Verluste auf die kleine, um ihr Überleben kämpfende Gemeinde auswirkten. Aber die Arbeit mußte weitergehen, und wir konnten nur beten, daß wir geschlagen, aber nicht erschlagen würden und uns von der Depression und Verzweiflung erholen könnten, die zuweilen die einzig möglichen Reaktionen auf solche entmutigenden Schicksalsschläge waren.

Für Farnham gehörten Gemeinde und Krankenhaus zusammen. Viele der Bekehrten wurden Krankenhausmitarbeiterinnen und -mitarbeiter, und eine ganze Reihe von führenden Christen wurden auf irgendeine Weise von der Klinik angestellt – so war das Ganze ein Werk, und das wußte jeder. Einmal wurden wir in der Lokalpresse mit den Worten angegriffen: «Wenn Sie ins englische Krankenhaus gehen [so wurde es oft genannt, obwohl die Mitarbeiterschaft aus vielen verschiedenen Nationen stammte – Amerika, Dänemark, Schweiz, Schweden –, aber wir sprachen alle Englisch], wird Ihr Körper geheilt, aber Ihr Geist wird vergiftet durch die Lehren, denen Sie dort ausgesetzt werden.» Wir betrachteten das als ungewolltes Kompliment. Jedenfalls ließ sich, soweit wir wissen, niemand dadurch abhalten, ins Krankenhaus zu kommen.

Manche kamen von weit her, müde Pilger am Ende einer langen Reise, und ihnen standen unsere Türen stets offen. Einer der bewegendsten Fälle, an die ich mich erinnere, war der eines alten Mannes aus dem fernen Rifgebirge. Wir wollten gerade die Ambulanz schließen, als wir das Tack-Tack eines Stocks im Flur hörten und ein vornehm aussehender alter Angehöriger eines Bergstammes mit einem Ziegenbart von einem Ambulanzpfleger hereingeführt wurde. Er war blind – beide Augen vom grauen Star befallen – und über hundert Meilen gereist, zum Teil zu Fuß. Ob wir ihm sein Augenlicht wiedergeben könnten?

Farnham untersuchte ihn und hielt es für möglich. Er fragte den alten Mann, wer ihn denn hierhergebracht habe.

Seine Enkelin habe ihn geführt, erwiderte er, und sie würde bei ihm bleiben und für ihn sorgen. Er brauche keine andere Schwester, ja, er komme ohnehin besser ohne Krankenschwestern zurecht, deutete er an.

Farnham erklärte, außer den Lernschwestern dürften sich keine jungen Frauen zu allen Tages- und Nachtzeiten in der Männerabteilung aufhalten. Seine Enkelin müsse sich eine Unterkunft suchen und auf ihn warten. Er sagte, sie sei eigentlich keine junge Frau, und sie könnten sich nicht einfach auseinanderreißen lassen. Ich ging hinaus, um mit der Enkelin selbst zu sprechen.

Der Flur, wo sie gewartet hatten, war leer – oder doch fast leer, denn unter einer Bank hatte sich ein kleines Mädchen von etwa fünf Jahren zusammengerollt, den Kopf auf einen Arm gebettet. Sie war die Führerin und Krankenschwester! Von der langen Reise erschöpft, ruhte sie sich aus, wo sie eben konnte.

Wir brachten also beide in der Männerabteilung unter, wo sich die kleine «Krankenschwester» an den Großvater kuschelte und schlief und schlief. Manchmal wachte sie auf, und dann erblickten wir zwei große dunkle Augen, die über die Bettdecke spähten. Es war gegen alle Regeln, Verwandte von Patienten in unseren Betten unterzubringen, aber die beiden erschienen uns anfangs nicht wie normale Menschen. Er wirkte eher wie ein edles altes Tier mit einem Jungen, und sie glich in ihrem ganzen Verhalten einem Kätzchen. Sie wollte nicht mehr als ein warmes Plätzchen in der Nähe dessen, den sie liebte, ein Plätzchen, wo sie sich zusammenrollen und schlafen konnte.

Am Tag der Operation mußten sie sich dann aber doch

voneinander trennen. Die Kleine wurde in die Frauenabteilung gebracht, wo sie sich weiterhin wie ein Kätzchen verhielt, jetzt allerdings wie ein streunendes, kläglich miauendes Kätzchen. Aber die Stationsschwester nahm sie abends mit nach Hause und tröstete sie. Am nächsten Morgen verpaßten wir ihr eine Schwesterntracht und banden ihr auf marokkanische Art eine Puppe auf den Rücken. Das tröstete sie noch mehr.

Ein paar Tage später wurde sie wieder zu ihrem Großvater gebracht und auf sein Bett gesetzt. Seine Augen waren bandagiert, aber er hielt ihr seine Hand hin, die sie küßte. Sie griff am Halsausschnitt in ihr Kleid, holte sieben trockene Brotstücke heraus, legte sie auf das Laken und zog seine knorrigen alten Hände heran. Seit sie getrennt worden waren, hatte sie bei jeder Mahlzeit ihr Brot für ihn aufgespart.

Eines Tages wanderten sie dann Hand in Hand ins Gebirge zurück. Die Operation war erfolgreich verlaufen, er konnte wieder sehen. Wir haben nie wieder etwas von ihnen gehört. Wie die meisten Patienten, die weit weg wohnten, kamen sie für ein paar Tage in unser Leben und verschwanden dann wieder geheilt und glücklich. So war das fast immer, nur dann und wann entwickelten sich Beziehungen, die bis heute gehalten haben.

A., ein Junge mit einer guten Schulbildung, kam wegen eines hartnäckigen Augenleidens aus der Nachbarstadt zu uns. Er hatte im Radio das Evangelium gehört, was wir aber zu der Zeit nicht wußten. Er hatte erkannt, daß es die Wahrheit war, und wollte unbedingt mehr erfahren und herausfinden, ob es «funktionierte». Aber er hatte ein Problem: Er war ein treuer Moslem und glaubte, daß auch der Islam wahr sei. So beschloß er, auf Nummer Sicher zu gehen und zunächst einmal beiden Wegen zu folgen. Er ging weiterhin in die Moschee, las Bibel und Koran, betete im Namen Mohammeds und Christi, fand aber keinen inneren Frieden. Als er hörte, daß es im Westen ein von Christen geleitetes Krankenhaus gab, entschloß er sich, dorthin zu gehen und sich aus erster Hand zu informieren. Den Vorwand lieferten ihm seine

Augen, obwohl er sich in dieser Hinsicht keinerlei Hoffnungen machte.

Er kam an einem hektischen Ambulanztag bei uns an und mußte lange warten, bis er an die Reihe kam und schüchtern andeuten konnte, er sei wegen Augentropfen gekommen. Farnham war an solche Andeutungen gewöhnt und bot ihm an, er könne über Nacht bleiben, da er es weit bis nach Hause habe. Er spürte, daß der Junge mehr als Augentropfen suchte. An diesem Abend lasen sie zusammen in der Bibel, das erste von vielen Malen, kam A. doch von da an regelmäßig an den Wochenenden, wenn er frei hatte, um mehr zu lernen. An jenem ersten Abend wurde Farnham zu Matthäus 6 geführt, und zwar zu dem Vers «Niemand kann zwei Herren dienen». Das war für A. die Stimme Gottes. Er wußte, daß er sich entscheiden mußte, und ihm war klar, auf welcher Seite Wahrheit und Licht zu finden waren. Er stellte sich auf die Seite Christi und erlebte in den folgenden Jahren wie so viele Christen in moslemischen Ländern Anfeindung und Verfolgung. Er wurde Krankenpfleger bei uns, besuchte später eine Bibelschule und arbeitet heute vollzeitlich als Evangelist unter Marokkanern in Europa.

Krankenbesuche in den Dörfern wurden vom Evangelisten, den Ärzten, den Krankenschwestern und den marokkanischen Helferinnen und Helfern gemeinsam gemacht. Gewöhnlich samstags zog eine Gruppe, beladen mit Arzneien, Salben und schlichten arabischen Traktaten, im alten Krankenhauslieferwagen los, begleitet vom Abgesandten des Patienten, der wahrscheinlich meilenweit gewandert war, um uns nun führen zu können. Von einem dieser Besuche will ich in Farnhams Worten berichten: ‹Wir müssen nur noch einen einzigen Fluß überqueren›, sagte unser Führer, als wir aus dem Wagen kletterten und ihn aus dem Morast zu schieben versuchten, in dem seine Hinterräder feststeckten. Nur noch ein Flußbett, aber bis dahin noch fünf Meilen wüstes, unebenes Land. Weit und breit gab es keine Straße, aber unser Führer, ein schwarzbärtiger Bauer in einer weiten, braun und schwarz gestreiften Jellaba, deutete eifrig nach vorne; denn irgendwo zwischen den niedrigen Hügeln lag ein Dorf, und in dem Dorf befand sich eine Hütte, und in der Hütte lag eine Frau schwerkrank auf dem Boden.

Wir rumpelten über die letzte Erhebung, dann sahen wir in der Senke vor uns das Dorf liegen. Es flimmerte in der Hitze – eine Ansammlung von strohgedeckten Bambushütten, umgeben von einer Feigenkaktushecke. Jedes Kind und jeder Hund in der Siedlung kamen herausgestürzt, um uns zu begrüßen. Aber beim Anblick des Motorfahrzeugs rafften die kleineren Kinder ihre langen Röcke und stoben mit Schrekkens- und Jubelschreien in alle Richtungen auseinander.

‹Hier ist meine Frau›, sagte unser Führer, und wir bückten uns und folgten ihm durch den niedrigen Eingang in die Hütte, wo im Halbdunkel eine jüngere Frau auf einer Schilfmatte lag. Ihre sechs Kinder drückten sich um die Tür – schöne, scheue, dunkeläugige Kinder, die den Arzt anlächelten.

Die Frau hatte eine Nierenentzündung. Ihr Mann würde im Wagen mit uns zurückfahren, sich von uns Medizin geben lassen und die zwölf Meilen zurückwandern, so wie er zwölf Meilen gewandert war, um uns zu holen.

Wir traten wieder hinaus ins Sonnenlicht, und da hatte sich das ganze Dorf versammelt, um uns zu begrüßen. Eine lächelnde und freundliche Männerschar hockte im Schatten der Hütte. Die Frauen starrten aus einiger Entfernung zu uns herüber, und die Kinder drängten sich um uns und griffen nach unseren Händen. Eine halbe Stunde lang hatten wir eine kleine Dorfklinik, in der wir Wunden und Kopfschmerzen behandelten, Wurmmittel und Augensalbe verabreichten, Ratschläge für die Ernährung der Babys erteilten usw.

Diese Leute waren Hirten und Kleinbauern, und wir lasen ihnen die Geschichte vom verlorenen Schaf vor. Als das Schaf gefunden wurde, warfen sie die Köpfe zurück und lachten. ‹Könnt ihr lesen?› fragte der Doktor, nachdem er die Geschichte erklärt hatte. Sie lachten nur – der hatte vielleicht Vorstellungen! ‹Es gibt bei uns einen Jungen, der lesen kann, aber er ist heute in der Moschee im Nachbardorf. Er wird uns vorlesen – laßt euer Buch nur hier. Wir anderen sind wie Tiere. Kommt wieder und erzählt uns noch eine Geschichte aus eurem Buch.›

‹Ja, kommt wieder, kommt wieder!› riefen die Kinder, die sich um die Motorhaube drängten und den Hügel hinauf davonrannten, als wir den Motor anließen.

Aber wir sind nie wieder dorthin gefahren. Es gibt so viele Dörfer zwischen den Hügeln, so viele Kranke in den großen Slums der Stadt, so viele, die die Türen des kleinen Krankenhauses einrennen – und so wenige, die sich um sie kümmern können.»

So ging die Arbeit Jahr um Jahr weiter. Es wurde treu gesät und spärlich geerntet, und die Früchte mußten buchstäblich einzeln und von Hand gepflückt werden. Aufgrund des Zeugnisses der medizinischen Arbeit und der täglichen Verkündigung des Wortes Gottes in der Ambulanz und den Krankenstationen wird das Christentum heute in Tanger respektiert, obwohl das Krankenhaus, wie wir es gekannt haben, vor fast zwanzig Jahren geschlossen worden ist.

Leute halten einen auf der Straße an, beklagen die Schließung des Krankenhauses und weinen um den Arzt, den sie geliebt haben. «Er war kein Moslem», sagte mir jemand, «aber er wird im Paradies sein. Sein Herz war rein.» Die Leute kannten unsere Überzeugungen, auch wenn sie unsere Botschaft ablehnten. «Sie hat im englischen Krankenhaus gearbeitet», hörte ich einen Taxifahrer sagen. «Sie haben uns als gleichwertige Menschen behandelt. Sie haben sich nie bestechen lassen. Der Doktor war der freundlichste Mann, dem ich je begegnet bin.»

Ich habe oft gedacht, die Zeilen, die Matthew Arnold über seinen Vater geschrieben hat, träfen genau auf Farnham zu:

Wenn auf den Wegen der Welt
Steine deine Füße verletzt,
Mühen und Enttäuschungen deinen Geist
ermüdet haben sollten –
so haben wir davon doch nichts bemerkt!

Uns gegenüber warst du dennoch
fröhlich und hilfreich und stark.
Deshalb war es dir gegeben,
viele mit dir selbst zu retten;
und am Ende des Tages,
oh, treuer Hirte, mit deinen Schafen
in deiner Hand heimzukehren...

15

Mein Leben im Krankenhaus

Ich begann meinen neuen Lebensabschnitt in Tanger mit sieben Teenagern. Anfangs lebten wir in einem Keller, zogen aber später, als die Zahl wuchs, nach oben in die schöne Villa, die als Arzthaus gedient hatte, bis Farnham 1956 seinen eigenen Bungalow baute. Die Villa war nun das Schwesternschülerinnenwohnheim, Dar Scott genannt, d.h. das Scott-Haus, nach Lady Scott, der freundlichen lokalen Gönnerin, die maßgeblich finanziell dazu beitrug, daß diese erste Krankenpflegeschule für marokkanische Mädchen aufgebaut werden konnte. Die meisten Mädchen wurden von Missionarinnen und Missionaren im ganzen Land und in Algerien zu uns geschickt, waren am Christentum interessiert oder bereits Christinnen und wollten mehr lernen. So unterichteten wir sie in Anatomie, Physiologie und Krankenpflege und machten sie mit der Bibel vertraut. Die Ausbildung war etwas Neues in Marokko, waren in den staatlichen Krankenhäusern doch fast ausschließlich männliche Krankenpfleger beschäftigt. Als Schwestern erschienen die Mädchen unverschleiert vor den Männern in der Männerabteilung, und in der Anfangszeit mußte ständig eine europäische Schwester dabeisein, sonst hätten die Eltern ihren Töchtern nie ein so lockeres Verhalten gestattet. Die Mädchen bewiesen bald ihren Wert. Trotz ihrer geringen Vorbildung und des frühen Alters, in dem sie zu uns kamen (15-16), erwiesen sie sich alle als reinlich, lernfähig, freundlich und professionell. Fast alle von ihnen schlossen ihre Schwesternausbildung mit Erfolg ab. Ein paar gingen nach England oder in die Schweiz und machten dort noch ihr Diplom, und einige von ihnen bekamen leitende Stellungen in marokkanischen Krankenhäusern. Die meisten verließen uns nach zwei oder drei Jahren, weil sie heirateten, und ihre Ausbildung half ihnen zweifellos, ihre Kinder richtig zu pflegen und aufzuziehen.

Geistlich gesehen war das Bild nicht so rosig. Solange sie bei uns waren, fiel die christliche Lehre bei ihnen anscheinend auf fruchtbaren Boden, aber wie stark der Würgegriff des Islam ist und welch ein geistlicher Kampf um jeden seiner Anhänger entbrennt, das begann ich erst zu entdecken. Über die, die fest geblieben sind und sich als aktive Jüngerinnen Jesu bewährt haben, darf ich nichts schreiben, weil sie noch leben und verwundbar sind. Aber es gibt sie, die vereinzelten Schwesternschülerinnen und Krankenhausmitarbeiterinnen, die treu geblieben sind, und wir danken Gott für sie. Einige von ihnen haben inzwischen das Land verlassen und können offen als Christinnen leben; andere dienen Christus im verborgenen und soweit sie das als Christinnen in einem hundertprozentig muslimischen Land können. Nur wenige haben ihr Licht heller leuchten lassen und dafür gelitten. Eine von ihnen sah Jesus. «Diese paar Sekunden waren das alles wert», sagte sie später. «Er war da, ganz nahe bei mir. Er war *so* schön. Er blieb nicht, aber ich wußte, er würde wiederkommen.»

Bei weitem nicht alle blieben Christen, aber einige; und die, die in Tanger Wurzeln schlugen, schlossen sich der kleinen arabischen Kirche an, die viele Jahre fortbestand. Fatima und ihre Familie, die mir nach einer gewissen Zeit aus den Bergen folgten, schlossen sich dieser Schar an, aber Fatima war durch und durch eine Frau vom Land, und an das Leben in der Stadt gewöhnte sie sich nie ganz.

Mein Leben wurde zu dieser Zeit von verschiedenen Aktivitäten bestimmt. Das meiste davon war für mich Routine: mit den Mädchen zusammenleben, sie unterrichten, ihnen helfen, ihre Freizeit sinnvoll zu gestalten. Eine wichtige Rolle in meinem Leben spielten auch Farnhams und Janets sechs Kinder, um die ich mich oft kümmerte, wenn eine Notoperation anstand oder Janet einen wohlverdienten freien Nachmittag brauchte. Die lieben Großmütter (unsere Mutter und Janets Mutter), die inzwischen beide bei uns lebten, mußten ebenfalls betreut werden. Janet und ich nahmen diese Aufgabe gemeinsam wahr, und mehrere treue marokkanische Frauen halfen uns liebevoll und tüchtig dabei.

Die Milchklinik für Mütter mit ihren kleinen Kindern lag mir sehr am Herzen. Hier kümmerten wir uns um unterernährte und verhungernde Babys. Sie wurden jede Woche gewogen und bekamen vom Krankenhaus Milchpulver (das uns eine Hilfsorganisation aus den Vereinigten Staaten schickte) und Vitamine. Dieses Programm war natürlich sehr populär, denn die Frauen, die zu uns ins Krankenhaus kamen, stammten zumeist aus den ärmeren Bevölkerungsschichten. Wenn sie ihre Babys nicht selbst stillen konnten, war andere Milch viel zu teuer. Die konnten sie sich nicht leisten, und so wurden die Säuglinge mit Brot und Pfefferminztee gefüttert – mit katastrophalen Folgen. Unsere Arbeit hatte erfreuliche Erfolge. Wenn die Babys zum erstenmal zu uns gebracht wurden, hatten sie riesige Köpfe, tief in den Höhlen liegende Augen, aufgeblähte Bäuche und spindeldürre Arme und Beine und lagen teilnahmslos und wimmernd in den Armen ihrer Mütter. Sobald wir sie in unser Ernährungsprogramm aufgenommen hatten, veränderten sie sich dramatisch, und im Laufe von ein paar Wochen oder Monaten wurden ihre Augen klar und strahlend, die kleinen Köpfe hoben sich, die Kinder konnten allein sitzen. Sie nahmen ständig zu, und die traurigen Greisengesichter wurden zu pausbäckigen Kindergesichtern. Wenn sie am Ende des ersten Lebensjahres zu zahnen begannen, versuchten wir sie aus dem Programm herauszunehmen. Wir erklärten ihnen, nun könnten sie sich mit der Familie um den Bohnentopf versammeln und ihren Platz in der Klinik für andere Babys räumen. Aber es war fast unmöglich, sie loszuwerden. Es gab unendlich viele Gründe, sie wieder zu uns ins Krankenhaus zu bringen, unzählige Tricks, die Verbindung aufrechtzuerhalten, und in vielen Fällen schafften wir es nie ganz, uns von ihnen bzw. sie von uns zu lösen. Nach zwei oder drei Jahren erschienen sie wieder in der Sonntagsschule. Tante Edith, eine ältere dänische Missionarin, begann eine Schule für sie, denn viele Familien konnten es sich nicht leisten, ihre Mädchen zur Schule zu schicken und ihnen die Schuhe und die Bücher zu bezahlen, die die Voraussetzung für die Aufnahme an eine Grammar School waren. In den Sommerferien veranstalteten wir Kindertage, an denen wir biblische Geschichten erzählten und anschließend Picknicks und Spiele am Strand durchführten. Viele der kleinen Teilnehmer wurden regelrecht «unsere Kinder», und manche von ihnen machten später eine Schwesternausbildung bei uns.

Eines Tages kam eine ungebildete Frau aus einem weit entfernten Dorf mit einen schwerkranken Baby zu uns. Man redete ihr zu, sie solle uns das Kind dalassen. Sie hatte schreckliche Angst, ihr Baby könne ohne sie sterben, konnte aber auch nicht mit ihm im Krankenhaus bleiben. Zu Hause warteten ihre anderen Kinder auf sie, und sie mußte sich um die Ziegen kümmern. So ließ sie sich Medizin geben und wollte sich wieder auf den Heimweg machen. Es war heiß, und der Weg war weit. Janet schlug ihr vor, sie solle doch wenigstens den Tag über mit ihrem Kind dableiben. Sie könne es sich in ihrer Stube bequem machen. Janet wollte dem Kind im Abstand von drei Stunden Penizillinspritzen geben und es mit einer Pipette füttern, und wenn dann die ärgste Hitze vorüber sei, könnten sie sich wieder auf den Weg in ihr Dorf machen.

S. ließ sich überreden und saß still in dem kleinen Wohnzimmer, durch das eine kühle Brise vom Meer wehte. Zwischen den Behandlungen zeigte Janet ihr das Wortlose Büchlein mit seinen schwarzen, weißen, roten und goldenen Seiten. Wir haben es Hunderten von leseunkundigen Frauen gezeigt, und sie haben gelächelt und genickt und es wieder vergessen. Doch manchmal, ganz selten, hat eine erkannt, daß seine Botschaft wahr ist, und zu ihnen hat S. gehört. Der Zustand ihres Babys besserte sich im Laufe des Tages, und sie ging nach Hause und wußte, daß etwas Lebensveränderndes geschehen war.

Sie kam immer wieder zu uns, manchmal zu den unmöglichsten Zeiten, um mehr zu hören. Begierig sog sie alles auf, was sie über den christlichen Glauben erfahren konnte. An einem Sonntag morgen traf sie zufällig bei uns ein, als die arabische Gemeinde gerade einen Abendmahlsgottesdienst feierte. Und während des Zusammenseins mit jener kleinen, zaghaften Schar geschah wieder etwas mit ihr. «Ich habe verstanden», sagte sie anschließend. «Jesus hat gesagt: ‹Komm zu mir!› Jesus hat gesagt: ‹Folge mir nach!› Jesus hat gesagt: ‹Nimm dein Kreuz auf dich!›, und das will ich tun.»

Sie war hochschwanger, und wir sahen sie eine Zeitlang nicht mehr. Viele Wochen später saß ich an einem Tisch und schrieb, als sie plötzlich, offensichtlich sehr zornig, ins Zimmer stürmte. Das Baby von damals trug sie auf dem Rücken, das Neugeborene auf dem Arm. Sie schlug mit der Faust auf den Tisch, daß es nur so krachte.

«Das haben Sie mir nie gesagt!» rief sie und brach in Tränen aus.

Ich sorgte dafür, daß sie sich erst einmal hinsetzte, und fragte sie dann: «Was haben wir Ihnen nie gesagt?»

Da sprudelte es nur so aus ihr heraus. Sie war in ihr Dorf zurückgegangen und hatte freudig ihren neugefundenen Glauben bezeugt («Ich dachte, alle würden das wissen wollen», sagte sie.) Doch ihre Nachbarinnen waren mißtrauisch und abweisend, und als ihr Baby geboren wurde, war niemand, nicht einmal ihre eigene Mutter, bereit gewesen, ihr zu helfen. Es war eine lange und schwierige Geburt gewesen, bei der ihr nur ihre siebenjährige Tochter zur Seite gestanden hatte, und zu dem Fest am siebten Tag, das bei allen Dorffrauen so beliebt ist, waren nur vier oder fünf Nachbarinnen erschienen. Mit so etwas hatte sie nicht gerechnet, und sie haßte die gemeine Bande.

Ich fragte sie: «Haben Sie das Gefühl, sich falsch entschieden zu haben? Ist der Weg zu schwierig? Wollen Sie wieder zurück?» Sie sah mich fassungslos an, und wieder donnerte ihre Faust auf die Tischplatte. «Nie, nie, nie!» rief sie.

Es stimmte, wir hatten es ihr nie klar gesagt. Wir hatten so wenig Zeit gehabt und waren im Krankenhaus so beschäftigt gewesen. So lasen wir jetzt miteinander in den Evangelien und konzentrierten uns auf die Stellen, wo Jesus seinen Jüngern ankündigt, daß sie leiden müssen. Sie schien sich zu beruhigen. Ich las ihr vor, was der Herr zum Thema «Vergebung» gelehrt hatte. Sie hörte still zu, bis wir zu dem alles überragenden Beispiel von Vergebung kamen – den Worten Jesu am Kreuz: «Vater, vergib ihnen, denn sie wissen nicht, was sie tun.»

Wieder krachte ihre Faust auf den Tisch. «Das glaube ich nicht!» sagte sie.

«Warum nicht?» fragte ich sie.

«Weil es unmöglich ist», erwiderte sie. Kein Mensch könne für die um Vergebung bitten, die gerade mit dem Hammer Nägel durch seine Hände trieben.

Richtig – das hatte ich zu sagen vergessen. Es stimmte ja, daß menschliche Liebe nie ausreichen würde, so zu reagieren. Aber hier handelte es sich nicht um rein menschliche Liebe. Hier war die Liebe Gottes am Werk – genau die Liebe, die Jesus uns angeboten und die Gott durch seinen Heiligen Geist in unsere Herzen ausgegossen hat.

Ich redete von Dingen, die ich selbst nicht recht begriff, aber sie schien sofort zu verstehen. Das war die Antwort, die sie brauchte. «Sie meinen», überlegte sie, «ich soll nach Hause gehen ... und wenn dann wieder eine Frau ein Kind bekommt ... dann soll ich die erste sein, die hingeht und ihr hilft?» Sie sah mich fragend an.

«Obwohl ... eigentlich hatte ich mir geschworen, nie mehr ein Wort mit ihnen zu sprechen. Aber nun ja – das alles haben Sie mir nie gesagt.»

Mit Rücksicht auf ihre Familie kann ich nicht mehr schreiben. Ich kann nur berichten, daß sie nach Hause ging, um die Menschen so zu lieben, wie Jesus sie geliebt hatte, und das Böse mit Gutem zu überwinden. Auf überwältigende Art und Weise hat sie bewiesen, daß es «funktioniert» und daß die Liebe Christi, die im Leben eines schlichten Menschen wohnt und von ihm weitergegeben wird, andere Menschen zu Christus hinzieht. Es gibt heute einige Leute, die, wenn auch heimlich, bezeugen, daß sie zum Glauben gekommen sind, weil sie im Leben einer einfachen, ungebildeten Frau aus einem Dorf einen Schimmer dieser Liebe erblickt haben.

Eine andere Frau kam aus einem fernen Dorf und mußte im Krankenhaus operiert werden. Es war ein kleinerer Eingriff, so daß sie nur ein paar Tage bleiben mußte. Aber auch ihr zeigten wir das Wortlose Büchlein, und sie bat uns, ihr ein Exemplar nach Hause mitzugeben. Sie war sehr schüchtern und konnte sich schlecht ausdrücken, und wir wußten nicht, wieviel sie verstanden hatte. Wir dachten auch nicht mehr viel an sie. So viele kamen zu uns...

Etwa zwei Jahre später tauchte sie plötzlich wieder bei uns auf, fünf oder sechs zerlumpte, aufgeregte Dorfkinder mit leuchtenden großen Augen im Schlepptau. Ihr Wortloses Büchlein schwenkend trat sie ins Zimmer. «Kennen Sie mich nicht mehr?» fragte sie, als sie unsere erstaunten Gesichter sah. «Ich bin Ihre Schwester in Christus. Meine Sünden sind vergeben. Jetzt habe ich meine Kinder hergebracht. In unserem Dorf gibt es keine Schule, und ich möchte, daß eines meiner Kinder lesen lernt, damit es mir aus Ihrem Buch vorlesen kann. Sie können aussuchen, wen Sie haben wollen – diesen – oder diesen – oder diesen. Behalten Sie ihn hier und schicken Sie ihn zur Schule, bis er heimkehren und mir die Bibel vorlesen kann.»

Das schien uns eine berechtigte Bitte, und ich entschied mich für den Neunjährigen, der liebend gern bei uns blieb. Er lebte sich schnell bei uns ein und genoß es, in die Schule in der Stadt zu gehen. Aber er hatte nie zuvor in einem Bett geschlafen und schien ein wenig zu frieren und sich einsam zu fühlen. Nach zwei Wochen brachte ich ihn für ein Wochenende in sein Dorf. Kein aus dem Weltraum zurückkehrender Held hätte aufgeregter und begeisterter empfangen werden können. Ich versprach, ihn am Sonntag nachmittag wieder abzuholen. Als ich ankam, war ein Festessen für mich vorbereitet. Wir aßen zusammen, ich las etwas vor, und er war bereit mitzukommen.

Der Wagen stand direkt vor der Hütte, und ich hatte ihn nicht abgeschlossen. Als ich die Fahrertür öffnete, stellte ich fest, daß der siebenjährige Muhammed bereits vor mir eingestiegen war. Er klammerte sich an die Handbremse und ließ

sich nicht herausziehen. Und irgendwo zwischen den Front-
sitzen ertönte eine Stimme: «Ich will auch mitkommen.» Es
schien die perfekte Lösung. Zwei in einem Bett würden es
warm und gemütlich haben, und zwei in derselben Schule
könnten einander Gesellschaft leisten. Die beiden blieben
zwei Jahre lang bei uns, bis im Nachbardorf eine Schule
eröffnet wurde und sie von zu Hause zum Unterricht gehen
konnten. Ich kann nur berichten, daß ihr Lesen seinen Zweck
erfüllte.

16

Neffen und Nichten

Farnhams und Janets sechs Kinder waren eine ständige
Quelle der Beschäftigung und der Freude. Kurz nach seiner
Hochzeit beschloß Farnham, sich ein eigenes Haus zu bauen,
und viele Leute aus der Umgebung halfen ihm dabei. Der
Bungalow stand, einen Steinwurf weit vom Schwesternwohnheim entfernt, am unteren Ende des Krankenhausgelän-
des, ein kleines Haus auf den Klippen mit großen Fenstern,
von wo aus man die Straße von Gibraltar überblickte. Am
Anfang hatte es ganze zwei Schlafzimmer: ein großes und ein
winzig kleines mit Stockbetten für Paul und Oliver. Im Laufe
der Jahre bekamen die beiden Brüder noch vier Geschwister –
Clare, Danny, Martyn und David. Später gesellten sich die
beiden lieben Großmütter zur Familie. Mit jedem Familien-
zuwachs wuchs auch das Haus: Es wurden einfach Zimmer in
verschiedenen Formen und Größen angebaut.

Dieses Haus wurde zu einem Zentrum für marokkanische
Christen, Medizinstudenten, Besucher aus den verschiedensten Ländern, gestrandete Hippies, Kranke und Bedürftige
aller Art. Und mittendrin wuchsen die Kinder auf (ebenfalls
mit Hilfe vieler Leute aus der Umgebung). Sie haben sich zu
liebevollen und fürsorglichen Menschen entwickelt und blik-
ken mit nostalgischem Vergnügen auf das übervolle kleine
Haus zurück.

Kinder ziehen Kinder an, und das Haus wimmelte von
ihnen. Es kamen schick gekleidete Sprößlinge amerikanischer
Missionare, Geschäftsleute und Diplomaten genauso wie zerlumpte ältere Geschwister von Milchklinikbabys. Sie waren
ohne Unterschied willkommen und spielten endlos und laut
auf dem alten Tennisplatz am Ende des Gartens. An bestimmte
Erlebnisse mit den Kindern erinnere ich mich besonders gut.

Wir hatten einen zerbeulten alten Lieferwagen zur Verfügung und später einen Personenwagen, und ich weiß noch, wie wir an einem Samstag nachmittag im Frühling wie so oft zu einem Picknick aufs Land fuhren. Von Januar bis April sind die Hügel im Hinterland von Tanger ein einziges Meer von Wildblumen – zuerst kommen die duftenden Narzissen, dann blaue Schwertlilien, Hyazinthen, Malven, kleine karminrote Gladiolen, Ringelblumen, Hahnenfuß und bunte Wicken. Farnhams Kinder genossen es, mit den Mädchen und mir Blumen zu suchen und zu pflücken. Paul lispelte reizend, und ich sehe ihn noch vor mir, wie er mit seinen drei Jahren im saftig grünen Gras saß und sich eine Handvoll in den Mund steckte. «Pauli itht Grath», murmelte er vor sich hin. «Pauli thtirbt. Pauli itht mehr Grath, Pauli thtirbt mehr.» Paul starb, Gott sei Dank, nicht, sondern wurde erwachsen und ging nach dem Medizinstudium in England nach Marokko zurück, wo er als Chirurg in einem öffentlichen Krankenhaus arbeitete.

Und dann David! Er war sechs Jahre alt, als ihn während eines Ausflugs plötzlich irgendein Teufel ritt und er die Blumen, die er gepflückt hatte, wegwarf, zum Lieferwagen rannte, hineinkletterte und die Handbremse löste. Der Wagen, der auf einem Hügel stand, gewann schnell an Fahrt. Ich mußte aus einiger Entfernung zusehen und konnte nichts tun außer beten. Es war einer der schlimmsten Augenblicke meines Lebens, aber mein Entsetzen verwandelte sich in ungläubiges Staunen, als der Lieferwagen einen weiten Bogen beschrieb und sanft im Graben auf der anderen Straßenseite steckenblieb – und David hatte das Steuer nicht angerührt!

Oliver war der Perfektionist und der Poet. An Weihnachten mußte er neben dem großen Familienweihnachtsbaum sein eigenes Bäumchen haben. Stundenlang schmückte er es, betrachtete es, zündete im Dunkeln die Kerzen an und erblickte wer weiß was für Wunder an Schönheit und Glück. Aber daneben waren ihm Regeln und Ordnungen ungeheuer wichtig. Er haßte es, eine Sekunde zu spät in der Schule zu sein. Alle paar Minuten fragte er mich, wie spät es sei. Einmal war ich sehr beschäftigt und blickte nicht von meiner Arbeit auf, sondern sagte nur, es sei noch viel zu früh. Einen Augenblick herrschte betroffenes Schweigen, dann seufzte Oliver: «Tante, ich wünschte wirklich, du würdest das Leben ernster nehmen.»

Clare, das einzige Mädchen und deshalb besonders geschätzt, konnte sich damit brüsten, im Alter von drei Jahren nach einem Picknick an einem meilenweit von zu Hause entfernten Strand als einzige vergessen und zurückgelassen worden zu sein. Als Janet zu Hause ankam und die Kinder zählte, die aus dem Lieferwagen purzelten (ihre eigenen und fremde Kinder), stellte sie fest, daß Clare fehlte. Außer sich vor Angst raste sie zu dem Strand zurück, wo sie eine halbe Stunde zuvor das Picknick zusammengepackt hatten. Und da saß Clare glücklich und zufrieden auf dem Schoß des alten Straßenkehrers und lutschte an einem gekochten Maiskolben. Sie hatte überhaupt keine Angst gehabt – schließlich waren alle Marokkaner Papis Freunde, und Mami würde bestimmt zurückkommen und sie abholen!

Danny hatte eine lebhafte Phantasie, und oft ließ sich schwer sagen, ob die haarsträubenden Abenteuer, die er so farbig schilderte, sich wirklich zugetragen hatten oder nicht. Er hatte die besondere Gabe, zur richtigen Zeit das Rechte zu sagen und alle aufzumuntern. Einmal reiste ich mit ihm nach England. In Madrid hatten wir einen Zwischenstopp eingeplant und wollten bei Freunden übernachten. Es war heiß, und unser Flugzeug hatte unvorhergesehen in Sevilla zwischenlanden müssen. So war es Mitternacht, als wir endlich in Madrid landeten. Ich trug einen schlafenden Danny zum Wagen unseres Gastgebers und brachte vor Müdigkeit kaum einen Ton über die Lippen. Unser Freund, der fünf Stunden am Flughafen gewartet hatte, schien auch nicht viel munterer zu sein. Als wir endlich am Wagen ankamen und uns hineinfallen ließen, sprang der Motor nicht an. Wir mußten aussteigen und unsere Reise im Taxi fortsetzen. Wir fuhren durch die leblosen Vororte von Madrid und kamen durch eine dunkelgraue Straße nach der anderen, denn zu dieser frühen

171

Stunde schliefen sogar die Spanier. Plötzlich erwachte Danny.

«Wo sind wir?» fragte er.

«In Madrid», antwortete ich erschöpft.

Er blickte aus dem Fenster. «Dann find' ich aber wirklich, daß Madrid die inersanste Stadt ist, in der ich je gewesen bin!» rief er begeistert, und danach lichtete sich der Nebel irgendwie.

Martyn und David, die beiden Jüngsten, waren unzertrennlich. David war der Anführer einer «Bande» von kleinen Marokkanern. Eine Familie mit sechs kleinen Kindern, die nicht den besten Ruf genoß, hatte bei Hochwasser fluchtartig ihr Haus am Strand verlassen müssen und war in unseren Keller eingezogen. Die Kinder schienen alle etwa gleich groß zu sein, waren blaß und unterernährt, doch Martyn und David verbrachten am liebsten die Abende bei ihnen und tranken Pfefferminztee mit ihnen. Tagsüber tummelten sie sich im Garten unter dem Arzthaus und rollten ein ums andere Mal lachend und quietschend den Grashang hinunter. David schien das Spiel nie zuviel zu werden. Martyn machte gewöhnlich eine Zeitlang mit, doch irgendwann einmal hatte er genug. Einmal kam er, erhitzt und mit Gras im Haar, ins Haus marschiert und verkündete erbost: «Nicht, daß du meinst, ich hab' David nicht gern. Hab' ich nämlich. Aber ich wünschte, wenigstens einer da draußen hätte ein bißchen *Köpfchen*!»

Ich rief die Young People's Fellowship, eine Sonntagabendgruppe für englischsprechende Kinder, ins Leben. Zu Beginn knabberten wir immer Gebäck und tranken Coca Cola (damals etwas ganz Besonderes). Der fünfjährige David durfte bei den Erfrischungen und beim Singen dabeisein und war ein besonders eifriges Mitglied der Gruppe. Eines Tages kam er zu mir und sah mich nachdenklich an. «Tante», fragte er, «können wir beide ein Jugendtreffen haben, wir beide ganz allein?» Ich freute mich. Er war so ein liebes Kerlchen – und vielleicht hatte er ja ein ganz ernstes geistliches Anliegen! So fragte ich ihn, wann wir denn unser ganz privates Jugendtreffen haben sollten. «Heute abend», sagte er, «wenn ich im Schlafanzug im Bett liege – nur du und ich.» Ich kam zur vereinbarten Zeit mit der Kinderbibel unter dem Arm in sein Zimmer. Er saß im Bett und wartete schon auf mich. Mißtrauisch sah er mich an.

«Wo hast du denn das Jugendtreffen?» fragte er.

Es dauerte einen Augenblick, bis bei mir der Groschen fiel. Ich machte kehrt, deponierte die Bibel auf dem nächsten Tisch und rannte zu dem kleinen Laden an der Ecke, um eine Flasche Coca Cola zu kaufen. Dann verbrachten wir eine glückliche, wenn auch weltliche halbe Stunde zusammen. Jugendtreffen bedeutete für ihn Cola – nicht mehr und nicht weniger.

Ich erinnere mich an Reisen mit einigen der Kinder – es schienen immer viele zu sein. Die Reisen wurden im großen und ganzen recht leichten Herzens unternommen, ohne alles bis ins Detail zu planen. So fuhren wir einmal quer durch Europa und machten mitten in der Nacht in Spanien Halt. Die schlafenden Kinder legten wir in ihren Schlafsäcken in einer Reihe auf ein mondbeschienenes Feld, und wir Erwachsenen streckten uns neben ihnen aus. Wir hatten keine Ahnung, daß die Spanier wegen der Hitze ihre Rüben bei Mondlicht ausgraben. Wir erwachten vom aufgeregten Geschnatter spanischer Feldarbeiter, die mit ihren Hacken um uns herumstanden und eine Erklärung von uns verlangten. Als sie allerdings die schlafenden Kinder erblickten, waren sie auf einmal ganz freundlich und zuvorkommend. «De nada – de nada!» («Macht nichts!») flüsterten sie und gruben und hackten bis zum Sonnenaufgang vorsichtig um uns herum.

Die Familie hatte es gut. Die Kinder wuchsen in der glücklichen Epoche auf, als der Staat die Internatskosten für Kinder der britischen Ehepaare übernahm, die im Ausland arbeiteten und dabei weniger als ein bestimmtes Minimum verdienten. So reiste ein Kind nach dem anderen im Alter von neun Jahren nach England, um dort zur Schule zu gehen. Die aufregendsten Tage des Jahres kamen, wenn die Familie mit den Mädchen, die dienstfrei hatten, zum Flughafen fuhr, um die «Großen» vom Flugzeug abzuholen, damit sie ihre Ferien bei uns verbringen konnten. «Meine Mädchen», also die Schwesternschülerinnen, wurden als Teil der Familie betrachtet, und wir fuhren im Konvoi zum Flughafen. Ich sehe sie noch vor mir, die kleinen Gestalten, die über das Flugfeld auf uns zugerannt kamen, ihre wertvollen Päckchen fest an sich gedrückt (besonders in den Weihnachtsferien). Ich erinnere mich an den peinlichen Lärm der Wiedersehensfreude, nur daß er keinem von uns peinlich war. David, der triumphierte, weil er seine selbstgemachten Holzbuchstützen sicher durch den Zoll gebracht hatte. «Ich hab' sie ganz unten in den Koffer gepackt, und der Zöllner hat sie überhaupt nicht entdeckt», jubelte er, als habe er unbemerkt eine Bombe geschmuggelt. Jeder kleine Fortschritt, jede Leistung wurde präsentiert und gewürdigt, und neue Erfahrungen wurden zum besten gegeben. Ein spezielles Familienkonzert wurde angesetzt, weil Paul sein erstes Jahr Klavierstunden hinter sich hatte. «Und nun wird uns Paul ein Stück vorspielen», kündigte der Ansager feierlich an.

«Und nun wird Paul mehrere Thtücke vorthpielen», war die rasche Antwort, und das tat er auch.

Farnham und Janet veranstalteten unvergeßliche Picknicks und gingen in den Ferien mit den Kindern zelten. Wer wollte, war herzlich eingeladen, dabeizusein und mitzumachen. Ich bezweifle, daß es schönere Strände in der Welt gibt als die zu beiden Seiten von Tanger. Ich habe mich nie entscheiden können, welche Küste mir besser gefällt – die Atlantikküste mit den endlosen goldenen Sandstränden, die sich bis nach Rabat erstrecken, mit den riesigen Brechern und den Felsenklippen; oder die weiche Mittelmeerküste mit den kleinen Buchten, dem ruhigen blauen Meer und dem klaren, durchsichtigen Wasser.

Da waren die einsamen Pisten, die weit weg von der festgefahrenen Hauptstraße ins Landesinnere führten und auf denen schon ein Zwölfjähriger, der mit Papi zu Krankenbesuchen in den Dörfern unterwegs war, gefahrlos Autofahren lernen konnte. Manchmal gab es bei der Ankunft ein Festessen mit gebratenem Hammel oder Geflügel, zu Ehren des

Doktors frisch geschlachtet. Hochzeiten und andere Feste, zum Beispiel nach der Geburt eines Kindes, machten das Leben bunt und fröhlich.

Einmal wurde das Krankenhauspersonal von einem dankbaren Patienten eingeladen, eine Nacht in seinem Dorf zu verbringen und am Höhepunkt der Hochzeitsfeierlichkeiten eines seiner Verwandten teilzunehmen. Wir sollten den mitternächtlichen Aufbruch der Braut zum Haus ihres Bräutigams miterleben. Die älteren Krankenschwestern fanden alle möglichen Gründe, die Einladung auszuschlagen (es war glühend heißes Sommerwetter und eine lange Reise), Farnham und ich aber wollten mit den Mädchen, die unbedingt dabeisein wollten, hingehen. An einem Nachmittag brachen wir mit unserem Führer auf, und auch Paul und Oliver schlossen sich uns an. Wir fuhren mit dem alten Krankenhauslieferwagen, bis die Straße endete. Dann ließen wir das Fahrzeug in der Obhut eines Wächters und gingen zu Fuß weiter. Es war eines jener Dörfer, die «nah, ganz nah» sind, «gleich hinter dem nächsten Hügel», nur daß es den nächsten Hügel sechs oder sieben Mal gibt – die altbekannte Geschichte. Die Sonne war schon fast untergegangen, als wir endlich, verschwitzt und erschöpft, ankamen; aber das Fest weckte unsere Lebensgeister. Die Braut machte sich gegen Mitternacht zum ohrenbetäubenden Lärm von Flöten und Tambourinen auf den Weg, und wir legten uns irgendwohin und schliefen tief und fest.

Wir hatten vorgehabt, in der Morgendämmerung aufzubrechen und beim Wagen zu sein, bevor die Sonne richtig brannte, aber es war uns nicht vergönnt. Die Kranken des Dorfes hatten sich schon versammelt, und Farnham mußte eine ordentliche Schar von Patienten ambulant behandeln, bevor man uns ein opulentes Frühstück vorsetzte. Als wir endlich aufbrechen konnten, war es glühend heiß, und wir gingen langsam, während die Sonne höher und höher stieg.

Wir hatten uns ein paar Meilen dahingeschleppt, da brach Paul plötzlich zusammen. Glücklicherweise waren wir nicht weit von einen winzigen Dorf entfernt. Wir legten Paul möglichst bequem hin und deckten ein Tuch über seinen Kopf, aber es gab keinen Schatten, und unser Wasservorrat reichte nicht mehr weit. Vor uns lag zwar ein Flußbett, aber es war ausgetrocknet. Links sahen wir eine Ansammlung von Lehmhütten, die man kaum als Dorf bezeichnen konnte. Jemand machte sich eilig auf den Weg, um sich einen Esel und, wenn möglich, eine Schlafmatte auszuleihen.

Die Leute waren freundlich und um uns besorgt, aber helfen konnten sie uns nicht. Am Morgen waren alle Esel zum Markt aufgebrochen, und im Dorf gab es kein einziges Tier mehr. Es blieb uns nichts anderes übrig, als Paul (einen kräftigen Neunjährigen) zwischen uns zu nehmen und schwitzend und stolpernd zu tragen.

In dieser Situation akuter Gefahr und Not erfuhren wir wieder einmal, was wir so oft erlebt haben: daß Gott treu zu seinen Verheißungen steht. Als wir gerade wieder aufbrechen wollten, hörten wir das Trappeln von Hufen, und in einiger Entfernung kletterte ein kleiner, von einem alten Mann getriebener Esel aus dem Flußbett. Der Mann hatte Brennholz gesammelt und es in zwei ordentlichen Bündeln rechts und links auf dem Rücken des Eselchens festgebunden – eine perfekte Unterlage, um ein Kind zu transportieren! Er war glücklich, sich ein paar Münzen zu verdienen, legte seinen breitkrempigen Strohhut über Pauls Kopf und Schultern und kam bereitwillig mit. Es dauerte nicht lange, da gelangten wir an ein Flußbett, das nicht ganz ausgetrocknet war. Wir legten Paul behutsam in einen Tümpel. Er kam wieder zu sich und erholte sich, worauf wir anderen uns ebenfalls im Wasser tummelten. Es war ziemlich warm und morastig, aber wir waren nicht wählerisch. Bald reisten wir weiter heimwärts und priesen Gott für seine Fürsorge. Auch der alte Mann war glücklich, war er doch über Erwarten gut entlohnt worden, denn wir waren sehr, sehr dankbar.

17

Was die Leute so fragen

Die Frage nach dem Wohl der Kinder spielt heute in Missionskreisen – zu Recht! – eine wichtige Rolle. Leiden Kinder unter einem Leben, das ihnen weniger Annehmlichkeiten bietet und weniger «Sachen», als sie möglicherweise in der Heimat hätten? Schadet es ihnen, daß ihre Eltern oft so beschäftigt sind und alle möglichen Besucher das Familienleben stören? Und wie wirkt sich die Trennung aus, die später Schule und College unweigerlich mit sich bringen? Dürfen Eltern ihren Kindern ein solches Leben zumuten?

Aufgrund meiner eigenen Beobachtungen behaupte ich, daß die Kinder im großen und ganzen nicht leiden, vorausgesetzt, es wird strikt darauf geachtet, daß sie zwischendurch ihre Eltern immer wieder einmal ganz allein für sich haben. In materieller Hinsicht weniger zu besitzen, ist eher ein Vorteil. Um so mehr werden kleine Gefälligkeiten und Geschenke geschätzt. Die Kinder sind gezwungen, Eigeninitiative und Phantasie zu entwickeln und sich selbst zu beschäftigen. Wieviel interessanter als eine Stunde vor dem Bildschirm ist es doch, wenn Kinder sich Sketche ausdenken, Konzerte veranstalten oder sich mit Tischtüchern oder den Kleidern ihrer Eltern verkleiden und ein Schauspiel vorführen!

Und welch einen großartigen erzieherischen Wert hat es, hautnah andere Kulturen kennenzulernen und mit Menschen anderer Nationalitäten in Berührung zu kommen! Das Leben in der Fremde ist oft vielfarbig und unkonventionell, selten langweilig. Die Kinder wachsen als Angehörige einer weltweiten Familie auf und fühlen sich bei den unterschiedlichsten Menschen zu Hause. Auch erleben sie früh die Realität der großen Familie Gottes, wenn sie merken, wie ihre Eltern ihr Interesse ganz auf die Ziele konzentrieren, die sie in das

Land ihrer Berufung gebracht haben; wenn sie also das Evangelium verkündigen und gleichzeitig Leiden lindern oder Bildungsangebote machen, die den Einheimischen sonst nicht zur Verfügung ständen. Erspart bleibt den Kindern so mancher Konflikt aufgrund eines Überangebotes von Unterhaltungsmöglichkeiten, außerschulischen Aktivitäten usw. Und sie erleben viel seltener den Druck, sich mit den Nachbarn vergleichen zu müssen. Meistens teilen sie schon in jungen Jahren die Interessen ihrer Eltern. Mit ihnen gemeinsam freuen sie sich, wenn ein Mensch zu Jesus gefunden hat; und mit ihnen beten sie für Menschen in Not und kümmern sich um sie.

Natürlich gibt es auch Verluste – manche rebellieren als Teenager, experimentieren mit einem anderen Lebensstil, suchen sich eine eigene Lebensphilosophie. Aber im Laufe der Jahre kann das Leben ohne Christus zu einer enttäuschenden Angelegenheit werden, in der die Seele hungert und sich daran erinnert, daß es «im Hause meines Vaters Brot im Überfluß gab». Wie für alle christlichen Eltern gilt im übrigen auch für Eltern auf dem Missionsfeld: Liebe und Gebet bilden starke, unsichtbare Seile, die die Kinder zu ihrem wahren Ruheort zurückziehen. «Es ist nicht der Wille bei eurem Vater im Himmel, daß auch nur eines von diesen Kleinen verloren werde.» «Denn das *ist* der Wille Gottes, eure Heiligung.» «Wenn wir um etwas bitten nach seinem Willen, so hört er uns.» So wollen wir uns auf seine Verheißung verlassen und Mut fassen.

Die meisten unserer jungen Leute blicken mit glücklichen Erinnerungen auf ihre Kindheit «draußen» zurück, und es ermutigt uns sehr, zu sehen, wie viele Missionarssöhne und -töchter nach einer entsprechenden Ausbildung als Erwachsene in das Land ihrer Kindheit zurückgekehrt oder anderswo in eine vollzeitliche christliche Arbeit eingestiegen sind.

Man hat mich oft gefragt, ob eher Verheiratete oder Unverheiratete für den Dienst im Reich Gottes geeignet sind. Ich meine, beide haben ihren Platz; allerdings liegt es auf der

Hand, daß gewisse Aufgaben leichter von Unverheirateten übernommen werden können. Ich glaube, daß ein schlichtes christliches Heim, in dem es nicht von ausländischem Schnickschnack wimmelt, in dem Mann und Frau einander lieben und ehren, in dem glückliche Kinder in Geborgenheit und Gottesfurcht heranwachsen und in dem die Türen immer allen offenstehen und alle Leute willkommen sind, ganz gleich, welcher Rasse, Klasse oder Religion sie angehören – daß ein solches Heim ein Leuchtturm in einem dunklen Land ist. Es gibt wohl kein größeres Zeugnis für christliche Einheit als ein wahrhaft christliches Heim. Mir kommt dafür vor allem ein Beispiel in den Sinn.

In den sechziger Jahren wurden unsere Häuser und Wohnungen von Hippies regelrecht überflutet! Marokko, wo man im Rifgebirge händeweise Marihuana pflücken kann, war neben Katmandu das beliebteste Ziel für Hippies. Sie kamen zu Hunderten – viele von ihnen gut aussehende junge Männer und Frauen in wehenden Gewändern und mit langem Haar, angewidert vom Materialismus und den falschen Werten in ihrer eigenen Gesellschaft in Amerika, Großbritannien und vielen europäischen Ländern. Sie kamen auf der Suche nach einem alternativen Lebensstil. Leider fanden viele von ihnen nur eine Alternative: Drogen und all die damit verbundenen Übel. Viele wurden erbarmungslos beraubt, betrogen und manchmal zusammengeschlagen. Die billigen Hotels und die dreckigen Keller, in denen sie Unterschlupf suchten, waren Brutstätten von Seuchen, und die Mädchen wurden oft schwanger. Manche verloren durch LSD den Verstand. In ihrer Verzweiflung tauchten sie zu Dutzenden im Krankenhaus auf. Später und als Erhörung vieler Gebete kam ein Team von *Jugend mit einer Mission* und eröffnete auf unserem Gelände ein Wohnheim für diese Leute, wo viele einen alternativen Lebensstil in Christus fanden.

Doch dieses Wohnheim gab es noch nicht, als eines Tages während einer Mahlzeit Peter im Wohnzimmer meines Bruders auftauchte, bekleidet mit nichts weiter als einer knappen Badehose. Er war über zwei Meter groß. Sein ganzer Körper,

Gesicht, Arme und Beine waren mit Brandblasen von einem Sonnenbrand bedeckt, und seine Augen glänzten fiebrig. Er war am Strand gewesen, hatte geschwommen und sich anschließend in der Mittagssonne hingelegt und mehrere Stunden geschlafen. Als er erwachte, stellte er fest, daß ihm alles gestohlen worden war – Brieftasche, Paß, Geld, Flugtickets – und daß er einen Sonnenstich hatte. Er versuchte, sich in der Badehose zu seiner Unterkunft durchzuschlagen; aber er war, gelinde gesagt, auffällig, und die Polizei nahm ihn wegen schamlosen Verhaltens fest. Auf der Polizeistation ließ man ihn am nächsten Tag viele Stunden lang in der glühenden Augustsonne vor einer Mauer stehen. Als er fast zusammenbrach, warf man ihn auf die Straße.

Wohin sollte er sich wenden? Von einer Horde johlender und spottender Kinder verfolgt, gelang es ihm irgendwie, sich zum Krankenhaus zu schleppen; aber es war geschlossen, weil gerade eine Generalreinigung durchgeführt wurde. Die Putztruppe versicherte ihm jedoch, da hinten, am Ende des Gartens, werde er wenigstens einen Arzt antreffen. Und so stolperte er denn während des Mittagessens durch die offene Tür.

Das kleine Haus war schon zum Bersten voll, aber Janet steckte ihn in Davids Bett, und David schlief ohne Murren auf einer Matratze auf dem Boden. (David und Martyn waren an solche Zwischenfälle gewöhnt. «Es macht uns überhaupt nichts aus, wenn Leute bei uns im Schlafzimmer übernachten», bemerkten sie einmal. «Aber müssen es auch alte Frauen sein?»)

Die Brandwunden waren zwar nicht tief, bedeckten aber einen großen Teil des Körpers, entzündeten sich und stanken in der Hitze fürchterlich. Peter war ein stiller Junge. Das Hippieleben hatte sich als große Enttäuschung erwiesen, und so zog er sich ganz in sich zurück. Ein christlicher Medizinstudent kümmerte sich sehr um ihn und versuchte, sich mit ihm zu unterhalten. Wir alle versuchten, ihn aufzumuntern. Aber als er uns verließ, um mit einem neuen Paß und von der Botschaft geliehenem Geld nach England zurückzukehren, hatte keiner von uns das Gefühl, ihn wirklich zu kennen.

Dann kam der Brief. Es war ein nüchterner Dankesbrief, und nur der letzte Absatz verriet seine wahren Gedanken. «Ich habe eine Kirche gefunden und begonnen, regelmäßig zum Gottesdienst zu gehen, und ich glaube jetzt, daß ich Christ bin. Ich habe fast drei Wochen in Ihrem Haus zugebracht, und ich bin noch nie in einem Haus gewesen, in dem so viele verschiedenartige Menschen aus so vielen Ländern ein und aus gegangen sind. Doch während der ganzen Zeit habe ich nie ein zorniges oder ungeduldiges Wort gehört. Wenn das Christsein ist, dann will ich auch ein Christ sein!»

Ist das nicht der Dreh- und Angelpunkt all unserer Arbeit – und allen christlichen Zeugnisses in der Welt –, tagtäglich so zu leben, daß diejenigen, die uns beobachten, sagen: «Wenn das Christsein ist, dann will ich auch Christ sein»?

Nicht alle Kontakte verliefen so positiv, und wir erlebten viele Enttäuschungen und Mißerfolge. Es gab dunkle Stunden, Zeiten, in denen wir uns durchkämpfen mußten, bitter wurden und fast verzweifelten. Wir erlebten auch nicht erklärbare körperliche Angriffe. So litt ich selbst zum Beispiel immer wieder unter Migräneanfällen. Jemand von uns beging Selbstmord. Manchmal wurde die Versuchung fast übermächtig, enttäuscht und entmutigt aufzugeben, weil unsere Arbeit und Mühe allem Anschein nach keine Frucht trug, und unsere Kolleginnen und Kollegen in anderen Teilen der Welt zu beneiden, in denen Kirchen gegründet und Menschen für Christus gewonnen wurden. Vergeudeten wir unser Leben? Hatten wir uns unsere Berufung nur eingebildet? Es gab Missionarinnen und Missionare, die starke Persönlichkeiten zu sein schienen und die doch nach ein paar Jahren ausgebrannt waren und für immer heimreisten, weil sie körperlich oder emotional am Ende waren oder mit den Enttäuschungen einfach nicht mehr fertig wurden.

Ich erinnere mich an die unerklärlichen Schicksalsschläge, die auf eine kleine amerikanische Mission niederzuprasseln schienen, deren Wirken für Gott doch wichtig war und in der man von einem Radioprogramm träumte. Eine junge Mutter und ihr Baby starben bei der Geburt; eine vielversprechende neue junge Mitarbeiterin bekam Kinderlähmung und mußte den Rest ihres Lebens schwerstbehindert zu Hause verbringen. Ein kleiner Sohn starb, ein Baby starb, ein weiteres Baby wurde mit einen Hirnschaden geboren, und eine Mutter wurde bei einer Geburt so schwer verletzt, daß sie nie mehr ein Kind bekommen konnte. Ein Ehemann wurde von Dieben angeschossen und trug schwere innere Verletzungen davon; und nicht lange danach wurde der einzige, zwanzigjährige Sohn einer Familie, der zum Universitätsstudium in die Vereinigten Staaten zurückgekehrt war, wegen ein paar Dollars im Portemonnaie erschossen. Schließlich wurde die ganze Mission aus dem Land ausgewiesen, und wieder fragten wir: Warum? Warum nur? Erst viele Jahre später wurde der Grund für diese wütenden Angriffe offensichtlich, denn ihren Anstrengungen und ihrer Vision ist es zu verdanken, daß Radio Monte Carlo, der Sender, den Hitler errichtete, um die Nachrichten von seinem Sieg über das übrige Europa zu verbreiten, heute Abend für Abend das Evangelium in alle nordafrikanischen Küstenstaaten ausstrahlt.

Auch wir kämpften zuweilen gegen scheinbar unüberwindliche Widerstände an, und das Gefühl des Versagens lähmte uns manchmal. Dann wurde die Versuchung, aufzugeben und alles stehen- und liegenzulassen, fast übermächtig. Dazu kam, daß wir eine kleine, schwer arbeitende Gemeinschaft waren, die mit der Hitze und mit den Frustrationen einer schwierigen Fremdsprache zurechtkommen mußte und neben der Arbeit kaum Zeit zur Entspannung und Abwechslung hatte. Da konnten sich dann Angriffe auf die zwischenmenschlichen Beziehungen tödlich auswirken, auch wenn wir normalerweise echte und tiefe Gemeinschaft pflegten.

Aber wir bekamen Hilfe. Ich denke zum Beispiel an den Besuch eines Schweizer Pastors, der sich ganz der Aufgabe gewidmet hatte, mit einer ganz schlichten Botschaft von Missionsstation zu Missionsstation zu reisen. Kein Christ kann je von einem bösen Geist besessen werden (der Heilige Geist wird niemals seine Wohnung mit einem Boten Satans teilen), aber in einem nichtchristlichen Land, in dem Christen es gewagt haben, in Feindesland einzudringen, ist mit heftigem und entschiedenem Gegenangriff zu rechnen, und rasch wird sich der Widerstand der bösen Geister regen. Er forderte uns eindringlich auf, sie bei ihren richtigen Namen zu nennen (Stolz, Eifersucht, Haß, Entmutigung, Depression) und eine Gruppe von vertrauenswürdigen Freunden beizuziehen und sie um Hilfe zu bitten, um den Geist oder die Geister namentlich zu binden und zu bedrohen und Gottes Sieg in Anspruch zu nehmen. Als wir diesen Rat befolgten, wurden Situationen entschärft und Beziehungen geheilt.

So lernten manche von uns die wichtige, seelenrettende Lektion der Vergebung... *Erstens anderen gegenüber.* Oft kann das vermeintlich erlittene Unrecht lächerlich klein sein – ein Blick, eine halb aufgeschnappte Bemerkung, Kritik, die einem über einen Dritten zu Ohren gekommen ist, und das am Ende eines langen, anstrengenden Tages. Dann macht sich bohrender geheimer Ärger breit, und der Feind sorgt dafür, daß dieser Ärger weiter rumort und dabei übermäßig wächst, zum Schaden von Gesundheit, Glück und effektivem Dienst. Allzuoft leiden wir, weil wir nicht vergeben oder uns vergeben lassen können (oft kommt beides zusammen). *Zweitens* müssen wir lernen, *uns selbst* zu vergeben. Das Bewußtsein des Versagens, die tiefe Entmutigung, das Gefühl der Schuld – so etwas wiegt sehr schwer. Wir reden uns ein, Missionare und Missionarinnen sollten nicht versagen oder sich entmutigen lassen.

Vergeben können wir nur, wenn wir uns das Wesen von Gottes Vergebung klarmachen:

a) *Er vergibt gern* (Micha 7,18). Wir sind beleidigt, und es fällt uns schwer, uns zu versöhnen. Unser Stolz hindert uns daran, den ersten Schritt zu tun, der Vater auf dem Hausdach dagegen konnte nicht an sich halten – er lief los, um den verlorenen Sohn mit seiner Vergebung zu überschütten.

b) *Er ergreift mit seiner Vergebung immer die Initiative,* und unsere Buße kann immer nur die Folge seines Suchens sein. Er sagt nie: «Er hat Unrecht getan; jetzt soll er den ersten Schritt tun.» Nein, der Hirte ging selbst jeden Schritt auf dem langen Weg zur Vergebung, und das Schaf kam ihm auch nicht einen einzigen entgegen. Ja, es ging überhaupt keinen einzigen Schritt. Das Schaf wurde auf der Welle der Vergebung des Herrn zurückgetragen.

c) *Seine Vergebung zerstört aktiv das Böse, das sie vergibt.* Sie ist so stark, so liebevoll, so reinigend, daß sie in dem Herzen, in das sie hineinwirkt, das Böse ausmerzt, so wie das Licht die Dunkelheit vertreibt.

d) *Seine Vergebung vergißt.* Wenn Gott einem Sünder vergibt, hat dieser sofort volle Gemeinschaft mit ihm. Es steht absolut nichts mehr zwischen ihnen.

e) *Seine Vergebung hilft uns,* mit den natürlichen Folgen unseres Versagens fertig zu werden. «Ich bin mit dir», sagte Gott zu Jakob, «ich will dich wieder herbringen in dies Land» (1. Mose 28,15). Wir würden wohl sagen: «Schließlich hat er sich das selbst zuzuschreiben. Geschieht ihm recht!» Gott half ihm in seiner Vergebung bis ans Ende.

f) *Schließlich: Vergebung drückt sich deutlich aus.* Wie belasten Zweifel und Spannungen weiterhin das Verhältnis zwischen zwei Menschen, obwohl sie sich beide danach sehnen, daß zwischen ihnen alles in Ordnung sei. Warum? Weil sie zu schüchtern sind, zuviel Angst haben oder sich nicht überwinden können, zum anderen hinzugehen und über die Sache zu reden. Gott dagegen proklamiert laut und deutlich, daß er vergibt (2. Mose 34,5-7). (Aus: «A Missionary Muses on the Creed», S. 31-33)

So lernten wir, als liebende, vergebende Gemeinschaft von Menschen zu leben, die sehr verschieden alt waren, einen sehr unterschiedlichen Hintergrund hatten und doch zu der einen Familie unseres Herrn Jesus gehörten. Wir hielten in Liebe aneinander fest in der Gewißheit, daß unsere Arbeit nicht vergeblich war in dem Herrn.

18

Tribut an meinen Vater

Im September 1956 hatte ich eines Nachts einen lebhaften Traum. Ich sah meinen Vater auf dem Boden liegen. Er streckte jenseits eines Hindernisses, über das ich nicht klettern konnte, die Arme nach mir aus. Am nächsten Tag traf das Telegramm ein: Er hatte einen schweren Herzanfall gehabt, und aufgrund des Zustandes seines Herzens mußte man damit rechnen, daß er nicht mehr lange zu leben hatte. Eine Missionarin von einer anderen Station kam, um sich um die Mädchen zu kümmern, und ich flog heim – meine erste Flugreise.

Während die sorgenvollen Stunden vergingen, liefen seine Jahre wie in einem Film vor mir ab. Er war zwischen seinen Versammlungen, Besuchen und Vortragsreisen in Nord- und Südamerika, Australien, Neuseeland, Nord- und Südafrika, Palästina und auf den Britischen Inseln selten genug zu Hause, so daß er seine Kinder durch eine rosarote Brille sah. Niemand hätte uns nachsagen können, daß wir immer pflegeleicht waren, aber unser Vater merkte nichts davon. Er überließ den schwierigeren Teil unserer Erziehung und alles, was mit Lernen und Ausbildung zu tun hatte, unserer Mutter, zweifelte er doch nie daran, daß sie in solchen Dingen weitaus kompetenter war als er selbst. Und während seiner kurzen Besuche gerieten die gewöhnlich geltenden Regeln und Bestimmungen meistens in Vergessenheit. Es waren turbulente und fröhliche Gelegenheiten, bei denen wir unter dem Kinderzimmertisch «Bärenhöhle» spielten, uns Scharaden ausdachten, Lagerfeuer, Picknicks und Mitternachtsfeste veranstalteten und lange, lange Wanderungen über die Hügel oder nach Upton-on-Severn unternahmen. Doch der Übermut führte nicht zu den üblichen Enttäuschungen oder der Ungezogenheit, die so oft folgen, wenn die Alltagsregeln außer Kraft gesetzt werden. Nein, er hielt uns so offensichtlich für «liebe» Kinder, daß wir unwillkürlich zeitweilig das wurden, wofür er uns hielt (eine Erfahrung, die viele andere auch machen). Außerdem war er ansteckend glücklich, und wer hätte ihm seine gute Laune durch Mißmut oder Ungehorsam verderben wollen! Ohne je ein Wort dazu gesagt zu haben, vermittelte er uns den bleibenden Eindruck, daß Gutsein erstrebenswert und ganz und gar frohmachend ist, die einzig wahre Freude in der Welt.

Er muß uns weitgehend unterschwellig beeinflußt haben, denn er belehrte uns sehr selten in diesem Alter. Zwar konnte er bei Gelegenheit packende Sonntagsschulstunden halten, betrachtete sich aber nicht als besonders begabt, mit Kindern umzugehen. So überließ er es auch seiner Frau, geistliche Dinge auf einfache Art zu erklären, und über ihre geduldige, gründliche biblische Unterweisung ließe sich viel schreiben. Sie konnte sich dem Verstehenshorizont des kleinsten Kindes anpassen, er dagegen blieb auf seiner Ebene und öffnete nur dann und wann eine Tür, durch die ein Kind einen Schimmer von Herrlichkeiten erhaschen konnte, die sein Verständnis weit überstiegen und die ihm doch nur noch wunderbarer erschienen, weil es ihre Bedeutung nur erahnen konnte. Ich weiß noch, wie er mich als Siebenjährige auf seine Knie setzte und mir fast scheu, mit einer Stimme, die manchmal vor innerer Bewegung zitterte, alle neunzehn Strophen des Liedes vorlas, das Mrs. Cousins auf der Grundlage der letzten Worte von Samuel Rutherford gedichtet hat: «The sands of time are sinking, the dawn of Heaven breaks...» («Der Sand der Zeit verrinnt, das Morgengrauen des Himmels bricht an...»)

Und die Folge? Ich war tief beeindruckt und verzaubert. Ich hatte das Gefühl, daß Papa mir etwas anvertraut hatte, was ihm viel bedeutete, und mir hatte sich eine ganz neue Welt aufgetan, deren strahlende Bilder ich entdecken und genießen konnte, die ich aber erst viele Jahre später verstand. In erstaunlich kurzer Zeit hatte ich alle neunzehn Strophen auswendiggelernt, und der alte schottische Gottesmann hätte sicher gelächelt, wenn er gesehen hätte, wie der kleine braune Wildfang im roten Badeanzug einen gefährlich steilen Wasserfall in einem Flußbett hinaufkletterte und dabei vor sich hin murmelte:

Tiefe Wasser queren meinen Pfad,
Die Dornenhecke war scharf.
Nun liegt all das hinter mir,
Und vor mir eine gutgestimmte Harfe.

Eine gern erzählte Familiengeschichte ereignete sich, als er nach einem langen Auslandsaufenthalt einen Tag früher als erwartet heimkam. Er wanderte allein vom Bahnhof nach Hause, da traf er unterwegs John – John im Kinderwagen, geschoben von einem Mädchen aus dem Ort, das zeitweise aushalf. Das runde St.John-Gesicht und irgend etwas an dem Kinderwagen kamen ihm bekannt vor. Er blieb stehen und starrte.

«Verzeihung», bat er dann mit der ihm eigenen Höflichkeit, «kannst du mir wohl sagen... könnte das zufällig mein Baby sein?»

«Das kann ich Ihnen beim besten Willen nicht sagen, Sir», erwiderte das Mädchen hochmütig und stob mit dem Wagen davon.

Papa war wunderbar gastfreundlich. «Kommt doch zum Abendessen!» lud er fremde Familien nach dem Sonntagmorgengottesdienst herzlich ein. Zuweilen vergaß er allerdings, das zu Hause zu erwähnen, und dann konnte es geschehen, daß eine fröhliche Gruppe an unserer Haustür erschien, wenn wir gerade mit dem Abendessen fertig waren. («Entschuldigung – Sie haben sicher sechs Personen erwartet, aber wir sind nur zu viert gekommen!») Meine Mutter konnte solche Situationen genial überspielen, aber wir Kinder machten meistens ihre Anstrengungen zunichte, indem wir hemmungslos kicherten und prusteten. Die Familie lernte es, mit allem zu rechnen, und das Sonntagsabendessen wurde zur stehenden Redewendung.

Aber abgesehen von seinem Hang zur Vergeßlichkeit war er ein Muster an Rücksichtnahme und behandelte seine Frau und seine Töchter stets wie Königinnen. Er half gern im Haushalt, stellte sich dabei allerdings nicht immer geschickt an (nur im Kinderhüten war er unübertroffen). Einmal erwarteten wir einige ziemlich vornehme Damen zum Tee, und da sich unsere Mutter nicht wohlfühlte, legte sie sich nach dem Mittagessen etwas hin und schärfte Papa ein, er solle sie früh genug wecken, damit sie alles vorbereiten könnte. In letzter Minute wurde sie von ihrem strahlenden Mann aus den Federn geholt. «Mach dir keine Sorgen, Darling», verkündete er triumphierend, «es ist alles fertig.» Er führte sie freudig ins Wohnzimmer, wo sich auf dem Tisch Berge von dicken, hauchdünn mit Butter bestrichenen Brotscheiben auftürmten. In diesem Moment kamen auch schon die Damen an. Im Flur gab es geflüsterte Entschuldigungen und Gelächter, aber unsere Besucherinnen waren keine Spielverderber. Sie mampften tapfer drauflos, und der Besuch war ein voller Erfolg.

Wir profitierten von der schlichten, direkten biblischen Unterweisung durch unsere Mutter und dem Mystizismus unseres Vaters, den wir intuitiv aufnahmen, obwohl wir ihn nicht verstanden. Beides zusammen gab unserem Glauben Kraft und Tiefe und bewahrte uns vor der modernen – vielleicht aus der Übersimplifizierung göttlicher Wahrheit resultierenden – Tendenz, Religion mit dem Flanellographen und der Sonntagsschule zu identifizieren und dann im Laufe des Heranwachsens über Bord zu werfen. Gewiß, auch wir zappelten während der Sonntagsgottesdienste herum, gähnten und langweilten uns. Aber wenn wir das leuchtende, entrückte Gesicht sahen oder die Stimme hörten, die vor anbetender Liebe zitterte, konnte keines von uns Kindern auch nur einen Augenblick annehmen, das Brotbrechen sei wirklich langweilig. Und so hinterließen die Gottesdienste bei uns ein Gefühl der Traurigkeit und der Erwartung – Traurigkeit, weil wir klein und böse und unheilbar fröhlich waren und deshalb nichts sahen; Erwartung, weil wir eines

Tages erwachsen sein und dann sehen und begreifen würden, was Papa sah. Und vielleicht drehten sich deshalb so viele unserer Spiele um König Arthur und seine Tafelrunde und den Heiligen Gral. Und wenn ich allein war, spielte ich unweigerlich, ich sei Sir Galahad. Niemand von uns wußte, was der Heilige Gral war, aber uns war klar, daß man ein ganz reines Herz haben mußte, wie Papa, um ihn zu finden.

Während unsere Mutter den vergangenen Jahren nachtrauerte und den daumenlutschenden Babys, die sich über Nacht in wilde Jungen und Mädchen zu verwandeln schienen, begeisterte er sich für jede Stufe unserer Entwicklung, und sein gelehrter Geist nahm Anteil an all unseren kleinen Fortschritten. Er genoß es, unserem sehr, sehr laienhaften Familienorchester zuzuhören und konnte ganz in einer Schachpartie mit einem kleinen Sohn aufgehen. Er widmete sich mit der gleichen Konzentration den von Rechtschreibfehlern wimmelnden literarischen Versuchen einer kleinen Tochter, mit der er sonst über seinem griechischen Kommentar brütete – ja, er war der einzige, dem ich sie zu zeigen wagte.

Mit dem für ihn typischen gesunden Menschenverstand erkannte er, daß er selbst von Gott zu einer besonderen Aufgabe berufen war und deshalb besonders strengen Maßstäben gerecht werden mußte. Gleichzeitig war ihm bewußt, daß wir dagegen ganz normale, gesunde Kinder waren, für die gewisse andere Maßstäbe galten. Und nie vertauschte er beides. Solange wir nicht bösartig waren, fuhr er nicht dazwischen, wenn wir gnadenlos die Älteren und Würdigeren imitierten und parodierten (und einige von uns waren in dieser Hinsicht sehr begabt); aber er selbst sprach niemals abfällig über einen Menschen, und wir hörten nie ein ungeduldiges oder liebloses Wort zwischen ihm und unserer Mutter. Er gönnte uns unseren Spaß und freute sich, wenn er uns ein bißchen verwöhnen konnte; aber wir wußten, daß er sich selbst vieles versagte und seinen Körper in strenger Zucht hielt. Und seine positive, strahlende Heiligkeit, die er für sich selbst erstrebte, selten kritisierend oder schimpfend, war außerordentlich aufbauend und prägend.

189

Während wir also heranwuchsen, sah er geduldig zu und versuchte nie, uns die geistlichen Reichtümer aufzudrängen, die er für uns aufgespart hatte, bis wir für sie bereit waren. Als wir dann Teenager waren, begann er uns in seine Methoden des Bibelstudiums einzuführen, und wir alle können bezeugen, daß er uns das Buch aufschloß, wie es kein anderer je geschafft hatte.

Wenn er in England war, begleitete ich ihn als Teenager und Jugendliche gern zu Sommerkonferenzen für junge Leute. Ich genoß es, mitzuerleben, wie sehr ihn seine Zuhörerinnen und Zuhörer schätzten und wie oft er im Mittelpunkt einer Gruppe wißbegieriger junger Männer und Frauen stand oder um Gespräche unter vier Augen gebeten wurde. Vielleicht lag es an der Absolutheit seiner Maßstäbe oder an den übermenschlichen Herausforderungen, mit denen er die jungen Leute konfrontierte; vielleicht an dem feinen Humor und dem Verständnis, mit dem er diese Herausforderungen präsentierte; vielleicht lag es aber auch einfach an seiner eigenen Bescheidenheit. Auf alle Fälle schrieben nach seinem Tod Hunderte von Menschen aus aller Welt und allen möglichen Lebenssituationen und bezeugten den tiefgreifenden Einfluß, den er in ihren jungen Jahren auf sie ausgeübt hatte, und einige von ihnen waren inzwischen zu führenden Persönlichkeiten im Reich Gottes geworden. «Er hat mir mehr als irgend jemand sonst Christus real gemacht», schrieb eine Missionarsfrau aus Simbabwe. Er kam bei den schlichtesten Leuten ebenso gut an wie bei den besonders intellektuellen.

Ich erinnere mich an eine seiner Predigten über Lukas 4, wo es heißt, daß Jesus seiner Gewohnheit entsprechend am Sabbat in die Synagoge ging. Er betonte die Wichtigkeit des Vorbilds und zitierte Bunyans Worte: «Ich habe sehr darauf geachtet, meinen Kindern keinen Anlaß zu berechtigten Vorwürfen zu geben, weil sie sonst vielleicht nicht bereit gewesen wären, auf dem Pilgerweg mitzugehen.» Das war eine riskante Predigt angesichts der Tatsache, daß unter den Zuhörern eine Tochter saß, die mit gespitzten Ohren lauschte und

jedes seiner Worte auf die Goldwaage legte. Aber im Fach
«Praktiziere, was du predigst» bestand er jede Prüfung.

Wir wollten ihn mit unseren Freundinnen und Freunden
teilen, und bevor und während wir an der Universität studier-
ten, veranstalteten wir einige Jahre lang in den Osterferien
«Applegarth Konferenzen», wie wir das nannten (Applegarth
war unser zweites Haus in Malvern). Vater und Mutter gaben
ihr Bestes für die lebhafte Gruppe junger Leute. Morgens und
abends gab es inhaltsreiche Seminare und Diskussionen, und
an den Nachmittagen organisierten wir herrliche Picknicks
und Wanderungen, und unsere Mutter, die die ganze hungrige, laute Meute ins Herz geschlossen hatte, verwöhnte uns
nach Strich und Faden. Mit ungewöhnlicher Offenheit sprachen sie mit Vater über ihre Probleme, denn er zeigte sich nie
schockiert oder überrascht, und sein Humor, seine Sympa-
thie und sein Verständnis dürfte manchen rebellierenden,
verwirrten jungen Christen zu richtigen Entscheidungen und
Wegen des Friedens geführt haben.

Er sagte uns unter anderem (ich habe es mitgeschrieben und
anschließend in Zeilenform gebracht):

> Du kannst den Frieden dieser Welt haben
> Und genießen,
> Wenn du die Augen vor der Zukunft verschließt
> Und die Türen der Seele gegen das Gestern zu-
> sperrst.
> Der Friede, den Jesus schenkt,
> Ist das genaue Gegenteil.
> Er reißt die Tore des Gestern weit auf
> Und zeigt dir, daß deine Sünden vergeben sind.
> Und was das Morgen betrifft,
> Öffnet er dessen Pforten und zeigt die Zukunft
> Strahlend von verheißener Gnade
> Und von der gewissen Hoffnung,
> SEIN Angesicht zu schauen.

Er war auch ein begehrter Referent für große Bibelkonferenzen in verschiedenen Teilen der Welt. Man schätzte seine enorme Bibelkenntnis, das Resultat unzähliger Stunden geduldigen Studiums (Hebräisch und Griechisch brachte er sich selbst bei) und von Notizen, die Tausende von losen Blättern füllten. Man sagte ihm nach – und wahrscheinlich traf es weitgehend zu –, er könne für jedes Bibelzitat Buch, Kapitel und Vers angeben, und die Kinder, die er am besten kannte, als er in späteren Jahren bei der Clarendon School wohnte, machten sich einen Spaß daraus, ihn unerwartet mit Bibelversen zu bombardieren. Aber selten, falls überhaupt einmal, gelang es ihnen, ihn hereinzulegen. Das schaffte nicht einmal das kleine blonde Mädchen, das sich mit erhobenem Zeigefinger vor ihm aufpflanzte und ihn todernst ansprach: «Dein Weib wird in der Stadt zur Hure werden», worauf Vater ebenso ernsthaft antwortete: «Amos 7,17.» Und dann brachen beide in bewunderndes Gelächter aus.

«Mr. St. John, ich würde alles hergeben, um die Bibel so gut zu kennen wie Sie», sagte eine Frau nach einer Veranstaltung zu ihm.

«Gnädige Frau», erwiderte er, «billiger ist das auch nicht zu haben.»

Aber er betonte immer, daß die Bibel kein Selbstzweck ist. Sie ist der Weg, auf dem man zu Christus gelangt, und alles Bibelstudium empfand er erst dann als lohnend, wenn es ganz praktische Auswirkungen auf die Lebensführung im Alltag hatte.

Viele Jahre lang war er in aller Welt unterwegs, und in den zwanziger und dreißiger Jahren reiste er Sommer für Sommer in die Vereinigten Staaten. Man trug ihm die Leitung einer bekannten Bibelschule an, doch obwohl ihn die Aussicht reizte, hatte er den Eindruck, daß dies nicht der Platz war, an dem Gott ihn haben wollte.

Er war von einer für alle sichtbaren Freude erfüllt, die in einer tiefen Dankbarkeit wurzelte und ihn alles Schöne im Leben von Herzen genießen ließ. Während des Krieges kam er oft zu mir ins Krankenhaus, um mich auszuführen. Da er in der Atmosphäre kleinlicher Vorschriften nicht recht daheim war und in Gedanken wahrscheinlich schon die nächste Predigt vorbereitete, setzte er sich einmal in der Ambulanz unbewußt auf einen Stuhl, der – so stand es in großen Buchstaben auf einem Schild – ausdrücklich dem Personal vorbehalten war. Entrüstet marschierte die Oberschwester zu ihm hin, aber seine strahlende Unschuld entwaffnete sogar diese streitbare Dame, und sie zog sich lächelnd zurück: Er war so felsenfest überzeugt, daß sie gekommen war, um ihn in ihrem Reich willkommen zu heißen, so von Herzen erfreut, dazusein. Dann rauschte er mit mir davon: Zu den Kew Gardens oder zu einem Ausflug auf der Themse. Seine kindliche Freude an der gemeinsamen Unternehmung ließ mich für ein paar Stunden die Schrecken des Krieges vergessen, die Verwundeten und die nächtlichen Angriffe. Und wenn ich wieder zurückkam, fühlte ich mich erfrischt und gestärkt.

Und dann seine Briefe! Wieviel bedeuteten sie uns, seinen Kindern. Sie folgten uns in den Libanon, nach Marokko und Australien, wo John in der Marine diente. Diese Briefe waren nie lang, aber inhaltsreich und treffend. Als ich darunter litt, daß meine Aktivitäten durch Anordnungen der Regierung eingeschränkt worden waren, schrieb er mir: «Wenn wir auf die Maßnahmen der Regierung schauen, können wir bitter werden. Wenn wir hingegen nur auf die Bewegung von Gottes Händen blicken, werden unsere Herzen weich und liebevoll, und wir erinnern uns daran: Wenn ein Unterhirte an einen anderen Arbeitsplatz im Werk des Vaters versetzt wird, kann der Erzhirte gut für die kleine Herde sorgen.» An einen anderen, der vor einer wichtigen Entscheidung stand, schrieb er: «Ich bin glücklich, deine Last mitzutragen. Die Straße deiner unmittelbaren Zukunft gabelt sich vor dir, und bald wirst du dich entscheiden müssen. Bewahre dir bis dahin einen offenen Geist, aufgeschlossen für die Wahrheit, so wie sie zu dir kommt, ein offenes Herz, bereit, die Anforderungen der Liebe zu erfüllen, und eine offene Hand, bereit, zu geben und zu dienen.»

1952 kam er und besuchte mich in der Bergstadt. Es

herrschte kaltes Winterwetter, und er brachte mir einen neuen Ölofen, auf den er einen Zettel mit der Aufschrift geklebt hatte: «Sie breitet ihre Hände aus zu dem Armen und reicht ihre Hand dem Bedürftigen. Sie fürchtet für die Ihren nicht den Schnee; denn ihr Haus hat einen neuen Ofen» (nach Sprüche 31,20-21).

Und nun landete das Flugzeug, und ich kam nach Hause. Mein Vater hatte inzwischen die Krisis überwunden, aber abgesehen von einigen Ausflügen im Rollstuhl mußte er den größten Teil seiner letzten acht Lebensmonate im Bett zubringen. Meine Eltern wohnten zu dieser Zeit in einer Wohnung in der Clarendon School in Nordwales (der heutigen Kinmel Hall). Sie waren mit dorthin umgezogen, als die Schule von Malvern fortzog. Das verdankten sie der Freundlichkeit von Miss Swain, seiner Schwägerin, der Leiterin von Clarendon, deren Liebe ihn und seine Familie durch all die Jahre begleitet hatte und mit der ihn eine herzliche Freundschaft verband. In den letzten drei oder vier Jahren, in denen er nicht mehr kräftig genug zum Reisen gewesen war, war er Schulseelsorger gewesen und hatte sich mit Miss Swain den biblischen Unterricht für die höheren Klassen geteilt. Zahllose Briefe von Eltern und Mädchen bezeugen, wie prägend seine nüchternen, tiefgründigen Bibelauslegungen waren. «Wir werden wohl nie ganz ermessen können, was sein geistlicher Einfluß und seine Lehrtätigkeit für die jungen Leute bedeutet hat», schrieb ein Vater, «aber wir wissen, daß er viel dazu beigetragen hat, ihren Glauben zu festigen und sie in der Nachfolge des Herrn zu stärken.»

Auch die jüngeren Kinder fanden außerordentlich leicht Zugang zu ihm. Manchmal kamen sie mit ihren kleinen Sorgen zu ihm, öfter mit verwelkten Blumensträußen und kleinen selbstgemachten Geschenken. Zu seinem letzten Weihnachtsfest schmückten sie ihm einen winzigen Christbaum mit Geschenkpäckchen, und er saß wochenlang stolz neben dem Bäumchen.

In den ersten Wochen nach meiner Ankunft erholte er sich und hatte Zeit, sich an dem zu freuen, was ihm das Leben noch bot: an seinem friedlichen Zuhause, an der wachsenden Erkenntnis, wie sehr ihn seine Freunde in aller Welt liebten, an der zunehmenden Gewißheit, bald seinen Herrn zu sehen. Dies und anderes machte ihn tief innerlich ruhig und zufrieden. In den letzten Jahren hatte er fünf seiner acht ältesten Enkelkinder eingesegnet, und der letzte Gottesdienst, den er hielt, war der Einsegnungsgottesdienst für die drei Wochen alte Evelyn, die zu diesem Anlaß von ihren Eltern von Coventry zu ihm gebracht worden war. Der Gottesdienst fand im engsten Familien- und Freundeskreis in unserem Wohnzimmer statt. Der vierjährige Michael kam mit John, seinem Vater, oft an den Wochenenden zu uns. «Jampa» war Michaels großes Vorbild. Michael war ein herzensguter kleiner Kerl, und als Vater schwer krank wurde, kam er immer wieder, legte den Kopf aufs Kissen seines Großvaters und hielt mucksmäuschenstill Wache an seinem Bett. Morgens wachte er mit der besorgten Frage auf: «Glaubst du, daß Jampa eine gute Nacht gehabt hat?»

Die letzten Monate waren eine schwere Zeit. Vater hatte mehrere Herzanfälle und konnte oft nur mit Hilfe einer Sauerstoffmaske atmen. Aber er beklagte sich kein einziges Mal und verlor auch nicht seinen Humor. Auch überlegte er immer wieder, wie er uns, meine Mutter und mich, die ihn pflegten, entlasten könnte. Trotz aller Atemnot ließ er es sich nicht nehmen, laut und in liebevoller Ausführlichkeit für die abwesenden Familienmitglieder zu beten. Er freute sich darauf, im Juli seine beiden Ältesten zu sehen, die im Ausland waren; aber als er merkte, daß er das wahrscheinlich nicht mehr erleben würde, fand er sich auch damit ab. «Vierzig Jahre lang habe ich sie in meinem Herzen getragen. Sie mögen am anderen Ende der Welt sein, aber sie sind doch immer hier.»

Zuweilen drängten die körperlichen Beschwerden alles andere in den Hintergrund, aber auch dann war sein Herz fest verankert. «Ich fühle mich wie eine Nußschale in einem stürmischen Ozean», keuchte er. «Aber ich bin an einem riesigen Schiff angebunden. Dieses Schiff fährt vor mir her, nimmt Kurs auf den Hafen und kann ihn nicht verfehlen.»

«Wenn ich eintreten und den König sehen werde, wird es hell, ganz hell sein – ich bin der glücklichste Mensch auf Erden.»

Seine Söhne Oliver und John, die am Abend vorher eingetroffen waren, wachten mit meiner Mutter und mir an seinem Bett, als er um zwei Uhr nachts erwachte, ganz präsent und klar. Er nahm sie etwa fünf Minuten lang voller Freude wahr, dann verlor er wieder das Bewußtsein. Am nächsten Tag, Samstag, dem 11. Mai 1957, öffnete er um zwei Uhr nachmittags noch einmal die Augen, und sein Blick war sehr fest. Dann hörte er auf zu atmen.

Die Trauerfeier fand in der kleinen ländlichen Kapelle von Bodoryn statt, mitten in den Butterblumenwiesen. Die wenigen schönen Kränze und Hunderte von Wildblumensträuße, die die Kinder gepflückt hatten, die ihn liebten, verkündeten die Auferstehung. Eine große Menschenmenge versammelte sich um das Grab und sang: «Wie gut ist der Gott, den wir anbeten». Als sich die Gäste schließlich verabschiedeten, spannte sich ein großer, leuchtender Regenbogen über das Meer.

«So eine Beerdigung habe ich noch nie erlebt», bemerkte ein alter Mann aus dem Dorf. «Das war ja das reinste Freudenfest!»

Hunderte und Aberhunderte von Briefen trafen aus aller Welt ein, von Hohen und Niedrigen, Alten und Jungen. In praktisch allen war von der tiefen, starken Güte die Rede, durch die Vater sie so angezogen hatte. Viele Leute gaben ihrem tiefen persönlichen Schmerz Ausdruck. «Für uns ist das Licht erloschen, und die Welt ist ärmer geworden», schrieb der Sekretär der North Africa Mission, der ihn wie einen Vater geliebt hatte. Aber Gott sei Dank – das Licht leuchtet noch, und der Weg steht allen offen, die darauf gehen wollen.

19

Ruanda

Nach dem Tod meines Vaters ging ich für kurze Zeit nach
Marokko zurück und kehrte dann wieder heim nach England,
um bei meiner Mutter zu sein, die sich einer Augenoperation
unterziehen mußte. Ich arbeitete als Hausmutter in Clarendon, wo wir wohnten. Damals schrieb ich auf viele, viele
Bitten hin eine Biographie meines Vaters. Ich war auf die
Hilfe meiner Mutter angewiesen, und ihre frühen Erinnerungen waren natürlich unbezahlbar – aber in gewisser Hinsicht
stellte sie ein Problem dar. Sie war so bescheiden und zurück-
haltend, daß es ihr am liebsten gewesen wäre, ich hätte sie in
dem ganzen Buch überhaupt nicht erwähnt, und ich mußte sie
immer wieder daran erinnern: «Und woher in aller Welt sind
wohl die fünf Kinder gekommen?»

Gegen Ende jener zwei Jahre, als die Biographie meines
Vaters bereits veröffentlicht war, bekam ich einen Brief von
der Rwanda Mission. Man bat mich, ein Buch über die Geschichte der Erweckung zu schreiben, eine Bewegung, die in
den dreißiger Jahren begonnen und sich wie ein Buschfeuer in
allen ostafrikanischen Ländern ausgebreitet hatte und deren
Einfluß an allen möglichen Orten der Welt zu spüren war.
Für mich, die ich an marokkanische Verhältnisse gewöhnt
war, also an ein oder zwei Christen, war der Gedanke an
Hunderte, die sich bußfertig Christus zuwandten, wiedergeboren wurden und ein mächtiges, strahlendes Zeugnis waren,
wie kühles Wasser für eine dürstende Seele, und ich nahm den
Auftrag an.

Anfang 1965 ging ich nach Marokko zurück, und meine
Mutter folgte mir bald und blieb dort bis zu ihrem Tod im
Jahre 1976. Zu Anfang lebte sie bei uns im Heim für die
Schwesternschülerinnen, später zogen wir beide in eine kleine

Wohnung in der Nähe. Jenes erste Jahr, das ich wieder in Marokko verbrachte, war vor allem mit Lesen und Sortieren angefüllt: Ich mußte mich durch einen enormen Stapel von Briefen, Zeitschriften und Berichten aus Ruanda durcharbeiten. Sie reichten bis ins Jahr 1921 zurück, als zwei junge Ärzte, Leonard Sharp und Algernon Stanley Smith, ein Missionskrankenhaus gegründet hatten. Die beste Zusammenfassung der ganzen Geschichte gibt vielleicht Festo Kivengere, ein Mann, der in diesen frühen Jahren zu Christus fand und in den sechziger und siebziger Jahren ein herausragender Evangelist wurde. Er schrieb: «Es war das Ziel der ersten Vertreter der Rwanda Mission, die in unser Land kamen, uns von Gott und seinem Heilsplan zu erzählen; doch wegen ihrer seltsamen Hautfarbe, ihrer unverständlichen Sprache und Kultur und ihrer menschlichen Schwächen wären sie mit ihrer Verkündigung niemals ‹angekommen›, wenn ihnen nur menschliche Techniken zur Verfügung gestanden hätten. Sie brauchten den Geist Gottes, den Geist der Kraft und der Ordnung, den mächtigen Wind, der vor der Schöpfung über die chaotische Fläche der finsteren Urflut fegte. Dieser Geist mußte auch über ihre Bemühungen wehen.

In gewisser Hinsicht waren diese frühen Missionare sehr erfolgreich. Kirchen, Schulen und Krankenhäuser wurden errichtet, und Tausende strömten dahin. Doch etwas fehlte ... so oft stimmte man zwar der neuen Lehre im großen und ganzen zu, aber im Leben der Menschen änderte sich wenig ... Dann, zwanzig Jahre nach der Gründung der Mission, kam dieser Geist mit neuer Kraft. Der Geist, der in vielen Herzen jene Sehnsucht geweckt hatte, brauste durch das Land, und Gemeinden wie Missionare erlebten ein neues Pfingsten. Schweigen wich dem Gotteslob, Schranken wurden in der Gegenwart des auferstandenen Christus niedergerissen. Männer und Frauen erlebten die befreiende Macht des Kreuzes Christi.»

Ich verließ Anfang 1966 Marokko und reiste über Brüssel und Rom zum Flughafen von Entebbe. Das erste, was mir auffiel, war die reine, gewaschene Luft, der Geruch von Regen und das üppige Grün. Ich wurde abgeholt und zum Haus der Kirche in Kampala gebracht, wo ich mich drei oder vier Tage lang fast non-stop mit Dr. Joe Church und seiner Frau Decie unterhielt, einem Paar, das Gott wunderbar als Beter gebraucht hatte, während jener mächtige Wind durch das Land geweht war. Obwohl dieser Sturm inzwischen abgeebbt war, waren seine Folgen überall zu sehen – denn Wind reinigt und belebt, fegt hinweg, was tot und verwelkt ist, und setzt frei, was neu und lebendig ist. Ich hörte fasziniert den Erinnerungen eines alten Mannes zu, der die ersten Anfänge jenes mächtigen Wirkens Gottes miterlebt hatte.

Joe, der 1927 zu dem Team gestoßen war, erzählte viel von den frühen Jahren des Kampfes und Hungers, von Verwundungen durch wilde Tiere, Krankheit und Tod von Mitarbeitern und kleinen Kindern. Er sprach auch von vollen Kirchen und anscheinend großen geistlichen Resultaten. Alle wollten Kleider tragen und Lieder singen und Medizin bekommen und den Katechismus lesen lernen und Lehrer werden. Er sprach von der Begeisterung für Zahlen und Statistiken, und dann von der ernüchternden Erkenntnis, wie oberflächlich die ganze Arbeit war – nur die äußere Form des Christentums, ohne wirkliche Herzensveränderung; die rechten Worte und Aktionen, hinter denen sich ein Leben ohne Wiedergeburt verbarg. Er erzählte von seiner tiefen Niedergeschlagenheit, die zur Zerrüttung seiner Beziehungen zu Missionarskollegen und Einheimischen führte, von Krankheit und Verzweiflung, die ihn fast dazu gebracht hatten, nach England zurückzukehren. Und dann berichtete er, wie er mit dem einen festen Vorsatz von seinem Krankenhaus in Gahini nach Kampala gereist war: Er wollte hinter das Geheimnis des Sieges über die Sünde kommen.

Als er den Hügel von Namirembe hinaufstieg, hielt ihn ein junger Afrikaner namens Simeoni Nsibainbi auf und sagte schüchtern: «Sie haben mir einmal gesagt, daß man Jesus alles ausliefern muß. Das habe ich gemacht und große Freude erlebt. Aber irgend etwas fehlt noch in meinem Leben und in der Kirche von Uganda. Können Sie mir sagen, was?»

Die beiden Männer gingen gemeinsam nach Hause und saßen Stunde um Stunde über ihre Bibeln gebeugt und suchten, was sie über den Heiligen Geist und das sieghafte Leben lehrte. Plötzlich leuchteten die Antworten, die Joe längst gekannt hatte, für beide auf eine ganz neue, wirkliche Weise auf. «Gott begegnete uns», schrieb er. «Er gab uns keine besonderen Gaben, nur eine alles verwandelnde Schau des auferstandenen Christus.»

Ich reiste in den Süden, nach Gahini, wo die Bewegung offenbar begonnen hatte. Die roten, unbefestigten Straßen waren feucht und uneben. Sie schlängelten sich durch die grüne Landschaft, die von kleinen eingezäunten Hütten und Flecken kultivierten Landes gesprenkelt war. Hier und da hüteten Kinder Herden von riesigen, langhaarigen Rindern. Dann tauchten die Berge vor uns auf, und wir gelangten ins ruandische Hochland mit seinen atemberaubenden Aussichten auf Hügel und Täler, die immer in eine Art blauen Dunst eingehüllt erscheinen.

Ich wunderte mich über die primitiven Zustände, die im Krankenhaus von Gahini immer noch herrschten. So mußte das Wasser immer noch weit unten am von Krokodilen wimmelnden Fluß geschöpft und heraufgetragen werden. Es gab keine Laken; und um die Betten der Patienten herum, darunter, und wenn möglich noch darin, wimmelte es von Familienangehörigen. Aber es herrschten Liebe und Freude, und die Leute wurden geheilt. Ich spazierte auf dem Krankenhausgelände herum, das von blühenden Bäumen und Sträuchern geschmückt war, und rief mir die Anfänge in Erinnerung.

Da war der winzige Gebetsraum, in den sich der junge Blasio angesichts der geistlichen Dürre und der gespannten Beziehungen eine Woche lang zum Fasten und Beten zurückgezogen hatte. Hier hatten Joe und die Oberschwester, die völlig konträre Ansichten über die richtigen Pflegemethoden hatten, einander und ihre afrikanischen Mitarbeiterinnen und Mitarbeiter öffentlich um Vergebung gebeten, zur Verblüffung der letzteren. «Noch nie haben wir gehört, daß Weiße ein Unrecht eingestehen», sagten sie staunend. Und hier war der Geist des Gebets in Erweckungskraft auf sie gekommen.

Der Geist Gottes wirkte unter ihnen. Zweieinhalb Stunden lang standen Männer auf, oft mehrere gleichzeitig, und bekannten ihre Sünden, deren sie der Geist überführt hatte. Unkontrolliert weinten und schrien die Menschen, und daran schloß sich überwältigende Freude und brennende Liebe an. Einer nach dem anderen erklärte seine Bereitschaft, die Nachricht vom Werk des Erlösers bis in den hintersten Winkel des Landes zu tragen. Sie erschien ihnen plötzlich so herrlich, so wunderbar, daß sie einfach nicht schweigen konnten. Einer nach dem anderen brachen sie auf und brachten damit das Leben an Schulen und in Kliniken völlig durcheinander, sehr zum Ärger derer, die Wert auf Ordnung legten. Sie «zogen aus in Freuden und wurden im Frieden geleitet», und vor ihren neu geöffneten Augen schienen die Berge Ruandas in Jauchzen auszubrechen und die Bäume in den Tälern in die Hände zu klatschen.

Ich besuchte Kabale, wo 1935 ein junger Chirurgieassistent aus Gahini, erfüllt mit Freude über die Vergebung und mit Liebe zu Christus, um eine Woche Ferien gebeten hatte, um loszuziehen und seinen Freunden in Kabale Christus zu bezeugen. Lawrence Barham und Rev. Ezekieri Balaba hatten seit Jahren um Gottes belebenden Atem in der toten, erstarrten Kirche von Kabale gebetet, und in diesem jungen Chirurgieassistenten bemerkten sie den Geist des Gotteslobes und des Zeugnisses, der in ihrem eigenen Zentrum so fehlte. So baten sie, ein Team von Christen aus Gahini möge sie besuchen und eine zehntägige Konferenz für die dreihundert Lehrer und Evangelisten durchführen.

Im Laufe dieser Versammlungen erkannten Menschen ihre Sündhaftigkeit, und angesehene «christliche» Leiter bekannten, daß sie überhaupt nie wiedergeboren worden waren. Geldbeträge, die Jahre zuvor gestohlen worden waren, wurden zurückerstattet, und in denen, die den Herrn liebten, erwachte ein großes Verlangen, im ganzen Distrikt auszuschwärmen und allen von Christus zu erzählen.

Es war eine Konferenz, in der die Herzen erforscht wurden und Freude herrschte. Doch erst als die Lehrer und Evangelisten zu ihren verstreuten Gemeinden zwischen den Bananenplantagen zurückgekehrt waren, begannen sich die wahren Resultate der Veranstaltung abzuzeichnen, und aus den kleinen ländlichen Kirchen von Kigezi wurde Erstaunliches berichtet. Durch diese nun wiedergeborenen, von ihren Sünden gereinigten und Gott hingegebenen Lehrer offenbarte sich Christus selbst den Menschen. Männer, Frauen und Kinder strömten in die Kirchen, viele durch Träume dazu veranlaßt. Ganze Gemeinden weinten und zitterten vor Gott und beteten ganze Nächte hindurch. Viele fielen, wenn sie ihre Sünden erkannten, von Schmerz und Reue überwältigt zu Boden, und aus dieser Zeit sind zahlreiche Geschichten überliefert. Wie groß war die Freude in einer kleinen Kirche, als ein übel beleumdeter Mann aufstand und erzählte, ihm sei im Traum befohlen worden, ein bestimmtes Lied im Kirchengesangbuch aufzuschlagen und zu singen. Er wachte auf, erhob sich sofort und stellte fest, daß das Lied lautete:

> Ich lege meine Sünden auf Jesus,
> Das fleckenlose Lamm Gottes...

Und während er es sang, vertraute er sich dem Heiland an.

In Gahini wurden inzwischen die äußerlichen Manifestationen der Erweckung immer heftiger, und im Sommer 1939 machten sich viele Missionare ernsthaft Sorgen. Doch die wilden, fast hysterischen Emotionen ebbten ab, und im Staub und in der Asche blieb etwas zurück, was kein Missionar wegdiskutieren konnte: Eine Liebe und ein Eifer, die weiterglühten und -brannten und zum Zeugnis anspornten. Immer mehr Gruppen zogen los, um in den Dörfern zu predigen, und wohin sie auch gingen, brachten sie den Heiland mit, und die Leute strömten in Scharen herbei, um seine Stimme zu hören, durchweinten die Dunkelheit, um Gott zu suchen.

An einem unvergeßlichen Tag segelte ich mit Pat Gilmer über den Bunyonisee, um die Leprakolonie von Bwana zu besuchen. Das Boot war ein ausgehöhlter Baumstamm und sah wenig vertrauenerweckend aus, aber das Wasser war spiegelglatt. Exotische Vögel flatterten an uns vorbei, und die Insel schien in den Frieden der den See umgebenden Hügel eingehüllt. Die Buchten und Bacheinläufe waren mit malvenfarbigen und hellroten Wasserlilien bedeckt, und die weichen Farben der Spiegelungen waren unbeschreiblich schön.

Dr. Sharp hatte die Insel, ursprünglich das Reich eines bösen und gefürchteten Zauberdoktors, 1930 gekauft, nachdem man den alten Mann festgenommen hatte. Zu der Zeit war sie die reinste Geisterinsel, im Bann von Ängsten und schlimmen Erinnerungen und von allen gemieden. Sie wurde dem, der es wagte, sie zu nehmen, liebend gern und zu einem Spottpreis verkauft. Sie ist nicht mehr, wie zu Anfang, ein Aufnahmezentrum für Leprakranke, denn neuerdings behandelt man diese in örtlichen Kliniken, und Pat machte schon damals in ihrem gut ausgerüsteten Lieferwagen ihre Runden und behandelte sie regelmäßig. Aber es lebten immer noch ältere Patienten dort, bei denen die Krankheit schon zu weit fortgeschritten war oder die zu alt waren, um einen neuen Anfang zu wagen. Zwei englische Krankenschwestern und ein Team afrikanischer Christen kümmerten sich liebevoll um sie und hatten zudem ein Zentrum aufgebaut, in dem man Behinderten half, sich im Alltag zurechtzufinden.

Bwana war jetzt eine glückliche Insel. Wir wanderten auf gut ausgebauten Wegen zum höchsten Punkt, zwischen Reihen von Hütten hindurch, wo – zum Teil entsetzlich entstellte – Männer und Frauen ihr Handwerk und ihre alltägliche Arbeit verrichteten und uns lächelnd begrüßten, als wir an ihnen vorübergingen. Auf dem höchsten Punkt stand jener architektonische Triumph, nämlich die kreuzförmige Kirche, die Dr. Sharp entworfen hatte, mit ihrem 21 Meter hohen Turm, ein Wahrzeichen für den ganzen See.

In dieser Kirche begann der Geist der Erweckung unter den Leprakranken zu wirken. 1936 besuchte ein Team aus Gahini die Insel Bwama, und Simeoni, ein Patient aus Kigeme, war tief bewegt. Er hatte als Pfleger im Krankenhaus gearbeitet und wurde von schrecklichen Ängsten umgetrieben; Angst vor dem Tod, weil er nicht gerettet war, Angst vor dem Leben, weil seine Krankheit so rapide fortschritt. In seinen eigenen Worten: «An jenem Tag war ich in meinem Herzen zerrissen und hatte mehr Angst als je zuvor. Eine Stimme sagte: ‹Tu Buße!›, aber auch Satan sprach zu mir. ‹Tu Buße, aber sündige weiter! Schütte die Medizin, die du gestohlen hast, weg; aber bekenne nicht, daß du es getan hast!›

Doch ich fand keinen Frieden, und dann ertrug ich es eines Tages nicht mehr und brachte meine Sünde ans Licht und bekannte sie. Es ging nicht anders. Freunde sagten: ‹Er ist verrückt›, aber ich habe Frieden gefunden.»

Bald darauf wurden zwei weitere bekehrt, und sie taten sich zusammen und beteten für die anderen. Die waren davon alles andere als begeistert und schikanierten sie oder warfen ihnen Dinge vor, die sie gar nicht getan hatten. So wurde ihnen das Leben sauer gemacht, und eines Abends, vor Sonnenuntergang, wenn der See um die Insel herum spiegelglatt und golden daliegt, gingen zwei von ihnen in die kühle, dämmrige Kirche und begannen zu singen. Vielleicht waren sie ihr kranes, isoliertes Leben leid; vielleicht dachte Simeoni an seine vier kleinen Töchter, die an den Ufern des Bunyoni begraben waren – jedenfalls sangen sie wieder und wieder das Lied mit dem Refrain

Bald, ja bald, o wie schön,
Werd' auch ich zu ihm droben eingeh'n.

Und während sie sangen, schlich ein Patient nach dem anderen in die immer dunkler werdende Kirche und sang mit – der Lahme, der Blinde, der Verkrüppelte, sie alle freuten sich an der Aussicht, einmal ganz geheilt bei Jesus zu sein. Bald war die ganze Kirche voll, und sie sangen und beteten bis zum Morgen und immer weiter, während die Sonne am Himmel emporstieg. Die Arbeit im Krankenhaus war anscheinend vergessen (verständlich, daß gehetzte, überarbeitete Schwestern der Erweckung nicht immer uneingeschränkt positiv gegenüberstanden). Dr. Symons kam zur Krankenvisite von Kabale herüber und wunderte sich, wo seine Mitarbeiter geblieben waren, aber auch er schloß sich der großen Gemeinde an, und sie sangen weiter, bis sie keinen Ton mehr herausbrachten.

«Mir tat vom vielen Umarmen und Umarmtwerden alles weh», erinnerte sich Simeoni noch dreißig Jahre später. «Am dritten Tag taten viele Menschen Buße und wurden gerettet. Auch meine Frau wurde gerettet. Ich machte mir auf einmal keine Sorgen mehr wegen meiner Krankheit.» (An dieser Stelle wurde er sichtbar von Freude überwältigt und hopste auf seinem Stuhl herum.) «Allmählich ging es mir besser, und ich betete für ein Leprakrankenhaus in meinem eigenen Land.»

Gott erhörte sein Gebet, und später ging er nach Burundi zurück und arbeitete zwölf Jahre lang als Pfleger im ersten Leprakrankenhaus, wo er viele Menschen zu Christus führte. 1961 wurde er als geheilt entlassen und wurde Oberpfleger am Kigeme Hospital. Sein Gesicht leuchtete, als er erzählte: «Weil ich krank war, fand ich Christus. Ich war verzweifelt wie Jona im Bauch des Wals. Er brachte mich nach oben, er zog mich heraus.»

Evelyn Longley schrieb von vielen, die damals Kleider und Decken und alle möglichen anderen gestohlenen Sachen zurückbrachten; aber das wichtigste Zeichen der Erweckung war wohl das neue Strahlen und die neue Zuversicht in den entstellten Gesichtern, das neue Bewußtsein der Gegenwart Jesu in ihrem Schmerz und ihrer Schwäche.

Und wenn ein Patient, der Christ ist, doch stirbt, ist die Beerdigung des alten, kranken Körpers ein Anlaß zu großer Freude, sprechen seine Freunde doch immer wieder von seinem neuen Körper. «Es ist noch nicht offenbar geworden, was wir sein werden. Wir wissen aber: ... wir werden ihm gleich sein.» Kann es eine schönere Aussicht geben?

Miss Longley und Miss Horton waren die ersten einer ganzen Reihe von heroischen Missionarinnen, die viele Jahre ihres Lebens den Menschen widmeten, die unter einer der gefürchtetsten Krankheiten litten. In unserer Zeit, in der es nicht selten vorkommt, daß Missionarinnen und Missionare gebrochen heimkehren, weil sie den Kulturschock, den Mangel an gesellschaftlichem Leben, die Einsamkeit und die Überarbeitung nicht länger ertragen konnten, ist es gut, sich an Evelyn Longley, Grace Marsh, Janet Metcalf und Marguerite Bailey zu erinnern. Sie blieben jahrelang an diesem isolierten Ort und hatten (außer zu den Sharps, die später kamen und auf der nächsten Insel lebten) keinerlei Kontakte zu Europäern, sondern nur sich selbst. Sie trugen eine enorme medizinische, geistliche und administrative Verantwortung. Sie arbeiteten im Gestank und unter den Gefahren der Lepra, litten mit unter der Hoffnungslosigkeit, den unstillbaren Schmerzen und dem unaufhaltsamen Tod. Aber sie richteten sich auf der Insel heimisch ein und blieben die ganzen Jahre über bei guter körperlicher und geistiger Gesundheit, bewahrten sich eine ordentliche Portion Humor und lebten ein geheiligtes Leben der Gemeinschaft mit Gott.

In der Mission als Ganzes stand man der Erweckung allerdings mit sehr gemischten Gefühlen gegenüber. Es war eine Zeit der Freude und des Leids, eine Zeit der Konflikte und der Versöhnung, der Verletzungen und der Heilung; und niemand war mehr hin- und hergerissen und perplex als die Missionare selbst. Sie waren oft durch einen Graben von den Afrikanern getrennt und noch häufiger untereinander zutiefst uneins. Es ist sicher hilfreich, auf diese stürmische Passage durch aufgewühltes Wasser zurückzublicken und sich um Verständnis zu bemühen, was solche Trennungen und in manchen Fällen solche Bitterkeit und Entfremdung verursachte.

Zunächst einmal muß man den Hintergrund dieser Missionarinnen und Missionare berücksichtigen. Bei allem Glauben, allem Mut und aller Treue Christus gegenüber waren sie doch auch Kinder ihrer Zeit, der Zeit des Nachkriegskolonialismus. Und weil der ländliche Afrikaner ein ruhiges Leben liebt, paßte er sich nach außen hin gewöhnlich völlig dem kolonialen Konzept an. Nur wenige Weiße wußten, wer sich wirklich hinter der gehorsamen, servilen Fassade verbarg, und die meisten Missionare und Missionarinnen bildeten da keine Ausnahme. Bei aller Liebe und Hingabe konnten sie es doch nicht vertragen, wenn Gefühle öffentlich zur Schau gestellt wurden. Unbewußt behandelten sie die Afrikaner herablassend und sahen sich (man hatte ihnen ja noch nie ein anderes Bild vermittelt) in der Rolle wohlwollender weißer Häuptlinge unter schlichten Afrikanern, die demütig und dankbar annahmen, was man ihnen anbot, einschließlich des Evangeliums.

Aber Gott hatte andere Pläne. Er wollte der Welt ein neues Konzept von Gemeinschaft vor Augen führen, einer Gemeinschaft, die alle Schranken von Kaste, Kultur, Hintergrund, Rasse, Farbe und Vorurteil überwand. Es war die einzige wirkliche Antwort auf Krieg, Haß, Rassismus und Apartheit.

Joe Church hatte nachdrücklich die gleichwertige Bruderschaft von Schwarz und Weiß verkündigt, weil nur auf dieser Basis eine selbständige und unabhängige einheimische Kirche wachsen könne. Doch dazu mußten sich viele erst durchringen. Die Idee traf zunächst auf Abwehr. Manche Missionare prophezeiten, es könne nichts Gutes dabei herauskommen, wenn Mrs. Guillebaud allsonntäglich die Afrikaner scharenweise in ihr Haus einlud, um gemeinsam mit ihnen zu singen. Oder wenn Joe Church sie ständig als Gleiche unter Gleichen in seinem Zimmer sitzen ließ und sie an den Nachrichten teilhaben ließ, die er brieflich bekam.

Es war Bischof Stuart in Kampala, der als erster ein ganzes Team von afrikanischen Evangelisten vor der Mokone Konferenz zu einem Stillen Wochenende in sein Haus einlud und so der christlichen Gemeinde in Uganda öffentlich demonstrierte, daß gleichberechtigte Partnerschaft sicher und wünschenswert war.

Dann war da natürlich noch die Frage der überbordenden Emotionen. Das Schreien und Tanzen und die hysterischen Ausbrüche wirkten auf den englischen Gentleman und Soldaten abstoßend, waren aber eine völlig angemessene Ausdrucksform für die Menschen, die sich eben aus dem Heidentum zu Christus bekehrt hatten und überwältigenden Schmerz oder jubelnde Freude gar nicht anders ausdrücken konnten. Aus dem Abstand von vielen Jahren ist leicht zu erkennen, wie sehr das Ganze eine Sache des Temperaments war; wie töricht die Afrikaner waren, wenn sie behaupteten, ohne das Schreien und Zittern könne der Heilige Geist überhaupt nicht richtig wirken; und wie unweise die Missionare waren, wenn sie sich so sehr bemühten, einzudämmen, was doch zu so großer Freude und solchem Gotteslob führte. Aber in der Hitze des Gefechts ist es nicht so leicht, zu unterscheiden, was richtig und was falsch ist.

Es ließ sich nicht bestreiten, daß die afrikanischen Christen, die durch das emotionale Stadium hindurchgegangen waren, anschließend eine Freude und Kraft ausstrahlten, die die müden, verwirrten Missionare in den Schatten stellten. Manche von ihnen fühlten sich auch von den Enthüllungen und Schuldbekenntnissen ihrer «treuen Mitarbeiter», über die sie so glühende Berichte in die Heimat geschrieben hatten, bis auf die Knochen blamiert. Was hatten ihre jahrelange Arbeit und all ihre Gebete bewirkt? Anscheinend nichts.

Und dann, 1938, als die Schwierigkeiten und der Streit ihren Höhepunkt erreicht hatten, trafen sich die zermürbten Missionare zu einer Konferenz auf dem Kivusee in Nordwestruanda. «Gott zeigte uns etwas davon, was ganze Hingabe bedeutet», schrieb Dr. Symonds, «und wir lernten, daß es nicht leicht ist, sich zerbrechen zu lassen – und das verlangt er tagtäglich von uns. Wir erkannten auch deutlicher als je zuvor die Möglichkeiten eines Lebens wirklicher Gemeinschaft untereinander und mit den Afrikanern. Zweifellos sind viele von ihnen in dieser Hinsicht weiter als wir. Wir sind in ihren Augen nicht mehr ‹der große Weiße Mann›, sondern sie sehnen sich danach, mit uns zusammen nachzufolgen und mit uns gemeinsam zu wachsen.»

Es gab ein Zerbrechen und eine Freude, wie sie nie zuvor erlebt worden waren. Viele Männer und Frauen bezeugten glücklich, sie hätten einen nie gekannten Frieden gefunden, indem sie ihren Ehrgeiz und ihre fromme Fassade hinter sich gelassen, Kritik angenommen und sich der Wirklichkeit gestellt hätten. Sie hätten endlich zu erkennen begonnen, weil sie bereit gewesen seien, sich erkennen zu lassen.

Gottes Zeitplan ist perfekt. Als für die Mission 1939 die dunklen, schwierigen Kriegsjahre begannen, waren die Geburtswehen der Erweckung weitgehend überstanden, und die Kirche war daraus gereinigt und bewährt hervorgegangen und war bereit, sich den zusätzlichen Aufgaben und der viel größeren Verantwortung zu stellen, die nun auf sie zukamen.

Zuerst sah es so aus, als werde sie von jeglicher Unterstützung aus England abgeschnitten, und man stellte sich darauf ein, sich allein über Wasser halten zu müssen. Alle Gehälter und Zuwendungen wurden um zwanzig Prozent gekürzt, und zwar für Afrikaner wie für Europäer. Nichts bewies so überzeugend die Realität dessen, was geschehen war, wie die Reaktion der Afrikaner. Fast ausnahmslos akzeptierten sie ohne Murren den Einschnitt in ihr ohnehin mageres Einkommen. «Satan meint, er könne uns arm machen», sagte ein junger Chirurgieassistent eifrig, «aber das schafft er nicht. Wir haben jetzt Christus, also sind wir reich.»

Unter dem Kreuz gibt es nur eine Klasse: Demütige Sünder, denen vergeben worden ist und die sich freuen, weil Gott ihnen vergeben hat; und das verbindet sie mit einem unzerreißbaren Band. «Wenn wir im Licht wandeln, wie er im Licht ist, haben wir Gemeinschaft untereinander, und das Blut Jesu, seines Sohnes, macht uns rein von aller Sünde.»

Diese besondere Einsicht wurde zu einer Zeit gegeben, als sie bitter nötig war. Es war die einzige Möglichkeit zur Überwindung der uralten sozialen Barriere zwischen Schwarz und Weiß, Missionar und Bekehrtem. Sie entfaltete sich und erwies ihre praktische Tragfähigkeit inmitten des Zweiten Weltkrieges, als einzige Antwort auf Rassenhaß und Vorurteile. In aller Welt erkannten das die Menschen, die das Kämpfen und Bombardieren und Töten leid waren; sie sahen, daß die biblische Alternative funktionierte, und sie sehnten sich danach, hinter das Geheimnis zu kommen. So geschah es, daß in den fünfziger Jahren aus den entferntesten Ländern

Einladungen kamen und Teams von afrikanischen und englischen Brüdern gemeinsam loszogen, um weiterzugeben, was Gott sie gelehrt hatte.

Im Jahrzehnt nach dem Ende des Krieges reisten Teams aus Ostafrika in viele Teile der Welt – nach Indien und Pakistan, Nordamerika, Brasilien, Australien, Neuguinea und in verschiedene europäische und afrikanische Länder. Man kann, glaube ich, ohne Übertreibung sagen, daß die Teams überall dort, wo sie hinkamen, mit ihrer Botschaft die Menschen erreichten, weil sie in schlichter Abhängigkeit vom Heiligen Geist unterwegs waren, ohne Tricks und Manipulation, und einfach weitergeben wollten, was Gott ihnen beigebracht hatte. Die Zuhörer sehnten sich nach Echtheit und wurden von Aufrichtigkeit angezogen, und deshalb wurden bei Menschen der unterschiedlichsten Hautfarbe Stolz, Vorurteile, Selbstgefälligkeit und Heuchelei niedergerissen. Man bekannte Sünden; kalte Herzen fingen Feuer; einander entfremdete Gruppen versöhnten sich; und Liebe und Gemeinschaft wurden wiederhergestellt.

Ich reiste mit viel Stoff zum Nachdenken nach Hause und verbrachte das nächste Jahr in Marokko. Ich lebte mit meiner Mutter und den Mädchen zusammen und schrieb *Breath of Life*, das Buch, aus dem ein großer Teil dieses Kapitels stammt. Es war ein seltsames Gefühl, diese Geschichte in einem muslimischen Land niederzuschreiben, in dem die wertvollen «ein oder zwei» sich durchkämpften und ein paar treue, betende Missionare ihre Arbeit auf einer Missionsstation im Süden aufgaben, wo sie viele Jahre lang gewirkt hatten, ohne sagen zu können, daß sich auch nur ein einziger bekehrt hatte.

«Wie lange, o Herr?» rief einer, und die Antwort schien klar, als ich all das, was ich gesehen und gehört hatte, sortierte. «O Herr», hatten sie gebetet, «sende eine Erweckung… und laß sie in mir beginnen!»

20

Auf den Spuren des Apostels Paulus

Als ich etwa 13 Jahre alt war, faszinierte mich die Geschichte des entlaufenen Sklaven Onesimus, von dem im Philemon-brief die Rede ist. Ich erzählte meinem Vater, ich würde gerne einen Roman über diese Begebenheit schreiben, und er ging ohne die Spur eines belustigten Lächelns mit mir zur öffentlichen Bibliothek.

«Meine Tochter möchte einen Roman schreiben, der in biblischer Zeit spielt», informierte er die erstaunte Bibliothekarin. «Würden Sie ihr bitte die Abteilung für Geschichte des Altertums zeigen, damit sie sich in die damalige Zeit einlesen kann?»

Sollte er ihr zugeblinzelt haben, bemerkte ich es nicht. Ich hatte ein sehr feierliches und sehr erwachsenes Gefühl. Gehorsam «las ich mich ein» und fand eine Menge über das antike Kolossä und die römische Welt heraus. Dann schrieb ich fleißig an meiner Geschichte. Einen ganzen Stapel linierter Kladden füllte ich mit meinen Bleistiftzeilen. Die Familie applaudierte, aber das war's dann auch. Einige Jahre später ging das fast vergessene Manuskript bei einem Umzug verloren. Aber der Gedanke an den Onesimus-Roman schlief nie ganz ein. Und eines Tages, als meine Schwester Hazel von Beirut zu uns nach Tanger kam, um die Ferien bei uns zu verbringen, erwähnte ich meinen alten Traum.

«Warum schreibst du den Roman nicht?» fragte sie.

«Ich kann doch nicht über Orte schreiben, die ich noch nie zu Gesicht bekommen habe», antwortete ich. «Und wann sollte ich in die Türkei, nach Griechenland und Rom kommen?»

«Nächstes Jahr», erwiderte sie prompt. «Besuch mich in den Sommerferien in Beirut, und dann können wir gemeinsam in meinem Volkswagen nach Nordafrika zurückfahren und unterwegs kampieren. Wir werden jeden Ort aufsuchen, an dem sich der Apostel Paulus je aufgehalten hat» (natürlich außer den Mittelmeerinseln).

So reiste ich 1966 mit einigem Zittern nach Beirut. Es war nicht mein erster Besuch. Ich war schon einmal dort gewesen, als ich noch in der Bergstadt gearbeitet hatte. Etwa vierzehn Tage lang genoß ich das Leben an Hazels Schule und die Begegnung mit einigen ihrer zahllosen libanesischen Freunde, dann brachen wir zur ersten Etappe unserer Reise auf. Der kleine Volkswagen war vollgepackt mit Zelt, Schlafsäcken, Primuskocher, Lebensmittelvorräten, Wasserbehälter und persönlichem Gepäck. Scharenweise strömten die aufgeregten Freunde zum Tor, um uns zu verabschieden. Es war eine ziemlich emotionale Szene, aber endlich schloß sich das Tor hinter uns, und wir schwammen im Verkehr mit und tuckerten nach Osten, in Richtung Damaskus, über das Libanongebirge. Immer höher ging es in die Berge hinein. Wir genossen die atemberaubende Aussicht über die Bekaaebene, wo sich im Süden der schneebedeckte Hermon leuchtend gegen den blauen Himmel abhob. Dann ließen wir die angenehme Höhenluft hinter uns und fuhren nach Damaskus hinunter und anschließend zur Ostjordanebene. Abends kamen wir in Amman an, wo wir von christlichen Freunden begrüßt und aufgenommen wurden.

Hazel kannte alle und jeden, und es war herrlich, sich von ihr mitschleppen zu lassen und die Gastfreundschaft so vieler lieber Leute zu genießen. Dasselbe wiederholte sich am nächsten Abend nach einem ausgefüllten Tag. Ich sah zum erstenmal die Stelle am Jordan, wo Jesus angeblich getauft worden war, und besuchte das staubige kleine Betanien. Wir stiegen aus dem Wagen und blickten vom Gipfel des Ölbergs auf das großartige Panorama des modernen Jerusalems hinunter, und dann erklärte mir Hazel seelenruhig, wir würden drei Tage beim Wächter des Gartens der Auferstehung (des Gartengrabes) wohnen und in einem kleinen Sommerhaus übernachten, das knapp hundert Meter neben dem Grab liege.

Das Land war im August trocken und kahl, aber der Garten wurde das ganze Jahr über liebevoll bewässert und gepflegt. Er war ein einziges Blumenmeer. Die Mottars hatten ein wunderbares Mahl für uns vorbereitet, und wir saßen lange zusammen, unterhielten uns und genossen in der Abenddämmerung den Duft des Gartens. Durch das offene Fenster sahen wir, von Bäumen halb verhüllt, das Grab, in dem Jesus vielleicht gelegen hatte. Ein paar hundert Meter entfernt erhob sich ein kleiner Hügel, auf einer Seite mit Felsen gesäumt, die ihm je nach Beleuchtung eine seltsame Ähnlichkeit mit einem Schädel verleihen. «Gordon's Calvary», Gordons Golgatha, wird er genannt. Und General Gordon hatte darauf bestanden, wenn dies tatsächlich die «Schädelstätte» sei, der Hügel, auf dem Jesus gekreuzigt worden sei, dann müsse es in der Nähe ein einzelnes Grab geben, denn «es war an der Stätte, wo er gekreuzigt wurde, ein Garten und im Garten ein neues Grab». Sieben Jahre nach dem Tod des Generals wurde das Gartengrab freigelegt, einsam und leer, mit einem von der Graböffnung weggerollten Stein.

Wir hörten gebannt zu, als die Mottars uns einiges aus ihrem Leben erzählten. Sie waren palästinensische Araber, die mit ihren neun Kindern die Ferien in Jerusalem verbracht hatten. Ausgerechnet in jenen Tagen war der Krieg zwischen Juden und Arabern ausgebrochen, und sie hatten nicht nach Hause zurückreisen können. Bald ging ihnen das Geld aus, und die Banken konnten kein Geld transferieren. So mußten sie, wie viele andere in einer ähnlichen Lage, buchstäblich hungern.

Mr. Mottar ging jeden Tag zur Bank, aber nichts ging von seinem Konto ein. Es kam der Tag, an dem sie zum Frühstück das letzte aßen, was sie noch hatten. Da versammelte Mr. Mottar seine neun Kinder um sich und las ihnen aus der Bibel vor, wie Gott versprochen hatte, für sie zu sorgen.

«Jetzt werden wir sehen, ob das, was in der Bibel steht, wahr ist», sagte er seiner besorgten Familie. «Ich werde mit einem Korb losziehen und keinem sagen, was wir brauchen, nur dem Herrn. Wenn ich mit einem leeren Korb zurückkomme, müssen wir wohl annehmen, daß die Verheißungen nicht eintreffen. Wenn ich aber mit einem guten Mittagessen heimkomme, wissen wir, daß die Bibel ein Buch ist, auf das wir uns verlassen können.»

Als erstes ging er zur Bank und stand in der langen Schlange. Wie die meisten anderen wurde er mit leeren Händen weggeschickt. Beim Hinausgehen traf er einen Bekannten, der gerade die Bank betrat. Der Mann blieb stehen und sprach ihn an.

«Wie kommst du durch mit all deinen Kindern, Mottar?» fragte er ihn.

Die Versuchung war groß, ihm alles zu sagen und ihn um Hilfe zu bitten. Aber Mr. Mottar erinnerte sich an sein Versprechen. «Es geht uns gut», sagte er ruhig und machte sich wieder auf den Weg. «Es stimmt ja», dachte er bei sich. «Wenn Gott uns soviel verspricht, muß es uns doch gutgehen.»

Da er nicht wußte, wohin er sich jetzt wenden sollte, setzte er sich auf eine Bank an der Straße und stellte den leeren Korb vor seine Füße. «O Herr», betete er, «all die kleinen Kinder!» Es ging um viel mehr als nur ums Mittagessen. Ihr Vertrauen zu Gott stand auf dem Spiel.

Er blickte auf, weil ihn jemand ansprach. Da stand sein Bekannter vor ihm. «Du kannst mir erzählen, was du willst, Mottar», sagte er, «es kann dir gar nicht gutgehen, wo du doch so viele hungrige Mäuler stopfen mußt.» Und damit warf er ein Päckchen in den leeren Korb und ging davon. Es enthielt so viel Geld, daß sie für viele Tage genug zu essen hatten. Dann kam auch das Geld durch, und wenig später bot man ihm den Posten als Aufseher und Gärtner im Garten der Auferstehung an und das Haus neben dem Garten. Er tat seine Arbeit recht, denn der Garten ist das reinste Blütenmeer unter schattenspendenden Bäumen.

Am nächsten Morgen lief ich bei Sonnenaufgang hinaus, setzte mich an den Eingang zum Grab und stellte mir vor, ich sei Maria Magdalena an jenem überwältigenden Morgen, als Jesus sie bei ihrem Namen rief.

Wir hatten nur drei Tage in Jerusalem; wir fuhren nach Bethlehem im Süden, nach Norden zum Tal von Sychar und wieder zurück nach Betanien. Hinter dem Dorf sahen wir die uralten Grabhöhlen. Aus einer von ihnen war einst Lazarus herausgetreten. Am Abend folgten wir der Straße nach Emmaus, überquerten den Kidron und stiegen den Hügel zum Garten Gethsemane hinauf, dessen gewundene Olivenbäume etwa zweitausend Jahre alt sein sollen. Es fiel uns schwer, uns von den Mottars und dem stillen kleinen Grab mit dem Blütenduft zu verabschieden. Wir werden Mr. Mottar nie wiedersehen, denn während des Sechstagekriegs drangen Soldaten in den Garten ein und erschossen den Wächter aus nächster Nähe. Vielleicht hätte er, der diesen Ort so liebte, sich gefreut, genau da zu sterben, wo der Tod besiegt worden war.

Am dritten Morgen fuhren wir wieder zur Höhe des Ölbergs und warfen einen letzten Blick auf die Heilige Stadt, bevor wir nach Norden weiterfuhren, nach Damaskus, wo wir übernachteten. Die Gastfreundschaft Syriens und der Türkei werde ich so schnell nicht vergessen.

Die Landschaft kurz vor der türkischen Grenze ist unglaublich schön – Hügel und Pinienwälder und weite Aussichten. Wir verbrachten die Nacht in Latakia bei Freunden von Hazel, die uns liebevoll umsorgten, und fuhren am nächsten Tag weiter in die Türkei. Unser Ziel war Antiochia. Wir hatten keine Eile. Die Straßen waren unbefestigt und der Volkswagen staubig. Es war unglaublich heiß, und wir badeten in einem Fluß. Zum Übernachten waren wir bei einer wohlhabenden türkischen Familie angemeldet, deren Töchter Internatsschülerinnen an Hazels Schule in Beirut waren. Wir beschlossen, kurz vor der Stadt anzuhalten, uns frisch zu machen und umzuziehen und den VW wenigstens notdürftig zu säubern.

Wir waren fast in Antiochia angelangt und sahen uns nach einem geeigneten Ort für unsere Verschönerungsaktion um, als wir die Kolonne entdeckten: zwei Luxuslimousinen, die laut hupend auf uns zu kamen. «Das ist bestimmt der Präsident», sagte ich zu Hazel. «Fahren wir lieber in den Graben!» Wir quetschten uns an den Straßenrand, aber die entgegenkommenden Wagen hielten neben uns an, und heraus stieg lachend und rufend die Familie. Es handelte sich um das Empfangskomitee, das uns entgegengekommen war, um die Schulleiterin zu begrüßen. Wir folgten ihnen in unserem heruntergekommenen kleinen Auto und fühlten uns schrecklich vergammelt – und wurden von ihnen im teuersten Hotel von Antiochia untergebracht.

An diesem Abend gab es in ihrem Haus ein Festmahl, und am Morgen zeigten sie uns die Sehenswürdigkeiten von Antiochia. Die kleine Stadt liegt zwischen Hügeln eingebettet. Zur Zeit des Apostels Paulus war sie allerdings die drittgrößte Stadt der Welt. Hier sahen wir die wahrscheinlich älteste bekannte christliche Kirche. Sie ist in eine Höhle hineingegraben, und von ihrer Öffnung aus hat man einen wunderbaren Blick über die Stadt und die grüne, gut bewässerte Ebene, durch die der Orontes fließt. Im Inneren erkannten wir, nachdem sich unsere Augen an das Dämmerlicht gewöhnt hatten, den ausgetretenen Mosaikfußboden, die Quelle in einer Ecke, das in den Felsen geschnittene rohe Kreuz. Aus dem hintersten Teil der Höhle führt ein Geheimgang zu einer Treppe in der Nähe der Stadtmauer, denn die Jesusnachfolger wurden in Antiochia erstmals «Christen» genannt, und christliche Gottesdienste waren wahrscheinlich mit Risiken verbunden.

Der Rest unserer Reise durch die Türkei war ein Traum von Sonnenschein, Sonnenblumen, rauhen Straßen und verschlafenen Städtchen und freundlichen Bauern in malerischer Kleidung, die neben Straßen und Wegen ihre Feldfrüchte ernteten und sich gern fotografieren ließen. Manche warfen uns Beeren und andere Früchte zu, und einmal bekamen wir eine große Melone geschenkt. Wir besuchten Tarsus, einst ein berühmtes Zentrum der Gelehrsamkeit, inzwischen ein kleiner, heruntergekommener Ort, in dem es von Maultierkarren wimmelte. Im Westen erhob sich in der Ferne das Taurusgebirge.

Bei einer Gelegenheit übernachteten wir in einem kleinen Hotel, in dem alle Gäste – wir eingeschlossen – im langen Steinflur ihre Primuskocher anzündeten und zumeist Makkaroni kochten. An einem anderen Abend bauten wir unser Zelt auf einem Lagerplatz auf, wo ganze Familien kampierten, die bei der Melonenernte engagiert waren. Sie hatten riesige und komfortable Zelte, in denen auch die Großmütter und die Babys und andere Verwandte wohnten, und wir schämten uns ein bißchen, weil unser Unterschlupf so primitiv war (so klein, daß unsere Beine zum Eingang herausragten). Aber wir wurden in dieser Nacht lautstark in dem überfüllten Selbstbedienungsrestaurant willkommen geheißen, zum Tanzen eingeladen und gebeten, Englisch zu sprechen.

Besonders erinnere ich mich an einen blauen, dunstigen Morgen, als wir nach einer Kurve plötzlich den Egridirsee vor uns sahen. Die sanitären Einrichtungen sind in der Türkei nicht gerade hervorragend. So sprangen wir dankbar in den See und picknickten anschließend am Ufer. Ich glaube, wir fanden am folgenden Abend wieder einen Campingplatz, denn wir näherten uns einem der Orte, die ich unbedingt besuchen wollte – Homaz, dem alten Kolossä und dem Schauplatz meines geplanten Buches. Kolossä, die Stadt auf einem hohen Berg über den Schluchten: hier rannte der Sklave Onesimus seinem Herrn Philemon davon, und hierher kehrte er mit einem der schönsten Briefe der Welt, einem unsterblichen Brief, zurück – dem Brief an die Kolosser.

Die Türkei pflegt die biblischen Stätten nicht besonders. Die Namen vieler Städte des Altertums sind geändert worden. Nur weil Hazel diese Reise schon einmal unternommen hatte, konnte sie den Ort überhaupt lokalisieren. Wir quälten uns einen steinigen Pfad hoch über der Straße hinauf und betraten etwas nervös den kleinen Marktplatz.

Wir lösten das reinste Chaos aus. Touristen waren in Kolossä so gut wie unbekannt, und eine aufgeregte Menge versammelte sich um uns. Sie fanden uns offenbar sehr komisch, und so standen wir uns zuerst einmal eine Weile gegenüber und lachten uns einfach an. Aber es war ein freundliches, einladendes Lachen, und sie ließen es sich nicht nehmen, uns an einem kleinen Holztisch in der Schenke gratis Kaffee zu servieren. Dann hatte jemand plötzlich eine Idee: Es gab doch einen Gelehrten in Kolossä, der Englisch sprach! So machte sich eine Abordnung auf den Weg, um ihn zu holen, und kehrte bald darauf mit ihm zurück. Auch er begrüßte uns herzlich und gestenreich, sein Englisch beschränkte sich allerdings auf den einen Satz: «See you fellows in de mornin'» («Also dann bis morgen, Jungs»).

Als wir aufbrachen, verabschiedete man uns herzlich und unter viel Gelächter. Wir fuhren ein Stück den Berg hinunter. Es war später Nachmittag, und jenseits des Tales erhoben sich die seltsamen weißen Kalksteinfelsen von Pamukkale. Wir machten Halt und kochten unser Abendessen, als unsere Butangasflasche plötzlich Feuer fing und es eine kleine Explosion gab. Eigentlich war das schlimm, aber wir lachten und lachten, bis wir keinen Ton mehr herausbrachten.

Wir fuhren den gegenüberliegenden Hügel hinauf und übernachteten in einem kleinen Hotel in Pamukkale. Wir badeten auch in den heißen und kalten Quellen. Es war spät am Abend, und die Sonne ging im Tal in grüner und goldener Pracht unter. Hundert Meilen im Westen, am Ende des Lykostales, lag Ephesus, und irgendwo unter uns mußten sich die Ruinen von Laodizea befinden.

Wie wir dahin gelangen konnten, vermochte uns niemand in Pamukkale genau zu sagen, aber als wir wieder auf der Hauptstraße waren, mußten wir tanken. Der Tankwart verstand kein Englisch und wir kein Türkisch, aber wir warfen ihm das Wort «Laodizea» hin, da nickte er und deutete auf einen unebenen schmalen Weg auf der anderen Straßenseite. Wir holperten ein paar hundert Meter mit dem Wagen über Steine und durch Schlaglöcher, dann wurde aus dem Weg ein Pfad. Wir eilten zu Fuß weiter und fanden uns plötzlich am Rand einer Ebene wieder, auf der die Ruinen einer uralten Stadt verstreut lagen.

Jetzt gab es keinen Zweifel mehr. «Ach, daß du heiß oder

kalt wärest!» Rechts von uns türmten sich die Kalksteinfelsen auf, und der Katarakt heißer Quellen strömte Hitze aus – ein wunderbares Plätzchen im Winter. Links von uns stürzte das eiskalte Wasser kalter Quellen den Berg herunter – eine wunderbare Erholung im heißen Sommerwetter. Für sich war jeder der beiden Ströme ein Segen. Gemischt und lauwarm wären sie nutzlos gewesen.

Die Steine wiesen auch klare Anzeichen für Wiederaufbau und Neuanfänge auf, wurde Laodizea doch zweimal durch Erdbeben zerstört. Nach einer dieser Katastrophen bot der römische Kaiser finanzielle Hilfe an, aber die stolze kleine Stadt verzichtete darauf. «Wir sind reich und überfließend an Gütern und bedürfen keiner Hilfe», lautete die Botschaft, die sie zurücksandten. Für mich war es einer der bewegendsten Eindrücke der ganzen Reise, als der traurige, eindringliche Brief auf den Seiten der Bibel neu zum Leben erwachte und jenes letzte Angebot der Hoffnung über all die Jahrhunderte ertönte: «Siehe, ich stehe vor der Tür und klopfe an ...»

Eine lange Fahrt durch das Lykostal brachte uns am Spätnachmittag nach Ephesus. Wir durchstreiften die Stadt eine Stunde lang im Licht der Abendsonne, die die alten Steine mit Gold überzog. Wir standen in dem Theater, wo der Ruf erschallt war: «Groß ist die Diana der Epheser!» und folgten dem staubigen Pfad, der zum großen Dianatempel hinaufführte, einst eines der sieben Weltwunder, jetzt ein paar vermoderte Steine in einem Sumpf, in dem die Frösche quaken.

Nach zwei Nächten in Smyrna überquerten wir den Bosporus. Welch ein erhebendes Gefühl war es, in Griechenland zu sein! Ich erinnere mich an den ersten Blick auf die Ruinen von Philippi und den nahegelegenen Fluß, wo Lydia das Herz aufgetan wurde. In Thessalonich besuchten wir ein Kinder-Bibellager am Meer und verbrachten einen unvergeßlichen Abend bei den Kindern, erzählten und sangen und applaudierten ihren Sketchen.

Ganz früh krochen wir aus unserem Zelt und wollten schwimmen gehen. Als wir den leeren Strand erreichten, zogen wir unsere Kleider aus und sprangen ins Meer. Doch wie peinlich – als wir die kleine Sanddüne umrundet hatten, befanden wir uns plötzlich in einer Gruppe von züchtig angezogenen Thessalonichern, die eine Gebetsversammlung abhielten! Ihnen schien das allerdings nichts auszumachen, und wieder verließen wir dieses kleine Stück Himmel auf Erden mit großem Bedauern und dem Gefühl, einen Teil von uns zurückzulassen.

Am frühen Abend erreichten wir Athen. Die Sonne im Westen beleuchtete die hoch und prächtig über der Stadt liegende Akropolis. Wir waren bei einer weiteren Freundin Hazels angemeldet, die sie einmal in Beirut besucht hatte und ein Heim für alte Witwen leitete. Da wir uns nicht zum Essen angesagt hatten, wollten wir vorher unseren Hunger stillen. Wir diskutierten gerade, wieviel ein Hamburger kostete, als ein netter junger Mann auf uns zutrat und in gutem Englisch fragte: «Kann ich Ihnen behilflich sein?» Er kümmerte sich darum, daß uns der richtige Betrag berechnet wurde, und wir bedankten uns bei ihm, setzten uns nach draußen und aßen. Einen Augenblick später kam der junge Mann zurück. «Lesen Sie die Bibel?» fragte er. Wir bejahten, und er sagte: «Das wußte ich.»

Während wir unser Abendessen zu uns nahmen, unterhielten wir uns mit ihm. Er hatte am Capernwray Bible College in Nordengland studiert. Er leitete eine Buchhandlung in der Stadt, wo er unter anderem Bücher von Patricia St. John in Griechisch verkaufte. Ja, er war gerade dabei, selbst ein neues Buch dieser Autorin zu übersetzen, und er konnte kaum glauben, daß sie ihm in diesem Augenblick leibhaftig gegenübersaß, staubig, sonnenverbrannt und einen Hamburger verschlingend.

Ich glaube, es gibt nichts Schöneres als die Gemeinschaft von Christen, die einfach ineinander Christus erkennen und ihm freudig die Hand entgegenstrecken. Wir erfuhren, daß Angelikos – so hieß unser junger Mann – am nächsten Tag in Korinth predigen würde. Er hatte kein Auto, so boten wir ihm an, ihn hinzufahren. Er übersetzte für uns, da wir uns sonst mit keinem anderen Menschen sprachlich verständigen konnten, aber der herzliche Empfang und die Gastfreundschaft dieser Menschen berührten uns sehr.

Der Korintherbrief schien lebendig zu werden, als sie uns durch die Ruinen der Altstadt führten, und wir stellten uns andere kleine Gemeinden vor, umgeben von Sünde und Versuchung, aber kämpfend, bis sie den Sieg errungen hatten. Wieder verabschiedeten wir uns im Bewußtsein, daß wir einander auf dieser Erde wohl nie wiedersehen würden, aber daß wir zu der großen Familie Gottes gehörten, die im Himmel wie auf der Erde Bestand hat. Am meisten interessierte uns der verkrüppelte Junge, den wir dort trafen. Jahrelang hatte er allein in seinem Zimmer gelegen und war nie hinausgekommen. Aber viele Leute besuchten ihn, und mit jedem von ihnen sprach er über den Herrn, und in der Folge war diese kleine Gemeinde entstanden, die stetig wuchs.

Ein paar Tage später setzten wir mit dem Schiff nach Italien über. Wir sahen, wie Griechenland vom weichen Himmel verschluckt wurde, der den Sonnenuntergang vor uns widerspiegelte. Spät abends landeten wir in Brindisi. Am nächsten Tag fuhren wir durch die wunderschöne italienische Landschaft mit ihren Weingärten, in denen die Winzer eifrig am Werk waren, und faszinierenden weißen Städtchen auf den Hügelkuppen. Am Spätnachmittag kamen wir in den Vororten von Rom an.

Wir fanden weder einen Campingplatz noch eine Pension, und ich fragte mich, was wir tun sollten. Wir sprachen kein Wort Italienisch. Glücklicherweise konnte ich ein wenig Spanisch. So marschierte ich in einen Laden und erkundigte mich nach einer preisgünstigen Unterkunft. Der Erfolg war verblüffend. Die Ladenbesitzerin hängte sich sofort ans Telefon und erzählte jemandem, soweit ich es verstehen konnte, von ein paar katholischen spanischen Signoras. Dann kam sie lächelnd und nickend wieder zu uns und bat uns zu warten, was wir völlig verwirrt taten. Plötzlich tauchte ein riesiger Wagen auf, und wir wurden feierlich aufgefordert, zu folgen. Wir protestierten, kamen aber gegen die winkenden Hände, die nickenden Köpfe und den Chor von «Si, si, si» nicht an.

Wir protestierten noch mehr, als der Wagen vor einem riesigen, palastartigen Gebäude anhielt und der Fahrer uns zum Aussteigen aufforderte.

«Das muß das größte und teuerste Hotel von Rom sein», flüsterten wir einander zu und suchten nach einer Fluchtmöglichkeit, hatten aber keine Chance zu entkommen. Er wischte all unsere Einwände mit einer Handbewegung weg und führte uns die große Außentreppe zum Eingangsportal hinauf. Dort wurden wir von einer freundlichen Oberin empfangen, die ihre katholischen Gäste aus Spanien willkommen hieß. Man hatte uns zum örtlichen Kloster gebracht!

Wir fühlten uns wie Hochstaplerinnen. Wir zogen unsere britischen Pässe aus der Tasche und versuchten zu erklären, das Ganze sei ein Mißverständnis. Wir seien nur Protestantinnen. Sie schien ein wenig überrascht und enttäuscht, blieb aber freundlich und einladend. Zwei Nächte schliefen wir in einem wunderschönen Gästezimmer unter einem riesigen Bild des Papstes und unterhielten uns mit den Nonnen, für die unser Besuch eine willkommene Abwechslung darstellte.

Es ist mir bis heute schleierhaft, wie wir so viel in zwei Tage hineinpacken konnten, aber Hazel kannte sich wie gewöhnlich gut aus. Am lebhaftesten erinnere ich mich an die Decke der Sixtinischen Kapelle, die eingeritzten Zeichnungen und Inschriften im Kolosseum und die Katakomben. Besonders das in den Felsen eingeritzte kleine Bild des Guten Hirten hat sich mir eingeprägt. Wie müssen die frühen Christen sich bewußt gewesen sein, daß sie auf die Fürsorge dieses Hirten angewiesen waren!

Als wir Rom verließen und nach Norden aufbrachen, fühlte ich mich auf einmal leicht und frei. Bis Rom hatte ich mir fleißig Notizen über alles gemacht, was an den verschiedenen Orten irgendwie mit dem Apostel Paulus zusammenhing. Nun konnte ich damit aufhören und einfach die Reise genießen. Florenz folgte, Spoleto (wo wir Freunde besuchten) und dann ein heißer, schöner Morgen in Assisi.

Als wir an diesem Abend durch die hohen Hügel oberhalb von Assisi weiterreisten, hatten wir zum erstenmal richtig schlechtes Wetter. Es regnete in Strömen, und die Straße war kurvenreich und gefährlich. Wir wußten nicht, wo wir übernachten sollten. Irgendwo in dieser Gegend wohnte eine liebe Freundin, die Lehrerin in Clarendon gewesen war; aber wir hatten ihre Adresse verloren und erinnerten uns nur noch an den Straßennamen. In welcher Stadt sich diese Straße befand, davon hatten wir keinen blassen Schimmer. Wie sollten wir sie finden? Wir kurvten im Dunkeln herum, fühlten uns verloren und ziemlich ängstlich, als Hazel plötzlich einen Triumphschrei ausstieß. Sie hatte den Straßennamen entdeckt. Natürlich konnte es sich um die falsche Stadt handeln – aber nein. Wir mußten sogar nur ein einziges Mal fragen. Alle kannten die Roncos, und in kürzester Zeit waren wir sicher, warm und trocken, hatten im Wohnzimmer unser Lager aufgeschlagen und genossen wieder einmal wunderbare Gastfreundschaft.

In Monte Carlo besuchten wir weitere Freunde, die bei Radio Monte Carlo arbeiteten, jener großen Rundfunkstation, die Hitler hatte bauen lassen, um der Welt seinen Sieg über Europa zu verkünden, und die nun evangelistische Sendungen für ganz Europa, Nordafrika, Rußland und noch weiter entfernte Länder ausstrahlte.

Nun ging es heimwärts, an der Südküste Frankreichs entlang und durch Spanien. Hier gab es luxuriöse Campingplätze, und das Wetter war perfekt. Wir hatten ausgerechnet, daß wir noch zwei Nächte vor uns hatten, bevor wir mit der Fähre nach Tanger übersetzen würden, da brach das Unglück über uns herein.

Einige Meilen nördlich von Tarragona mußten wir an einer belebten Kreuzung anhalten, da gab es am hinteren Ende des Autos auf einmal einen gewaltigen Knall, und wir wurden nach vorne gegen die Windschutzscheibe geschleudert (damals gab es noch keine Sicherheitsgurte). Ein riesiger Lastwagen, dessen Fahrer offenbar eingenickt war, hatte uns gerammt und den Motor unseres Volkswagens völlig zertrümmert. Zunächst einmal waren wir so dankbar, daß wir beide unverletzt waren (allerdings waren meine Arme und

Hände noch mehrere Tage gefühllos), daß wir gar nicht realisierten, in was für einer mißlichen Lage wir uns befanden.

Die Aufregung und der Krach waren unbeschreiblich. Wir befanden uns zwar noch ein ganzes Stück außerhalb der Stadt, aber von überall und nirgendwo schienen Leute aufzutauchen und diskutierten und schimpften mit spanischem Temperament. Polizisten fluchten über den Verkehrsstau, und der Lastwagenfahrer schien zu versuchen, unsere Räder zu drehen. Später fanden wir heraus, daß er beweisen wollte, daß wir links abgebogen waren, ohne zu blinken. Nach langem lautstarken Hin und Her erschien endlich ein Abschleppwagen, lud unseren Wagen auf und fuhr damit zu einer Werkstatt in Tarragona, der nächsten Stadt.

Wir wurden in dem Lastwagen mitgenommen und irgendwo auf dem Bürgersteig abgeladen. Inzwischen war es stockfinster (immerhin war es schon nach 10 Uhr abends), und es hatte angefangen zu regnen. Am Ende unserer Reise hatten wir nur noch wenig Geld, und der Campingplatz befand sich weit außerhalb der Stadt. Wie hätten wir unser Gepäck so weit schleppen können?! Wir erkundigten uns nach einem Hotel, doch man versicherte uns, alle Hotels seien wegen der gerade stattfindenden Fiesta belegt (so etwas kommt in Spanien bemerkenswert oft vor). Niemand schien sich um uns Gedanken zu machen, und so standen wir mit unserem Handgepäck an der kleinen Straße und beteten. In diesem Augenblick trat ein kleiner Junge auf uns zu und sagte: «Ich glaube, ich kenne ein Haus, wo Sie übernachten können.»

Er erschien uns wie ein kleiner Engel mit großen Augen; doch als die Straßen, in die er uns führte, enger und enger wurden, machten wir uns so unsere Gedanken. Offensichtlich waren wir jetzt im ärmeren Teil der Stadt angelangt. Vor einem hohen Haus blieb der Junge stehen und forderte uns auf, mit ihm hineinzugehen. Er führte uns eine spärlich beleuchtete Steintreppe hinauf. Inzwischen war uns die ganze Sache richtig unheimlich, und wir hatten Angst. Aber er drehte sich immer wieder zu uns um und sagte etwas, was uns wohl beruhigen sollte. Endlich klopfte er an eine Tür.

Eine ältere Frau öffnete, und nach ein paar erklärenden Worten lud sie uns zögernd in ihr kleines Wohnzimmer ein. Wir sahen uns um. An den Wänden hingen spanische Bibelverse! Wir zeigten ihr unsere Bibeln, und Minuten später lagen wir uns in den Armen. Das Band der Liebe Christi ist besonders spürbar, wenn Christen einander in einem fremden Land begegnen und sich mit Worten kaum verständigen können. Diese Liebe überwindet alle Barrieren. In jener Nacht in jener einfachen kleinen Wohnung wußten wir sofort, daß wir eins in Christus Jesus waren.

In der Stadt von über 60 000 Einwohnern gab es nur sechzig evangelikale protestantische Christen, und sie und ihre Familie gehörten zu ihnen. Sie waren die Freundlichkeit in Person, und auch wenn unsere Gastgeberin uns nur eine Nacht bei sich behalten konnte, weil am nächsten Tag ihre Familien kamen, nahm sie uns mit zur ihrer Gemeinde, und wir trafen eine kleine Gruppe. Sie geleiteten uns und unsere Habseligkeiten zu einer kleinen Kapelle am Strand, die noch nicht offiziell registriert war, aber eine winzige Küche und eine Toilette enthielt und groß genug war, daß wir darin übernachten konnten. Es war der reinste Luxus, und wir mußten vier Tage dort verbringen, während sich die Werkstatt vergeblich um einen neuen VW-Motor bemühte, was angesichts zweier weiterer Fiestas besonders schwierig war.

Schließlich gaben wir verzweifelt auf und beschlossen, per Zug weiterzufahren und den Wagen dazulassen und später abzuholen, wenn er repariert war.

Warum? fragten wir uns. Alles war so gut verlaufen. Wir hatten Gottes leitende Hand erlebt. Warum ließ er jetzt diesen Aufschub zu? Wir hatten fast kein Geld mehr. Am ersten Morgen mußten wir den britischen Konsul aufsuchen, der kein Wort Englisch sprach. Wir mußten aber dringend Geld aus England anfordern. Und wir mußten für die Versicherung einen zutreffenden Bericht über den Unfall erstellen.

Und hier, in dem winzigen Büro mit einem gelangweilten spanischen Beamten, bekam ich die Gabe des Zungenredens. Ich konnte nur sehr wenig Spanisch, aber ich stellte plötzlich fest, daß ich um das bitten konnte, was wir brauchten, und einen klaren und zusammenhängenden Bericht über alles, was passiert war, erstatten konnte. Trotz der Lügen des Lastwagenfahrers bekamen wir sechs Monate später die volle Versicherungssumme ausgezahlt. Dann, als wir aus dem Büro traten, völlig überrumpelt von all dem, was wir erlebt hatten, begegneten wir dem Grund für unseren Aufenthalt in Tarragona.

Eine Engländerin stand weinend auf dem Trottoir. Als wir sie in Englisch ansprachen, klammerte sie sich an uns und schluchzte ihre Geschichte heraus. Sie war noch nie im Ausland gewesen und verstand kein Wort Spanisch, aber ihre ältere Schwester, eine Lehrerin, hatte sie überredet, herzufliegen und einen einwöchigen Urlaub mit ihr zu verbringen. Es hatte ihr nicht besonders gut gefallen – die vielen Menschen und das lebhafte Treiben auf den Straßen bei Nacht hatten ihr Angst eingeflößt. Aber ihre Schwester war ja da und kümmerte sich um sie. Dann, am fünften Ferientag, hatte die Schwester einen schweren Schlaganfall und mußte ins Krankenhaus. Da lag sie nun gelähmt und unfähig zu reden. Marjorie hockte hilflos an ihrem Bett. Die Schwestern forderten sie auf, sich draußen etwas Ordentliches zu essen zu besorgen, aber sie wagte nicht, ein Geschäft zu betreten. Sie hätte gern dafür gesorgt, daß ihre Schwester nach Hause überführt würde, aber die Fluggesellschaft hatte ihren Sitz im weit entfernten Barcelona, und niemand war da, der ihr helfen konnte. So war sie völlig verzweifelt. Gott hörte ihren Hilferuf. Als wir eigentlich schon in Tanger sein sollten, führte er uns zu ihr.

Wir gingen in die Klinik und besuchten die Schwester. Dann gingen wir mit Marjorie einkaufen. Wir konnten über den Konsul Kontakt mit der Fluggesellschaft aufnehmen und dafür sorgen, daß die Schwester innerhalb von fünf Tagen mit einem Krankenwagen zum Flugzeug gebracht und heimgeflogen werden würde, wo ein weiterer Krankenwagen sie ins Krankenhaus in ihrer Heimatstadt bringen würde. Sie war gut versichert, so daß es keine Probleme gab. Wir leisteten Marjorie Gesellschaft und statteten sie mit allem Nötigen aus, und als wir uns von ihr verabschiedeten, wußte sie, daß alles in Ordnung gehen würde. Später schrieb sie uns aus England, es habe alles wunderbar geklappt.

So oft müssen wir einfach glauben, daß uns alle Dinge zum Besten dienen, ohne die Hand zu erkennen, die alles richtig lenkt und das Muster webt. Wie die Arbeiter in der Weberei, die nur die Rückseite der Teppichrolle sehen, empfinden wir die unglückliche Situation als ein einziges Durcheinander; aber wir müssen warten, bis dort oben bei Ihm das ganze wunderschöne Muster entrollt werden wird. Nur manchmal, wenn unser Glaube eine besondere Bestätigung benötigt, beantwortet er schon hier und jetzt unsere Fragen und zeigt uns, warum alles ist, wie es ist.

Wir reisten in der langsamen, heißen spanischen Eisenbahn nach Tanger zurück. Unsere Herzen waren voll Dank. Und in den folgenden Monaten, in denen die sonnendurchfluteten, sorglosen Erinnerungen an unsere Reise noch frisch waren, setzte ich mich hin und schrieb *Flucht in die Freiheit* – die Geschichte von Onesimus.

21

Die Großmütter

Janets Vater starb bald nach meinem, und so holten wir beide unsere Mütter zu uns. Jahrelang erwiesen sie sich als unbezahlbare Kinderwagenschieberinnen, Babysitter, Sprachlehrerinnen und Aushilfskräfte.

Sie machten sich auch in anderen Familien nützlich, und als Mrs. Radcliffe schwer krank wurde, versuchte der sechsjährige Will sie mit den Worten zu trösten: «Geh du ruhig in den Himmel, Mami; Großmama St. John kümmert sich schon um mich!»

Aber die Jahre gingen nicht spurlos an ihnen vorüber. Großmutter Thompson litt unter Arthritis, die immer schlimmer wurde, so daß sie sich kaum noch bewegen konnte. Dann stürzte Großmutter St. John auf der Treppe und brach sich einige Rippen. Davon erholte sie sich nie mehr ganz, und auch ihr Gedächtnis wurde schwer beeinträchtigt. Anfang der siebziger Jahre konnten beide nicht mehr aus dem Bett aufstehen und begannen völlig das Erinnerungsvermögen zu verlieren. Doch ihr gemeinsames Schlafzimmer war noch etwa sechs Jahre lang eine Art heiliger Zufluchtsort für alle möglichen Leute, die sich dort hingezogen fühlten.

Viele teilten sich die Pflege, und Janet und ich sowie Zohra kümmerten uns abwechselnd nachts um sie. Zohra war Janets Haushaltshilfe. Ich wünschte, ich könnte ihre ganze Geschichte erzählen, aber ihre Behinderung macht sie leicht identifizierbar. Ihr erstes Auftreten vor vielen Jahren war ziemlich dramatisch. Sie wurde von ihren zwei Brüdern in die Ambulanz getragen. Dann setzte sie sich vor den Doktor hin und sagte: «Ich bin gekommen, um mein Bein abzuholen.» Farnham, der damals neu im Krankenhaus war, erwiderte, er wisse nichts von ihrem Bein. Dann hörte er sich geduldig ihre

Geschichte an. Etwa dreizehn Jahre zuvor hatte ein anderer Arzt ihr brandiges Bein amputiert und ihren Eltern aufgetragen, wieder mit ihr zu kommen, wenn sie ganz ausgewachsen sei; dann werde er ihr eine Prothese anpassen. Damals war sie drei Jahre alt gewesen. Nun war sie sechzehn. Dreizehn Jahre lang hatte sie gewartet und gehofft. Sie hatte eine schwierige Reise hinter sich, und Farnham hatte das Gefühl, er dürfe sie nicht enttäuschen. Er brachte sie für ein paar Tage bei Janet unter, während der Schreiner am Ort ein Holzbein für sie anfertigte. Halb hüpfte sie nach Hause, halb wurde sie getragen. Doch immer wieder kam sie zu uns zurück und machte sich immer nützlicher, und schließlich sprachen wir ab, daß sie bei uns bleiben sollte. Sie wurde Putzfrau, Köchin, Kindermädchen, Pflegerin und für viele Lehrerin.

In der ersten Zeit schränkte ihre Behinderung ihre Bewegungsfreiheit sehr ein. Dann geschah etwas. Eine Freundin Hazels, Olive Shaw aus dem Libanon, wurde nach Hause geschickt, weil sie Krebs in einem Bein hatte und es sofort amputieren lassen mußte. Sie rechnete fest damit, daß das ihr Ende sein würde, aber man sagte ihr zu ihrer großen Freude, man habe keine Metastasen festgestellt; und sie konnte zu ihrer geliebten Schule in Beirut zurückkehren, wo sie noch zwei Jahre lang arbeitete. Man paßte ihr eine wunderbar leichte Beinprothese aus Metall und mit Gelenken an, und sie lernte schnell, mehr oder weniger normal zu gehen.

Olive wollte Gott gern ein Dankopfer für ihre Wiederherstellung geben, da hörte sie zufällig von Zohra und ihrem Holzstumpf. Sie schrieb uns und ließ sich Zohras Maße mitteilen. Dann ließ sie eine Prothese anfertigen, wie sie selbst eine bekommen hatte. Aus irgendeinem Grund packten Paul, Oliver und Clare sie aus, als sie bei uns eintraf. Sie brachten sie in einer feierlichen Prozession an die Haustür, und Zohra kreischte vor Überraschung und Freude in der Küche. Es war ein Riesenerfolg. Es gab nichts, was sie mit ihrem neuen Bein nicht versuchte. Und dann wurde sie eine hingebungsvolle und geschickte Pflegerin der beiden Großmütter in deren letzten Jahren.

Meiner Beobachtung nach scheint sich im Alter und bei zunehmender Senilität die Persönlichkeit zu kristallisieren. Die im Grunde ihres Herzens Egoistischen werden noch egoistischer, und die Liebevollen und Selbstlosen werden, wenn die Kräfte abnehmen, noch freundlicher und demütiger, und es ist leicht, sie zu pflegen. Unsere Großmütter gehörten eindeutig zur zweiten Kategorie. Großmutter Thompson war eine starke, tapfere, liebevolle Frau. Sie gehörte zu den ersten Frauen, die ein Medizinstudium absolviert hatten, und war dann als Missionsärztin in den Dienst der China Inland Mission getreten. Ihre berühmteste Tat war, daß sie einmal einen halb abgetrennten Kopf wieder angenäht hatte – und der Patient überlebte. Die Kinder ließen sich diese Geschichte immer und immer wieder erzählen. Nun war sie durch ihre Arthritis ganz verkrüppelt und ans Bett gefesselt; aber sie klagte nie. Manchmal fand sie, sie müsse sich gegen uns behaupten und eine kleine Rebellion starten, wenn wir ihr zum Frühstück ihre tägliche Schale mit Brot und Milch brachten. Dann brummelte Großmutter Thompson und sagte: «Ich werde mich bei der Geschäftsführung beschweren. Könnt ihr mir nicht mal was anderes bringen?» – «Aber natürlich, Großmama. Was hättest du denn gern? Rührei?» (Da sie keine Zähne mehr hatte, gab es keine große Auswahl.) – «Nein.» – «Haferflocken?» – «Nein.» – «Ein leckeres Butterbrot? Salat?» – Dann glitzerten ihre klugen blauen Augen, und sie sagte: «Nein... lieber Brot und Milch.» Sie kicherte leise, dann schloß sie die Augen.

Die Gegenwart Gottes war sehr real in jenem stillen Schlafzimmer zu spüren, in dem die beiden alten Heiligen ruhten und darauf warteten, daß sie heimgehen konnten. Gelangweilte, reiche ältere englische Damen, die die ewigen Cocktailpartys im kleinen Kreis der «besseren Gesellschaft» leid waren und sich allmählich Sorgen um die Zukunft machten, kamen regelmäßig, um ihnen vorzulesen. Unsere Großmütter liebten zu Herzen gehende christliche Bücher, aber sie konnten sich nicht mehr lange konzentrieren. So war es kein ungewohnter Anblick, daß eine Vorleserin tapfer weiterlas, während die beiden Großmütter, von Kissen gestützt, in ihren Betten saßen und mit offenem Mund leise schnarchten.

«Ich habe in diesem Zimmer irgend etwas erlebt», sagte eine vornehme Dame, nachdem die Großmütter gestorben waren. «Ich habe einen Frieden gefunden, den ich nie zuvor gekannt habe. Ich glaube, ich bin Gott begegnet.»

Janet reiste 1974 nach England, um die Rückkehr der Familie mit den sechs Kindern vorzubereiten, und das folgende Jahr war eine dunkle Zeit. Farnham bekam plötzlich Typhus, und während er noch krank war, kamen Beamte aus der Hauptstadt und informierten uns, daß der Staat das Krankenhaus übernehme und Anspruch auf das gesamte Gelände erhebe. Alle Gebäude, einschließlich unserer Wohnungen, wurden uns ohne jede Entschädigung weggenommen. Man räumte uns drei Monate Zeit ein, unsere Sachen zu packen und alle Formalitäten zu erledigen. Es gab allerdings einen Lichtblick: Man bot uns an, all unsere marokkanischen und fest in Marokko lebenden ausländischen Mitarbeiterinnen und Mitarbeiter zu übernehmen, soweit sie das beantragen würden. Es gab wütende Proteste in der Stadt, aber ohne Erfolg. Farnham schleppte sich wieder in die Ambulanz, und es strömten so viele Leute herbei, daß die Polizei kommen und die Menge im Zaum halten mußte. Zu Hause steckten sich Bente, meine liebe Helferin aus jenen Jahren in den Bergen, und Said, der kleine Junge, der bei mir wohnte, mit Typhus an. An eine Isolierung war nicht zu denken, weil Said sich standhaft weigerte, im Bett zu bleiben. Sobald ich mich irgendwo hinsetzte, erschien er und setzte sich zu meinen Füßen, von Fieber glühend und zitternd, aber entschlossen, bei mir zu bleiben. Die Großmütter dösten friedlich vor sich hin, und Zohra arbeitete Tag und Nacht.

Janet kam noch einmal, um ihren Hausrat zusammenzupacken und mir, Zohra und den Großmüttern beim Umzug in eine komfortable Mietwohnung über einem Gemüseladen im marokkanischen Viertel der Stadt zu helfen. Beide Großmütter waren inzwischen viel zu gebrechlich und zu verwirrt, um noch einmal nach England verpflanzt zu werden. Dann kam der traurige Tag, an dem Farnham und Janet endgültig Marokko verließen und die Leute auf den Straßen Tränen vergossen. Die Großmütter lagen einfach friedlich da und warteten auf den Himmel. Solange sie lebten, waren sie kein Problem, aber ich hatte schreckliche Angst vor ihrem Todestag. Der Tod eines Christen in Marokko ist nämlich eine komplizierte Angelegenheit. Die Beerdigung muß noch am selben Tag stattfinden, der Totengräber und der anglikanische Geistliche müssen gesucht, der britische Konsul muß informiert, weinende marokkanische Christen müssen bewirtet, Freunde müssen informiert und der Gottesdienst muß geplant werden. Die meisten näheren Bekannten und Freunde waren abgereist. Dieses Problem bedrückte mich stark. Ich konnte mich nicht zu dem Vertrauen durchringen, daß schon alles gut werden würde. Außerdem ist eine Mutter eine Mutter. Mich schmerzte der Gedanke, sie zu verlieren, und nicht nur die Angst, nicht zurechtzukommen.

Aber ich vergaß, daß die Güte des Herrn jeden Morgen neu ist und daß der Tod seiner Heiligen kostbar ist in den Augen des Herrn. Auf dem Rückweg von England in den Libanon besuchte mich Hazel für vierzehn Tage. Der Zustand der Großmütter veränderte sich nicht sichtbar. Meine Mutter lächelte Hazel lieb, aber ohne Zeichen des Wiedererkennens an. Vielleicht erkannte sie sie, vielleicht auch nicht, aber sie war immer für Liebe empfänglich und reagierte darauf. Es war sehr heiß. Wir konnten beide Großmütter in Zohras Obhut lassen und gemeinsam einen Tag am Strand verbringen. Zohra hatte Nachtwache gehalten, kam aber am frühen Morgen und weckte uns. «Großmama St. John hat so schnell geatmet», sagte sie. Ich gab ihr eine Penizillinspritze. Mehr konnte ich nicht tun. Hazel und ich saßen an ihrem Bett und hielten ihre Hände. Sie atmete schnell, aber nicht panisch. Um 9.30 Uhr seufzte sie leise und hörte auf zu atmen. Es sah aus, als schliefe sie fest und friedlich an diesem herrlichen Augustmorgen; aber wir wußten, daß sie in Gottes neue Welt hinübergegangen war. An diesem Morgen hatte Jesus sie am anderen Ufer erwartet. Weil die Leute der englischen Kolonie in Tanger sie so sehr geliebt hatten, durften wir sie auf dem wunderschönen kleinen Friedhof gleich bei der anglikanischen Kirche beerdigen, statt sie auf dem großen Ausländerfriedhof draußen vor der Stadt beizusetzen.

Viele kamen zum Beerdigungsgottesdienst, und durch den ganzen traurigen und hektischen Tag zog sich ein Gefühl des Staunens – ich war nicht allein. Gott nahm Mutter zu sich, während Hazel bei mir war. Großmutter Thompson, um deren Bett wir wegen des vielen Hin und Her Sichtblenden aufgestellt hatten, schien nicht zu merken, daß ihre alte Freundin nicht mehr neben ihr im Zimmer lag. Wegen ihrer Arthritis konnte sie nicht mehr den Kopf drehen, und in den Tagen nach der Beerdigung schien es ihr besonders gutzugehen. Als Janet mir etwa einen Monat später schrieb, die Kinder seien jetzt alle wieder in der Schule und im College, und so wolle sie für zwei Wochen kommen und sich um ihre Mutter kümmern, damit ich einmal ausspannen könne, schrieb ich ihr zurück, es gehe Großmama Thompson so gut, und wir hätten alle Freude an ihr.

Janet kam, und ich reiste für ein paar Tage zur Erholung in ein Ferienhäuschen in die Berge, ein winziges Häuschen, das Farnham mit ein paar Freunden und den Kindern auf einem Stück Land gebaut hatte, das ihm ein dankbarer Patient hinterlassen hatte. Es war einfach, aber so wunderschön! Im Frühling blickte man die Berghänge hinunter auf eine goldene Wolke von Mimosenblüten, und im Sommer erblickte man durch grüne Vorhänge die blau schimmernde Küste. Wie viele glückliche Familienferien und stille Erholungstage hatten wir hier verbracht!

Ich genoß am zweiten Tag den frühmorgendlichen Frieden, als Janet eintraf. «Ich glaube, du kommst besser», sagte sie. «Großmama Thompson ist auf den Weg zum Himmel.» Großmutter Thompson war, wie gewöhnlich, fest entschlossen, ganze Sache zu machen. Sie hatte in der Nacht eine Lungenentzündung bekommen. Sie atmete schnell, und das Penizillin, das ihr sonst immer geholfen hatte, richtete nichts aus. Sie blickte zum Fußende des Bettes und sagte uns, sie sehe ihren Mann und ihre drei Söhne, die auf sie warteten. «Kannst du auch den Herrn Jesus sehen, Granny?» fragte Janet. «Nein, nein», kam die geflüsterte Antwort, «das ist noch nicht gestattet.»

Mehrere Tage schwebte sie zwischen Leben und Tod, und wir lösten uns ab, saßen abwechselnd an ihrem Bett und sangen ihr die alten Kirchenlieder vor, die sie so liebte. In einer Nacht schlief sie friedlich, dann hörte sie um zwei Uhr plötzlich auf zu atmen. Es war an Janets letztem Tag! Ihr Flug war für den nächsten Morgen gebucht, aber sie konnte mir noch bei den notwendigen Vorbereitungen für die Beerdigung helfen. Um fünf Uhr an diesem Nachmittag wurde Großmutter Thompson direkt neben meiner Mutter beerdigt. Das Doppelgrab liegt unmittelbar neben dem Eingang, und alle, die in die Kirche gehen, können im Vorübergehen die Inschrift lesen: «Der Geliebte des Herrn wird sicher wohnen.»

Es herrschte ein schreckliches Gefühl der Leere, als wir die Betten wegräumten und das Zimmer zu einem Wohnzimmer machten. Zohra, die ihre Beschäftigung und ihren wichtigsten Lebensinhalt verloren hatte, weinte und weinte. Ich hatte das Gefühl, als sei plötzlich ein wichtiges Zentrum des Friedens und der Stabilität hinweggefegt worden. Es gab noch so viel zu tun, aber ich fühlte mich nach all den Nachtwachen zu müde, mich aufzuraffen. Und doch – ich war nicht allein gewesen. Unsere Zeit hatte so wunderbar in seinen Händen gestanden!

Im Rückblick auf ihr Leben scheint wirklich nichts wunderbarer als Gottes Zeiteinteilung. Nur zwei oder drei Wochen nach Großmutter Thompsons Tod erreichte mich die Nachricht: «Clarendon ist abgebrannt.» Unsere Tante, die ehemalige Schulleiterin, die ihren Lebensabend in einer Wohnung auf dem Schulgelände verbrachte, war ausnahmsweise einmal über Nacht nicht zu Hause gewesen. Aber ihr Heim und all ihr Hab und Gut waren vernichtet. Mein Bruder John, der eine Arztpraxis in Coventry betrieb, und seine Frau, eine Krankenschwester, hatten sie aufgenommen. Doch mir war klar, daß ich nach Hause zurückkehren mußte. John hatte die Parkinsonsche Krankheit in einem ziemlich fortgeschrittenen Stadium und brauchte unbedingt Hilfe. Drei seiner sieben Kinder gingen noch zur Schule, und meine Schwägerin hatte schon mehrere alte Familienangehörige aufgenommen und nacheinander bis zu ihrem Tod gepflegt. Man konnte ihr unmöglich zumuten, noch einmal damit zu beginnen. Ich teilte ihnen mit, ich würde Weihnachten kommen, und dann würden wir weitersehen. Aber zuerst mußte ich mich noch um Zohras Zukunft kümmern und viele, viele liebe Freunde besuchen und mich von ihnen verabschieden.

Zohra fand eine neue Anstellung bei freundlichen Engländern. Großmutter Thompson hatte ihr als Dank für ihre jahrelangen treuen und liebevollen Dienste soviel Geld vererbt, daß sie sich im marokkanischen Viertel der Stadt ein kleines Haus kaufen konnte. Allerdings war das Geld noch nicht überwiesen worden, als sie zu mir kam und mir erzählte, sie habe das ideale Haus gefunden und könne es haben, falls das Geld ausgezahlt würde. Der Besitzer wollte den Betrag bar auf die Hand, und zwar sofort.

Freunde, die eine Ahnung hatten, stimmten zu, daß das Haus genau ihren Bedürfnissen entspreche und der Preis erstaunlich günstig sei. Aber das Geld war nicht da, und daran schien sich nichts ändern zu lassen. Ich mußte morgens etwas in der Stadt erledigen, und ich weiß noch, wie ich die Straße hinunterging und dachte: «Wenn ich Hudson Taylor oder Amy Carmichael wäre, könnte ich beten, das Geld solle vom Himmel fallen. Aber so bin ich nicht. Ich kann kaum erwarten, daß er für mich so ein Wunder tut.» Dann kam mir auf einmal ein Lied in den Sinn, so klar, als hörte ich die Worte: «Unendlicher Erlöser, ich bitte dich um nichts weiter. Weil du mich einlädst, werfe ich mich auf dich.»

Entscheidend ist nicht, ob ich würdig oder unwürdig bin; die Einladung gilt allen: «Kommt her zu mir alle», und die Grundlage unserer Bitte ist einfach Jesus. Ich sagte dem Herrn, was wir brauchten, und ging nach Hause. Als ich dort ankam, lag ein Umschlag auf dem Tisch. Er sah so langweilig aus, daß ich ihn erst nach dem Essen öffnete. Die Leute im englischen Bibellesebund hatten einen Fehler gemacht, für den sie sich später tausendmal entschuldigten. Ich hatte Anweisung gegeben, mir meine halbjährlich fälligen Buchhonorare nie nach Marokko zu schicken, sondern auf mein Konto bei einer Bank in England zu überweisen. Irgendeine Sekretärin hatte das mißverstanden und mir den Scheck per Post geschickt. So konnten wir das Häuschen kaufen, und es wurde später das Heim von vier verwaisten Neffen und Nichten, die Zohra adoptierte. Und sie wird ein Leben lang mit strahlendem Gesicht bezeugen, daß Gott für uns sorgt.

Ich reiste zu Weihnachten heim, um mir ein Bild davon zu machen, wie es dort ging. Im Grunde wußte ich allerdings genau, daß es Zeit war, ganz nach Hause zurückzukehren. Noch einmal ging ich zurück, um meine Sachen zu packen und mich zu verabschieden.

In einem Land, wo die Christen in einer feindlichen, spottenden Welt zusammenstehen und wo ihnen ständig Strafe, Verfolgung oder Ausweisung droht, ist das einigende Band sehr stark. Man konnte jetzt nicht einfach sagen: «Wir werden in Verbindung bleiben.» Die meisten der älteren Frauen hatten nie zu schreiben gelernt. Zum Glück ließ ich sie nicht ganz allein zurück. Zwei oder drei von uns hatten «weltliche» Berufe, blieben da und konnten sich um die kleine Herde kümmern. Aber es war eine so kleine Herde! Je näher der Abschiedstag rückte, desto mehr mußte ich gegen Wellen der Depression und des Bedauerns ankämpfen. So wenig hatten wir vorzuweisen – was hatten wir in all den Jahren wirklich erreicht? Hätte ich damals nur schon mehr über das Leben und die Schriften von Lilias Trotter gewußt! So viel, wie ich später erfuhr, als ich ihre Biographie *Until the Day Breaks* schrieb, die 1990 veröffentlicht wurde.

In dieser Zeitspanne besuchte mich Wendy Moynagh und gab mir Material für eine Biographie ihres verstorbenen Mannes Dr. Kenneth Moynagh, der als Arzt in Ruanda äußerst beliebt gewesen war und später viel unter Studenten in London gearbeitet hatte. Wir nannten das Buch *Man of Two Worlds*.

22

Libanon

1976 kehrte ich nach England zurück, und das ist seither die Ausgangsbasis für alle meine weiteren Unternehmungen geblieben. In den ersten vier Jahren wohnten meine Tante, Miss Swain, und ich bei meinem Bruder John, seiner Frau und seinen Kindern in ihrem wunderschönen Heim in Coventry. Die Tante hatte ihre Wohnung und ihren ganzen Besitz bei dem Feuer in Clarendon verloren, wo sie seit ihrer Pensionierung gelebt hatte, aber sie trug den Verlust mit großer Gelassenheit. Meine Schwägerin Gwynne kümmerte sich mit mir um sie, und ich wechselte mich dafür mit ihr ab und half John in seiner Praxis. Die Parkinsonsche Krankheit war bei ihm inzwischen weit fortgeschritten, und er konnte seine Rezepte und Atteste nicht mehr leserlich schreiben. Seine Patientinnen und Patienten schätzten ihn sehr, und viele traurige Geschichten wurden vor ihm ausgebreitet, soweit es die kurze Zeit erlaubte, die in den Sprechstunden zur Verfügung stand. Wie oft bedauerte ich, daß wir nicht mehr Zeit hatten, mit den Leuten zu reden und uns ihre Probleme anzuhören. Ich träumte von einer Arztpraxis, in der bedrückten und verzweifelten Patientinnen und Patienten auch ein vollzeitlicher Seelsorger zur Verfügung steht und im Hintergrund ein ehrenamtliches Team von Christen, die Besuche machen und Gebetspartnerschaften übernehmen können. Das wäre gewissermaßen ein inoffizieller Zweig der Kirche. Vielleicht haben ja andere den gleichen Traum und sind sogar gegenwärtig dabei, ihn zu verwirklichen! Jedenfalls weiß ich aus eigener Erfahrung, daß viele Leute, die einen Arzt aufsuchen, tiefe geistliche Nöte mitbringen und ganz offen sind für das, was ihnen das Evangelium anzubieten hat – wenn man nur Zeit hätte, es ihnen zu verkündigen.

Es war schwer, zuzuschauen, wie John immer schwächer und erschöpfter wurde und doch tapfer weiterkämpfte. Aber es war auch eine glückliche Zeit, in der ich durch die Güte und Freundschaft meiner Schwägerin und der sieben Neffen und Nichten, die noch zu Hause lebten oder häufig zu Besuch kamen, reich beschenkt wurde.

Die Zeit verging schnell, doch dann gab es im September 1978 wieder eine Änderung, ausgelöst durch die kritische Situation eines Familienmitglieds. Meine Schwester Hazel, die nach ihrer Ausbildung als Lehrerin im Alter von 22 Jahren im Dienst der Lebanon Evangelical Mission (der heutigen MECO) nach Beirut gegangen war, hatte die ersten drei Jahre des Bürgerkriegs unbeschadet überstanden. Aber an einem Sonntag morgen glitt sie auf einer Straße in Westbeirut aus und brach sich den Oberschenkel. Zwei junge Burschen, die gerade vorbeikamen, versicherten, sie könnten Auto fahren, und da niemand anderes in der Nähe war und sie ihren Wagen nur etwa 50 Meter entfernt abgestellt hatte, hoffte Hazel, daß sie keinen Fehler machte, und händigte ihnen den Schlüssel aus. Glücklicherweise ging tatsächlich alles gut. Sie brachten sie zur Wohnung ihrer Freunde Colin und Anne Chapman, die sie ins American Hospital transportierten. Dort wollte man sie allerdings erst behandeln, wenn die Mission eine große Geldsumme bezahlt hätte. Die meisten Ärzte hatten dienstfrei oder waren krank, und so kümmerte man sich erst um neun Uhr abends um sie. Am Ende verlief die Operation dann doch erfolgreich. Man mußte ihr vier massive Nägel einsetzen – die bis heute gehalten haben. Sie mußte nur eine Woche im Krankenhaus bleiben, umgeben von vielen Besuchern und viel Freundlichkeit. Nach einer weiteren Genesungswoche zog sie dann wieder in ihre Wohnung im fünften Stock der Schule ein, denn sie wollte unbedingt zu Beginn des neuen Schuljahres dabeisein, auch wenn sie noch sechs Monate lang an Krücken gehen mußte.

Das Stockwerk über ihr wurde von einer Granate getroffen. Von oben drang Wasser ein, und ihre Bücher und die Wände wiesen Kugelspuren auf. Aber fröhlich wie immer rief sie mich an und versicherte mir, ich bräuchte nicht zu kommen. Sie werde schon allein fertig, ich solle mich lieber um die Tante kümmern.

Meine Schwägerin hingegen sagte mir, sie komme allein zurecht, und als ich über den Godiva Square ging, wurde mir klar, daß ich gehen sollte. Ich machte mich sofort zu einem Reisebüro auf und erfuhr, daß es noch genügend freie Plätze in der nächsten Maschine nach Beirut gab, war die Stadt doch zu der Zeit kein sehr beliebtes Reiseziel. Zwei Tage später flog ich ab und kam spät abends auf dem Flughafen von Beirut an, ohne es geschafft zu haben, Hazel telefonisch zu erreichen und ihr mitzuteilen, daß ich zu ihr unterwegs war. Im trüben Schein einiger weniger Straßenlaternen sah ich überall schwerbewaffnete Soldaten. An allen Ecken und Enden wimmelte es von Gewehren, und der Taxifahrer verlangte dreißig Pfund für die Fahrt zur Schule, die, wie ich wußte, in unmittelbarer Nähe lag. Als ich ihn nach dem Grund für den überhöhten Preis fragte, richtete er ein imaginäres Gewehr auf mich und sagte: «Pop, pop, pop!» Offenbar war die direkte Route zu gefährlich. Schließlich fand ich einen Taxifahrer, der einen annehmbareren Preis verlangte und mich vor dem Schultor absetzte. Es war verriegelt und verrammelt, und ich mußte lange dagegen hämmern und rufen, bis Youssef, der Hausmeister, auf mich aufmerksam wurde. Er war zunächst sehr mißtrauisch, als er aber erfuhr, daß ich Hazels Schwester sei, kannte seine Freude keine Grenzen. Er wollte die Sache unbedingt spannend machen. Er ließ es sich nicht nehmen, allein hinaufzugehen und lediglich zu sagen, es sei jemand gekommen. Dann erst, wenn er Hazel und die übrigen dort wohnenden Mitarbeiterinnen neugierig gemacht hatte, wollte er wieder herunterkommen und mich präsentieren. Es war ein großer Erfolg, und Youssef zog kichernd ab und hatte offensichtlich das Gefühl, er habe den ganzen Besuch organisiert.

Hazel hatte 1950 die Leitung der Einrichtung des Lebanon Evangelical School and Training College übernommen. Angesichts der unsicheren politischen Lage war man 1972 zu dem Schluß gekommen, es sei besser, die Leitung nationalen Händen zu übertragen, und eine überaus fähige Mitarbeiterin, Katy Tleel, war damit betraut worden. Hazel wurde dann von der Mission «ausgeliehen» und wurde die Leiterin einer neuen Schule in den Außenbezirken von Beirut, die mit finanzieller Unterstützung einer Gruppe von libanesischen Christen gegründet worden war. Sie befand sich, wie es schien, in einem idealen Bezirk, in dem Christen, Moslems und Drusen darauf warteten, ihre Kinder in eine gute Schule schicken zu können, auch wenn bekannt war, daß im Unterricht christliche Inhalte vermittelt wurden. Die Schülerzahl wuchs von 140 im Jahr 1973 auf fast 500 im Jahr 1975. Dann brach der Krieg aus, und plötzlich befand sich die Schule mitten in einer der gefährlichsten Gegenden, wo erbittert gekämpft wurde. Vier Semester lang konnte der Schulbetrieb nur für jeweils kurze Perioden aufrechterhalten werden. Zwei Mitarbeiterinnen wurden durch verirrte Kugeln getötet, ein Kind wurde auf dem Schulweg ermordet, einem weiteren wurde im Schulbus durch die Schulter geschossen. Viele Nächte verbrachte man auf Matratzen im Keller. Im Januar 1977 beruhigte sich die Lage, und der Schulbetrieb konnte wieder mehr oder weniger normal aufgenommen werden, wenn auch mit Unterbrechungen. Und später sollte es zu weit schlimmeren Kämpfen kommen.

Hazels Erlebnisse im Krieg würden ein Buch füllen. An zwei erinnere ich mich besonders. Als sie an einem Abend im Juni 1976 Ostbeirut verlassen mußte, fand sie Unterschlupf im Gebäude der Blindenschule in Westbeirut. In der gleichen Woche war in eben dieser Straße der amerikanische Botschafter ermordet worden, und es flammten immer wieder Kämpfe auf. Sie befand sich allein im dritten Stock und hatte sich, wie so oft, auf dem Fußboden zum Schlafen hingelegt, weil sie so besser vor durchs Fenster fliegenden Kugeln geschützt war. (In Beirut machte damals der Scherz die Runde: Wie sieht die ideale Wohnung aus? Ein langer, fensterloser Gang mit Küche und WC!)

Unten auf der Straße explodierte eine Autobombe, und ein

angrenzendes Gebäude wurde beschädigt. Alles schien einzu-
stürzen, und überall herrschte ohrenbetäubender Lärm. Hazel betete um Schutz, und um sich von dem Chaos um sie
herum abzulenken, schaltete sie das Kofferradio ein, das neben ihr auf dem Boden stand (es gab zu dieser Zeit keine
Elektrizität). Wegen des zweistündigen Zeitunterschieds erwischte sie die Liedersendung der BBC um 20.30 Uhr, und in
der Dunkelheit erklang ohne Einleitung klar und laut eine
Stimme: «Den Frieden lasse ich euch, meinen Frieden gebe
ich euch. Nicht gebe ich euch, wie die Welt gibt. Euer Herz
erschrecke nicht und fürchte sich nicht.» Übertragen wurde
der Sonntagabendgottesdienst aus einer kleinen walisischen
Kirche, in der wir einmal in den Ferien einen Gottesdienst
mitgefeiert hatten, und es schien, als stünde der Herr selbst im
Zimmer. Die Worte waren beruhigend und stärkend – damals
und in vielen anderen Situationen. Zwei Tage später reiste
Hazel über die Berge aus dem Libanon aus. Sie hatte sich dem
Leichenzug des amerikanischen Botschafters angeschlossen.
Nur so konnte sie einige Zeit das Land verlassen, und sie blieb
zu Hause bis Anfang 1977, als in kleinem Rahmen der Schul-
betrieb wieder aufgenommen werden konnte.

Ein zweites Erlebnis hat sich mir besonders eingeprägt. Am
Ende des Schuljahres 1978 war die Abschlußklasse zu einer
Geburtstagsfeier für ein Drusenmädchen eingeladen, das in
einem in der Nähe liegenden Dorf wohnte. Die Lage hatte
sich damals etwas beruhigt, und einige Eltern hatten ihren
Teenagern erlaubt, mit einer ganzen Reihe von Lehrerinnen
an der Feier teilzunehmen. Hazel hatte abgesagt, weil jemand
bald nach England abreisen und sie ihm Briefe an die Familie
mitgeben wollte.

Sie saß schwer beschäftigt auf der Veranda, da hörte sie eine
Stimme: «Du solltest bei der Feier sein.» Sie erschrak, sagte
sich aber, das sei unmöglich, hatte sie doch einer anderen
Lehrerin ihr Auto geliehen, und das Haus war ziemlich weit
weg. Aber die Stimme schien sie wieder aufzufordern: «Du
solltest bei der Feier sein.» Die innere Überzeugung wurde so
stark, daß Hazel sie nicht länger ignorieren konnte. Sie ging

zur Wohnung im oberen Stockwerk und klopfte. Die Tochter des Wohnungsinhabers war gerade im Bad, erschien aber nach einer kleinen Weile und erklärte sich bereit, Hazel ihren Wagen zu leihen. Sie wurde begeistert auf der Party willkommen geheißen, und das Fest ging fröhlich weiter. Warum war sie gekommen? fragte sie sich, während sie eine Schale Fruchtsalat aß und sich mit einer Freundin unterhielt. Da brach plötzlich der fröhliche Lärm ab. Hazel blickte sich erschrocken um. An den Wänden hatten sich mehrere Bewaffnete postiert, und einer von ihnen riß gerade das Telefonkabel aus der Wand. Ein anderer hielt die entsetzten Kinder mit entsichertem Gewehr in Schach. «Muslime und Drusen zu der Seite rüber. Christen hier an die Wand!» Ein Bursche versteckte sich unter einem Bett und wurde später gefunden. Aber die anderen sechs Jungen gehorchten kreidebleich und schweigend. Es handelte sich um einen sorgfältig geplanten Überfall mit dem Ziel, zwei Sechzehnjährige zu schnappen, die nachts mit der Miliz unterwegs gewesen waren. Sie wurden gefangengenommen und mit den übrigen Jungen nach draußen zu einem wartenden Lastwagen geschleppt. Der Tod schien ihnen sicher zu sein.

Aber nicht ohne Protest. Die Gastgeberin war außer sich vor Zorn. In ihr Haus einzudringen und ihre Gäste zu verhaften, war ein unaussprechlicher Bruch der Gastfreundschaft. Sie rannte hinter dem Lastwagen her und rief den Männern nach, was sie von ihnen hielt, und Hazel, der jetzt klar war, warum sie geholt worden war, folgte ihr. Gemeinsam kletterten sie auf den Lastwagen, und die Soldaten waren so verwirrt und überrumpelt, daß sie nicht wußten, was sie mit den entschlossenen Frauen machen sollten. Der Lastwagen raste mit aus dem Dach ragenden Gewehrläufen in Richtung der Berge. Ihre Vorgesetzten würden schon wissen, was geschehen sollte. Am Eingang zu einem kleinen Waffenlager unter der Straße – einer Art geheimer militärischer Kommandostellung – wurden sie ausgeladen. Die Jungen wurden in einen Raum gestoßen, und die ungeladenen Damen schlüpften mit hinein. Noch während sie den Raum betrat, atmete Hazel erleichtert auf, denn am Tisch saß der Vater einer ihrer Schülerinnen. Ihr Auftauchen war ihm sichtbar peinlich, denn immerhin war sie die Schulleiterin seiner Tochter, und er grüßte sie höflich. Man schob die beiden ältesten Jungen in einen anderen Raum. Die Damen stürmten ebenfalls hinein. Die geballte Macht des Militärs mit seinen Gewehren konnte sie nicht aufhalten. Ja, die Situation war, aus der Sicht der Soldaten, hoffnungslos. Die Jungen wurden verhört, bedroht und – freigelassen, denn niemand hatte die Verwegenheit, sie in Gegenwart dieser unmöglichen Frauen zu erschießen oder auch nur zum Tod zu verurteilen. Zwar wurde einer der beiden kurze Zeit später erschossen, aber für den Augenblick war alles in Ordnung. Sie wurden alle auf den Lastwagen zurückbefördert, zwei riesige Offiziere, die mitgenommen werden wollten, gesellten sich noch zu ihnen, und sie rasten zu dem Haus zurück, wo die Eltern der Jungen, die von der Verhaftung erfahren hatten, und all ihre Freunde jammerten und klagten und sich an die Brust schlugen. Als die Jungen vom Wagen sprangen, wurde der Freude ebenso ausgelassen Ausdruck gegeben, wie man vorher der Trauer Luft gemacht hatte.

Fünf Wochen blieb ich bei Hazel, machte mich nützlich und versuchte sie wenn nötig durch den schrecklichen Beiruter Verkehr zu fahren, wo auf den großen richtungsgetrennten Ausfallstraßen manche Fahrer angesichts der vielen militärischen Straßensperren die Nerven verloren und laut hupend die Absperrung durchbrachen und auf der Gegenfahrbahn weiterfuhren, ohne sich um den entgegenkommenden Verkehr zu kümmern. Unsere Unterhaltung während der Fahrt verlief oft nach folgendem Muster: «Hazel, schnell – wer hat hier Vorfahrt?» – «Keiner, Patricia. Wer zuerst kommt. Mach schnell!» – «Hazel, wir können da nicht durch. Es ist eine Einbahnstraße!» – «Aber wir wollen da hinten hin, und die andere Straße ist blockiert. Fahr los, du wirst schon sehen, was passiert.» Irgendwie kamen wir immer heil durch, einmal dank eines Soldaten, der vor uns hermarschierte und dafür sorgte, daß wir uns gegen den Gegenverkehr behaupten konnten. Diese Fahrten in die Stadt waren für mich die reinsten Horrortrips; aber wir machten auch herrliche Ausflüge: Fahrten in die unberührten libanesischen Berge, wo sich die Weinpflanzungen herbstlich färbten und wo nach den ersten Regenfällen auf den trockenen Hängen saftiges grünes Gras und Herbstkrokusse sprossen. Hier konnten wir uns umsehen und jenseits einer in Trümmern liegenden Stadt das dunstige Blau des Mittelmeers bewundern; und zu dieser Jahreszeit überspannten oft große Doppelregenbögen die Küste von Tyrus im Süden bis Tripolis im Norden. Wir kletterten zu den Zedern hinauf und besuchten faszinierende kleine Bergdörfer. Es war ein Paradies von einem Land, und es schien unglaublich, daß da unten die Bewohner eben dieses Landes systematisch und willentlich die eigene Herrlichkeit zerstörten.

Abgesehen vom Autofahren wurde ich nicht unbedingt benötigt. Hazel hatte ein ausgezeichnetes Team, und sie hüpfte wie ein Känguruh mit ihren Krücken herum. Für mich selbst aber war der Besuch eine enorme Bereicherung. Die Kämpfe waren zu dieser Zeit vorübergehend abgeflaut, und der Mut und die Entschlossenheit der Bevölkerung, sich aus den Ruinen zu erheben und das Leben neu zu beginnen, war bewegend und inspirierend. Außerdem lernte ich Faith Willard aus den Vereinigten Staaten kennen, die von da an bis heute untrennbar zu unserem Leben gehören sollte. Einige Jahre vorher war Faith als junge Frau im Verlauf einer Reise nach Beirut gekommen und hatte Hazel kennengelernt. Es war eine kurze Begegnung, die Hazel schnell wieder vergaß. Faith aber überdachte nach ihrer Rückkehr in die Staaten gründlich ihre Zukunftspläne. Sie war eine hochqualifizierte und außerordentlich beliebte Studienberaterin an einer großen öffentlichen Schule. Nun aber hatte sie einen Blick auf ein anderes Leben getan, und nach ein paar Jahren schrieb sie und bewarb sich um eine Stelle an der Schule im Libanon. Hazel las die blendenden Zeugnisse und Referenzen und lehnte ab. Sie hielt Faith für völlig überqualifiziert. Sie dankte ihr für ihren Brief, erklärte aber, sie habe das Gefühl, Faith würde nicht richtig in die Schule passen.

Faith konnte es nicht fassen. Sie war überzeugt, daß Gott zu ihr gesprochen hatte, und konnte nicht begreifen, daß er nicht gleichermaßen zu Hazel geredet hatte. Sie schrieb noch einmal und bekam dieselbe Antwort. Auch davon ließ sie sich nicht einschüchtern, sondern schrieb zum drittenmal und versicherte Hazel, sie fühle sich von Gott auf diesen Posten gerufen. Hazel gab nach, schrieb aber vorsichtig zurück und wies auf die Schwierigkeiten und Unsicherheiten des Schulbetriebs in einem kriegsgeschüttelten Land hin. Faith telegraphierte zurück: «Halleluja, ich komme.»

Ihr Kommen war ein Segen, sowohl für die Schule als auch für die Nachbarschaft, wo sie eine Bibelstudiengruppe für Eltern und Freunde ins Leben rief. Ihr Enthusiasmus und ihr brennender Wunsch, Gottes Wort weiterzugeben, ermutigten Hazel, nachdem ich wieder abgereist war, mit ihr und Heather, einer jüngeren Lehrerin, samstags Tausende von Evangelien, die die Bibelgesellschaft produziert hatte, an im Libanon stationierte ausländische Soldaten zu verteilen. Die drei Frauen fuhren fröhlich in ihrem alten VW von einem Ende des Landes zum anderen, an den vielen von syrischen, jemenitischen oder saudiarabischen Soldaten bemannten Checkpunkten vorbei.

Die Soldaten waren stets überrascht, immer höflich und oft dankbar für den Lesestoff, mit dem sie sich die Zeit vertreiben konnten, kamen auf diesen Straßen doch nur wenige Autos vorbei. Nicht selten baten Soldaten um zusätzliche Exemplare «für meine Familie in Damaskus... oder Homs». In bestimmten Abständen trafen sie auf große Militärlager, deren Eingänge streng bewacht wurden. Dann sagten die drei, sie wollten den Kommandanten sprechen. Meistens ließen die Wachen sie durch, völlig verwirrt vom Auftauchen dieser drei ausländischen Frauen, zwei davon überaus attraktiv, mit langem blonden Haar, die dritte eine ältere Damen an Krücken, ein Muster an Ehrbarkeit. In einem zentralen Zelt saßen gewöhnlich die Offiziere herum und tranken Kaffee; und auch sie wurden vom Auftauchen der drei ausländischen Frauen überrumpelt, boten ihnen Sitzplätze an, bestellten ihnen Kaffee und begannen eine Unterhaltung. Nicht ein einziges Mal lehnten sie die Bücher ab, die ihnen angeboten wurden, und die syrischen Offiziere gestatteten gewöhnlich aus Höflichkeit, daß auch im Lager einige Bücher verteilt wurden. Ich kann nicht mit spektakulären Erfolgsmeldungen aufwarten, aber Gott hält sein Versprechen: «Das Wort, das aus meinem Munde geht, wird nicht wieder leer zu mir zurückkommen, sondern wird tun, was mir gefällt, und ihm wird gelingen, wozu ich es sende...»

Wieder zu Hause angekommen, schrieb ich *Regenbogen im Sturm*, eine Geschichte, die auf den Erlebnissen einer libanesischen Familie beruht, die eine Zeitlang bei Hazel wohnte, nachdem sie bei den jüngsten Kämpfen ihr Haus und ihren gesamten Besitz verloren hatte.

23

In England

Im Februar 1980 starb Farnham im Alter von 62 Jahren. Er hatte sich einer Herzoperation unterzogen, von der er sich langsam erholte. Doch dann wurde er, wahrscheinlich bei einer Bluttransfusion, mit einem seltenen, wenig bekannten Virus infiziert. Er wurde wieder ins Krankenhaus eingeliefert und erlangte einige Tage lang nicht mehr richtig das Bewußtsein. An weit zurückliegende Ereignisse aus unserer Kindheit schien er sich zu erinnern, und in der letzten Nacht, in der ich an seinem Bett saß (wir hielten abwechselnd Nachtwache bei ihm), sangen wir zusammen die alten Schweizer Kirchenlieder, die wir in dem kleinen Versammlungsraum in Rossinière gelernt hatten.

Er hatte vor der Operation gewußt, daß er sterben würde, obwohl niemand sonst damit rechnete, und hatte genaue Anweisungen für seine Beerdigung hinterlassen. Im Laufe der Jahre, in denen er als Augenarzt im Addenbrook's Hospital gearbeitet hatte, war ihm die große Gemeinschaft dort zu einem besonderen Anliegen geworden. Er und der Krankenhausseelsorger hatten eine wöchentliche Mittagsgebetsversammlung in der Kapelle ins Leben gerufen, die rasch wuchs. Alle waren dazu eingeladen, und es war ein Erlebnis, wie da Ärzte, Schwestern, Putzfrauen und Pförtner nebeneinander knieten und für das Krankenhaus beteten. Und Gebete wurden erhört. Während Farnhams Zeit in der Klinik wurden Gideonbibeln an jedem Krankenbett deponiert, und man begann, die Gottesdienste aus der Kapelle in die Krankenstationen zu übertragen. Farnham wollte, daß diese Arbeit weiterging. Im Abschiedsbrief an seine Frau bat er, daß sein Beerdigungsgottesdienst während der Mittagspause in der Krankenhauskapelle abgehalten werden sollte, so daß alle daran teilnehmen könnten. Aber er solle nur eine halbe Stunde dauern, damit die Leute noch Zeit zum Essen hätten. Es gab so viele, mit denen er gesprochen und gebetet hatte, und alles wurde seinem Wunsch entsprechend getan. Sein alter Freund Maurice Wood predigte, und die Kapelle war gerammelt voll (das Krankenhauspersonal stand stellenweise in Viererreihen an den Wänden).

Farnham hatte darum gebeten, daß das Evangelium klar verkündigt würde, und eine Freudenfeier solle das Ganze sein. «Keine schwarzen Hüte und keine schwarzen Krawatten», hatte er gesagt. Von dem, was Frauen normalerweise zu einer Beerdigung trugen, hatte er offenbar nicht viel Ahnung.

Es ist sonderbar, wie die Trauer sich zu einer Art grauem Nebel verdichtete, aus dem nur gewisse Ereignisse unvergeßlich klar hervortraten. So erinnere ich mich, wie ich nachts um zwei Uhr zur Kapelle hinunterging, völlig gewiß, daß Farnham geheilt werden würde, und wie auf dem Weg, der zum Krankenhaus führte, die Nachtigallen sangen. Mir ist noch die Bitterkeit jenes Februarnachmittags im Gedächtnis, als wir ums Grab standen und sangen. Ich weiß noch, wie ich nach der Beerdigung allein im Auto heimfuhr und das Gefühl hatte, ein großer Teil von mir selbst sei gestorben, und ich hätte noch nie zuvor gewußt, was Trauer eigentlich sei. Und viel schlimmer als mein eigenes Leid war ja das Leid der Witwe und der sechs Kinder. Ich fand keinen Trost.

Erst drei Jahre später, als mein Bruder John starb, wurde ich getröstet. Am ersten Sonntag, nachdem er im Hospiz einem Krebsleiden erlegen war, konnte ich mich einfach nicht überwinden, zum Gottesdienst zu gehen. Vor allem konnte ich den Gedanken an die Lieder, die gesungen werden würden, nicht ertragen. Ich ging in die Wälder von Crackley, wo hüfthoch der Augustfarn stand und das Licht nur gedämpft durch das dichte Blattwerk der Bäume drang. Und hier schien Gott sehr deutlich zu mir zu reden und mir zu sagen: «Ich will dich nicht ungetröstet lassen. Ich werde zu dir kommen.» Die Stimme war so klar, daß ich das Gefühl hatte, ich könne wie in einem ganz normalen Gespräch antworten. «Woran soll ich dieses Kommen erkennen?» fragte ich. Da kamen mir plötzlich die Worte eines alten Liedes in den Sinn, das ich in meiner Kindheit gelernt, aber nur in Arabisch gesungen hatte: «Ich werde Ihn erkennen, ich werde Ihn erkennen an den Malen der Nägeln in seinen Händen.» Auf einmal ging mir auf, daß wir im Leiden auf gemeinsamem Boden mit ihm stehen. Wir erleben es zusammen mit ihm. Der Apostel Paulus hat sogar darum gebetet: «Ihn möchte ich erkennen und die Gemeinschaft seiner Leiden.»

Es war gut, daß ich im selben Monat, in dem Farnham 1980 starb, umzog. So mußte ich an vieles andere denken. Bei John hatte man Krebs diagnostiziert, und er wurde schwächer und schwächer. Ich wußte, daß er bald seine Praxis würde aufgeben müssen. Der ganzen Familie würde dann nichts anderes übrigbleiben, als in ein kleineres Haus in der Umgebung umzuziehen, und die Tante und ich mußten uns eine eigene Unterkunft suchen. Ich hatte mich einer freundlichen kleinen evangelikalen Kirche in einem Viertel mit städtischen Sozialwohnungen angeschlossen und wollte nun auch in der Nähe wohnen. Es war schwierig, die Tante alleinzulassen und auf Haussuche zu gehen, und ich betete, Gott möge irgendwie das richtige Haus für mich aussuchen. Das zweite, das ich mir anschaute – ein städtisches Häuschen nur fünf Minuten von der Kirche entfernt – entsprach genau meinen Wünschen und Bedürfnissen. Und es wurde zu einem Preis angeboten, den ich mir dank einer Erbschaft von einer Großtante leisten konnte.

Aber ich hatte nicht mit den Zusatzkosten gerechnet. Ich hatte weder je etwas von einer Ablösesumme (200 Pfund) gehört, noch hatte ich einen undichten Boiler einkalkuliert, Stromkabel, die dreißig Jahre lang nicht überprüft worden waren, und eine Zentralheizung, die von Grund auf erneuert werden mußte. Bis ich einziehen konnte, hatte ich mein Budget bereits um 1700 Pfund überzogen. Es war Februar, und vor Juni würde ich keine Honorare erhalten.

Mir drohte nicht gerade der Hungertod. Meine Brüder hätten mir geholfen, wenn ich sie darum gebeten hätte. Aber ich betete für die ganze Angelegenheit und bekam – vielleicht weil ich gerade eine so traurige Zeit erlebte – eine umgehende und direkte Antwort. Einen oder zwei Tage später erhielt ich einen Brief von einem Rechtsanwalt im Lake District. Er schrieb, er hätte seit einem Jahr nach mir gesucht. Könne ich ihm wohl einen Identitätsnachweis schicken? Nachdem ich ihm die gewünschten Papiere zugesandt hatte, erhielt ich einen zweiten Brief: Vor einem Jahr war eine alte Dame gestorben. Sie hatte eines meiner Bücher sehr geschätzt und hatte mir zirka 1800 Pfund hinterlassen (am Ende waren es sogar 2000 Pfund).

Warum hatten sie ein Jahr lang gesucht? Mein Name war nicht gerade weit verbreitet, der Name meines Verlags stand in dem Buch. Ich habe nur die eine Erklärung, daß Gott die Zahlung zurückhalten wollte. «Meine Zeit steht in deinen Händen», hat David gesagt. Hätte ich das Geld früher bekommen, hätte ich es nicht so dringend gebraucht und wahrscheinlich für irgend etwas anderes ausgegeben.

Ich liebte mein neues Zuhause, und die Tante, die noch nie in einem kleinen Haus gewohnt hatte, gewöhnte sich schnell daran. Die Möblierung stammte zum Teil von Leuten aus der Kirche, in der eine herzliche und hilfsbereite Gemeinschaft herrschte. Zwei der Gemeindeleiter stürzten sich sogar in Overalls und führten miteinander im ganzen Haus die Malerarbeiten aus. Die Nachbarn waren freundlich und nahmen uns mit offenen Armen auf, und manche von ihnen sind enge Freunde geworden.

Die Leute schauten bei uns vorbei. Kinder klopften an. Wir ließen eine neue Garage bauen, die den alten, baufälligen Schuppen im hinteren Garten ersetzte, und den bauten wir zu einem Billardraum aus, der viele junge Leute angezogen hat. Die Jungen erscheinen an der Haustür, murmeln «Snooker» (Billard) und zischen durchs Haus und zur Hintertür hinaus, ohne uns eines Blickes zu würdigen. Nur im Winter packe ich sie am Kragen und sorge dafür, daß sie sich die Schuhe abputzen. Natürlich werden wir auch ganz gern zur Kenntnis genommen, und so freuten wir uns riesig, als ein junger

Bursche, der uns wochenlang wie zwei Möbelstücke behandelt hatte, eines Tages an der Küchentür plötzlich eine Vollbremsung hinlegte und uns über die Schulter zurief: «Ich komm' gern her. Das is'n bombiges Haus.»

Bald nach unserem Einzug ließen wir hinten am Haus einen recht soliden Wintergarten anbauen, der als Spielzimmer und im Bedarfsfall auch als Gästezimmer dienen kann. Oft kommen Freunde und Familienmitglieder zu Besuch, auch Freunde aus dem Libanon, aus Marokko und aus anderen Ländern. Auf diese Weise lernten wir auch Studentinnen und Studenten von der Warwick University kennen, besonders ausländische, die sich doch oft einsam fühlen und sich freuen, wenn sie eine englische Familie besuchen können.

Es waren glückliche Jahre, und das Altwerden fiel mir nicht schwer. Ich fand auch neue Quellen und Ideen fürs Schreiben. Die enorme Zahl von zerbrochenen Familien und orientierungslosen Kindern motivierte mich, *Wo der Fluß beginnt* zu schreiben. Das Interesse von Teenagern am Okkultismus steht hinter *Die Spur führt nach Jerusalem*, eine Geschichte, die zur Zeit Christi in Tyrus im Libanon spielt.

Hazel kehrte 1981, nachdem sie das Pensionsalter erreicht hatte, aus dem Libanon zurück. Sie kam, als ich gerade ins Krankenhaus gehen und mich einer Operation an der Halswirbelsäule unterziehen mußte. Seit drei Wochen hatte ich schlimme Schmerzen gehabt, und am Abend vor der Operation, als ich für die Tante packte, die während dieser Zeit bei meiner Schwägerin wohnen sollte, fühlte ich mich am Ende meiner Kräfte. Plötzlich brach auch noch die Kleiderstange im Schrank, in dem sämtliche Kleider meiner Tante hingen, und alles landete in einem Haufen auf dem Schrankboden. Ich versuchte es zu verbergen, aber meine Tante merkte, daß ich völlig verzweifelt war, auch wenn sie nicht vollständig mitbekam, was passierte. Ich wußte, daß ich die Kleidungsstücke wieder aufheben mußte, und das Bücken tat schrecklich weh. Ich schleppte mich den Tränen nahe nach unten ... da klopfte es. Draußen stand Alan Parker, ein junger Mann aus der Kirche, schüchtern und verlegen. «Ich bin gerade auf dem

Heimweg», sagte er. «Ich bin etwas früher mit der Arbeit fertig geworden. Gerade bin ich mit dem Auto an Ihrem Haus vorbeigekommen. Und plötzlich hab' ich das Gefühl, daß Sie Hilfe brauchen.» Ich verkniff es mir, ihn zu umarmen, und eilte mit ihm nach oben. Knapp zehn Minuten später war die Stange repariert, und die Kleider hingen wieder ordentlich daran.

Hazel traf ein paar Tage nach meiner Operation ein. Ich hatte gerade (gleichzeitig!) Besuch von einem Prinzen der äthiopischen Königsfamilie und unserem Tankwart. Ich hätte mich gefreut, jeden von ihnen einzeln zu begrüßen und mit dem einen über die politische Lage in Äthiopien zu sprechen und mit dem anderen über Autos; aber soviel ich mir auch den Kopf zerbrach, mir fiel kein Thema ein, das sie beide interessierte. Sie saßen zu beiden Seiten meines Bettes. Da mein Hals in einem dicken Verband steckte, konnte ich nur mit einem sprechen, indem ich dem anderen den Rücken zukehrte. Ich fühlte mich schrecklich. Plötzlich tauchte Hazel in der Tür auf, meine praktische Schwester, die für alle Probleme eine Lösung hat. Sie erkannte mit einem Blick, was los war, und ging nacheinander mit jeweils einem meiner Besucher nach unten, um eine Tasse Tee mit ihm zu trinken. In der Zeit konnte ich mich in aller Ruhe auf eine Seite drehen und mich mit dem, der bei mir geblieben war, unterhalten. So ist das bis heute geblieben. Hazel hat seither all unsere Probleme mit fröhlichem gesunden Menschenverstand gelöst und weigert sich gewöhnlich, ein Problem als unlösbar hinzunehmen. Ihr Motto lautet: «Das Leben ist großartig; man darf sich nur nicht unterkriegen lassen.»

Ich genoß meine zehn Tage im Krankenhaus; Sorgen machten mir aber meine Hände. Sie waren so kraftlos, fast als seien sie gelähmt. Ich konnte weder einen Stift halten, noch mit Messer und Gabel essen; und niemand kannte die Ursache oder konnte mir sagen, ob das vorübergehen würde. Ich wurde nach Hause entlassen, doch trotz Physiotherapie ging es kaum besser. Da begann ich intensiver über das Thema Heilung durch Gebet nachzudenken. Ich hatte nicht um eine wunderbare Heilung von meinen Beschwerden der Halswirbelsäule gebetet. Ich hatte geglaubt, daß der Chirurg mich mit Gottes Hilfe heilen würde. Das tat er auch. Im Laufe der Tage, die ich auf der Krankenstation verbrachte, wurde mir klar, wie tragisch das wäre, wenn alle Christen immer sofort geheilt würden und nie ins Krankenhaus müßten. Im Krankenhaus sind die Leute so aufgeschlossen und gesprächsbereit. Wie gut wäre es, wenn es auf jeder Station wenigstens einen kranken Christen gäbe! Aber die Sache mit meinen Händen, das schien etwas anderes zu sein. Hier stand mein Pflegedienst und mein Schreiben auf dem Spiel. Und wenn die Schwäche blieb, müßte Hazel den Gedanken aufgeben, als Vertretung in der Schule einzuspringen, und zu Hause bei der Tante bleiben.

Ich bat drei Älteste der Kirche, zu mir zu kommen, mir die Hände aufzulegen und um meine Heilung zu beten. Sie kamen am Sonntag mittag. Zunächst passierte überhaupt nichts; doch abends konnte ich schon einen Stift halten und leserlich schreiben, und am nächsten Morgen konnte ich die Tür öffnen. Nach 24 Stunden waren meine Hände wieder so kräftig wie früher.

Wenn ich, warum dann nicht auch John, mit dem es rasch bergab ging und dessen Krebs sich offenbar ausbreitete? So viel ereignete sich in seiner Familie. Eine Hochzeit wurde geplant; ein Baby wurde erwartet; ein Studienabschluß stand bevor. John liebte den Herrn und vertraute ihm; aber der Gedanke, all seine Lieben zu verlassen, erschien ihm unerträglich. Könnte es für ihn nicht Heilung durch Gebet und Glauben geben? Es schien so nötig.

Wir gingen in jenem Jahr als Familie zur ersten Spring Harvest Konferenz in Prestatyn. John ging es gut genug, an einigen der Versammlungen teilzunehmen. Dort wurde klipp und klar gelehrt: Wenn wir beten, «Gottes Wille geschehe wie im Himmel, so auf Erden», können wir auch mit Zuversicht um Heilung beten. Im Himmel gibt es ja keinen Krebs und keine andere Krankheit. Gott will keine Krankheit. John bat darum, daß man für ihn beten solle, und die Leiter waren über

Erwarten fürsorglich und liebevoll. Obwohl die Konferenz speziell für junge Leute durchgeführt wurde, und obwohl den ganzen Tag und die ganze Nacht hindurch seelsorgerliche Gespräche mit einzelnen geführt werden mußten, kamen das ganze Leiterteam und eine Reihe von Ehefrauen der Leiter zusammen, um für John zu beten. Auch Johns Frau und seine Tochter waren dabei. Man nahm Gottes Heilung für ihn in Anspruch, und wir verließen Spring Harvest voller Hoffnung und Erwartung.

John starb kaum vier Monate später. Und doch war etwas mit ihm geschehen. Er hatte fortan einen fast greifbaren Frieden und ein unerschütterliches Ja zu Gottes Willen. Als er schwächer wurde, war er tagsüber oft bei uns zu Hause. Gegen Ende half ich Gwynne, meiner treuen Schwägerin, zuweilen bei den Nachtwachen... und erlebte immer aufs neue das Bewußtsein des Friedens Gottes, der alles Begreifen übersteigt und alle Fragen zum Schweigen bringt.

Und so hörte auch ich auf zu fragen. Glauben bedeutet nicht sicher sein, daß man gesund wird. Glauben drückte sich in den Evangelien so aus, daß jemand die Hand nach Jesus ausstreckte, und dann passierte immer etwas. Wie in den Evangelien nie zwei Heilungen ganz gleich verliefen, so behält Christus sich das Recht vor, einen Menschen da anzurühren, wo er es in seiner Liebe für das Beste hält. Es gibt verschieden ausgeprägten Glauben – Kleinglauben, Glauben wir ein Senfkorn, großen Glauben –, und die Qualität dieses Glaubens mag sich auf den Seelenfrieden des Bittenden auswirken, auf die Antwort des Herrn aber hatte sie keinen Einfluß. Der angstschlotternde Petrus, der in den Wellen versank, und die verängstigte Frau, die den Saum seines Gewandes anrührte, wurden ebenso sicher gehalten und geheilt wie der glaubensstarke Hauptmann. Die Antwort auf unser Gebet erfahren wir körperlich, seelisch, geistig, in unseren Lebensumständen oder auch in Segnungen, die wir erst viel später erkennen oder erleben. Vielleicht erfahren wir sie auch erst jenseits der Todesschwelle, und in unserem Schmerz bedenken wir oft viel zu wenig diese endgültige Heilung.

Diese Lektion lernte ich besonders eindrücklich in Ruanda, als ich die Insel besuchte, auf der man die alten Leprakranken, die zu hilflos und zu verstümmelt waren, um in ihre Dörfer zurückzukehren, für den Rest ihres Lebens pflegte. Man erzählte mir: Wenn ein Leprakranker stirbt, herrscht keine Spur von Trauer. Die anderen Leprakranken heben am Ufer des Sees sein Grab aus und bereiten ein großes Fest vor. Bei Sonnenuntergang kommen sie zusammen, essen und trinken und tanzen und singen die ganze Nacht zwischen den Gräbern. Auf diese Weise freuen sie sich mit dem gestorbenen Leprakranken, der jetzt seinen Auferstehungsleib hat, ohne Schmerzen, ohne Hinfälligkeit und Verunstaltung. Ich weiß noch, wie ich dachte: «Das ist die eigentlich richtige Reaktion auf den Tod eines Christen.» Und doch bin ich froh, daß Jesus geweint hat. Er weiß, daß es fast unmöglich ist, sofort durch die Nebel der Trauer die Herrlichkeit des Jenseits zu erblikken. Wir müssen einfach glauben, daß sie da ist.

John starb 1983, und neun Monate später, es war schon 1984, starb unsere Tante. Sie war sehr müde und bereit zu gehen. Sie war stocktaub und konnte auch nicht mehr viel lesen. Es war schwer, sie aufzumuntern. In ihren letzten Lebensjahren galt ihre ganze Sorge den Enkelkindern des Kaisers von Äthiopien, fünf Mädchen, die sie sehr ins Herz geschlossen hatte, seit sie zusammen mit anderen äthiopischen Kindern in Clarendon gewesen waren und die Tante sich als Hausmutter um sie gekümmert hatte. Als die Revolution ausbrach, wurden sie ohne Gerichtsverhandlung inhaftiert und zusammen mit ihrer Mutter und anderen Frauen der königlichen Familie in einem kleinen Raum zusammengepfercht. Miss Swain dachte an sie, betete für sie, setzte sich unermüdlich für sie ein, ließ ihnen über eine neutrale Stelle soviel Hilfe und Unterstützung wie möglich zukommen und rief andere dazu auf, sich ihr in ihren Bemühungen anzuschließen. Leider starb sie, bevor die Mädchen und Frauen nach vierzehnjähriger Haft entlassen wurden. Aber die Gebete für sie wurden erhört. Trotz allem, was sie durchmachen mußten, sind ihr Mut und ihr unerschütterlicher Glaube an

Gott ein wunderbares Zeugnis für seine Macht gewesen, die Seinen in allen Lebensumständen zu bewahren.

Ich frage mich, ob Miss Swain wohl vom Himmel her den Gedenkgottesdienst in London mit ansehen durfte. Sicher hätte sie sich gefreut, wie da Hunderte ihrer ehemaligen Schülerinnen zusammenkamen, um Gott für ihr Leben zu danken, und eine nach der anderen bezeugte, welchen Einfluß sie in ihrer Liebe auf sie als Kinder und junge Frauen gehabt hatte. Es war ein wunderbarer Gottesdienst, ein Freudenfest.

24

Das Flüchtlingslager

Acht Jahre lang hatte ich meine Tante gepflegt, und nun erschien mir mein Leben zunächst ziemlich leer, obwohl unsere kleine Kirche gleich um die Ecke blühte und ich eine Reihe von Suchenden und Neubekehrten begleitete und betreute. Doch noch während ich wartete und betete und mich fragte, ob ich nach Marokko zurückkehren sollte, tauchten die Bilder der Hungersnot in Äthiopien auf unseren Fernsehbildschirmen auf, und England war erschüttert. Im Laufe der letzten Jahre haben wir uns anscheinend an die Bilder von Krieg, Hunger und Elend gewöhnt, und die Öffentlichkeit leidet offenbar unter «Abstumpfung des Mitgefühls», wie es genannt worden ist. 1984 hatten wir aber noch nichts dergleichen so eindringlich vor Augen geführt bekommen. Selbst die Kinder aus unserem Viertel kamen und klopften bei uns an und fragten uns, was sie für Äthiopien tun könnten. Wir bildeten eine Arbeitsgruppe und organisierten einen Weihnachtsbasar. Das half den Kindern, doch was die Hungersnot betraf, war es natürlich nur ein völlig unwirksames Tröpfchen. So ließen sich einige auch nicht beruhigen, und mit jeder Nachrichtensendung, die neue Schreckensmeldungen brachte, brach immer wieder frisch die Frage auf: Wo ist Gott in einer solchen Situation? Ist ihm das völlig gleichgültig? Warum? Warum? Warum? Er könnte es doch regnen lassen, wenn er wollte, bemerkte ein ratloser Teenager.

Ich wollte eine Antwort auf diese brennende Frage, eine Frage, die schon Tausende von Jahren zuvor gestellt worden war: «Ist der Herr bei ihnen oder nicht?» Als ich deshalb von Global Care, einem christlichen Hilfswerk, mit dem ich Kontakt hatte, angefragt wurde, ob ich bereit sei, als Repräsentantin die Flüchtlingslager an der sudanesisch-äthiopischen

Grenze zu besuchen, sagte ich gern zu. Christian Outreach, eine Hilfs- und Entwicklungsorganisation in Leamington Spa, hatte ein Notspeisungszentrum für Kinder aufgebaut, und Global Care war ein wichtiger Partner, der sich um Spenden für das Projekt bemühte. So reiste ich im Mai 1985, im späten Frühling, als alles grünte und blühte, aus England aus und flog mit Ron Newby, dem Gründer und Leiter von Global Care, nach Khartum. Von dort aus fuhren wir im Jeep ostwärts, in das schreckliche Dürregebiet und zu den Lagern an der äthiopischen Grenze. Ich kann nicht behaupten, daß ich den Monat, den ich im Camp verbrachte, genoß. In mancher Hinsicht war er ein einziger Alptraum; aber ich werde immer dankbar sein, daß ich gegangen bin. So viele Fragen wurden beantwortet, und es war alles in allem eine bereichernde Erfahrung.

Da war erstens die Hitze. Man hatte mir ein Bett in einer ziemlich vollen strohgedeckten Lehmhütte zugewiesen. Aber die Enge war unerträglich, und ich schob mein Bett nach draußen. Ich erwachte gegen vier Uhr morgens, wenn es noch verhältnismäßig kühl war, und wartete, daß die Sonne wie ein wildes Tier über die Umfassungsmauer sprang. Bis wir gefrühstückt hatten und im Lager ankamen, war das Thermometer gewöhnlich schon auf 120 Grad Fahrenheit geklettert (über 45° Celsius). Die Unterkünfte auf dem Lagergelände hatten keine Wände, sondern bestanden nur aus auf Pfosten ruhenden Wellblechdächern mit großen Löchern, durch die die Sonne brannte. An den ersten Tagen, wenn wir gegen drei Uhr nachmittags in unsere kleine Anlage für die Mitarbeiter zurückkehrten, war ich überzeugt, an einem Hitzschlag zu sterben. Aber nach einer Woche hatte man sich daran gewöhnt, und ich beschloß weiterzuleben. Übrigens war ich, soweit ich weiß, die einzige im ganzen Mitarbeiterteam – die anderen waren in den Zwanzigern –, die nicht in den ersten zwei Monaten nach ihrer Ankunft aufgab.

Zweitens war da das viele Leid. Gewöhnlich brachen wir gegen 6.15 Uhr zum Lager auf, überquerten den Damm mit seinem segensreichen Grünstreifen und rumpelten dann mit unserem überladenen Landrover durch die Wüste. Hier und da lagen Kadaver von Ziegen und Kamelen im Sand. Sie hatten sich von der Herde entfernt, die noch in der Nähe des Damms und des schlammigen Flusses weidete, und waren verdurstet. Manchmal sahen wir seltsame Luftspiegelungen von Bäumen und Wasser in der Ferne vor uns. Wenn wir näherkamen, lösten sie sich im Morgenlicht auf, und das erste, was wir wirklich am Horizont erblickten, waren Reihen um Reihen von Armeezelten. Tausende von ihnen standen völlig ungeschützt im grellen Sonnenlicht, und es wurden immer mehr, denn wir versuchten stets, in unserem Lager anzukommen, bevor die Lastwagenkolonne die tägliche Anzahl von Hungernden von der Grenze hierherbrachte (normalerweise waren es ungefähr 1400 pro Tag).

Die schlimmsten Schrecken blieben uns erspart. Unser Lager war ein «Overflow Camp», d.h., die Leute, die zu uns kamen, waren vorher schon in dem Lager weiter im Süden betreut worden, in dem 80 000 Menschen in Unterständen in der Nähe eines Flusses lebten, der auszutrocknen begann. Bei jedem Transport gab es einige Tote – Leute, die die anstrengende nächtliche Reise nicht überstanden, bei der etwa vierzig Leute zusammengedrängt auf der Ladefläche jedes Lastwagens im Konvoi standen. Unsere erste Aufgabe bestand darin, die erschöpften Menschen willkommen zu heißen und ihnen beim Aussteigen zu helfen.

Die ersten, die uns entgegensprangen, waren die Kinder. Einige von ihnen konnten sich kaum auf ihren Streichholzbeinen halten, aber sie strahlten, weil sie angekommen waren. Sie schüttelten uns die Hand und lächelten uns von unten herauf an, ihre eingefallenen Gesichter glühend, und ihre Augen für einen Augenblick leuchtend. Einige waren schon seit Wochen unterwegs, weiter und immer weiter durch das wüste, ausgedörrte Land. Unterwegs hatten sie ihre Freunde begraben. Aber jetzt, hier, waren sie nach Hause gekommen. Hier konnten sie bleiben und sich erholen. Hier war ihre Reise zu Ende. Sie waren erschöpft, aber sie freuten sich.

Als nächstes folgten die Kranken. Sie wurden vorsichtig

von der Ladefläche gehoben, doch manchmal war es zu spät. Eine in erbärmliche Lumpen gehüllte Frau wurde weggetragen, gefolgt von ihrem weinenden Mann und ihren Kindern, an deren weit aufgerissenen Augen abzulesen war, daß sie noch nicht begriffen hatten, was geschehen war. Eine andere Frau hatte während der Fahrt auf dem Lastwagen ein Kind geboren, und oft wurden Frauen nach vorne geschoben, die halbtote Babys an sich drückten und rasch zum Ernährungszentrum weitergeleitet wurden – leider oft zu spät.

Dann kam das Auspacken der Kochtöpfe und der schmutzigen Wolldecken, und die Familien drängten sich im Schatten der Wellblechdächer zusammen. Es war sehr still, denn die wenigsten hatten die Kraft oder Energie zu reden. Die Kinder rollten sich auf den Schilfmatten zusammen und schliefen. Alle bekamen eine Tasse angereicherter Milch und eiweißreiche Kekse, und die gesünderen Babys wurden mit Haferflocken mit viel Milch gefüttert. Anschließend folgten familienweise die Registrierung, die Untersuchungen und das Wiegen und Messen durch das medizinische Personal. Es wurde Spätnachmittag, bis sie ihre Rationen bekamen und man ihnen ihr Zelt zuwies, und in der Zwischenzeit wurde es immer heißer. War der Herr bei uns oder nicht? Die Äthiopier sind ein edles Volk. Sie trugen ihre Lumpen mit einer rührenden Würde. Während des ganzen Monats, den ich dort zubrachte, hörte ich kein einziges Mal ein Murren oder eine Beschwerde oder ein ungeduldiges Wort, und dasselbe kann ich von dem überarbeiteten jungen Team von Krankenschwestern, Ärzten und Ernährungsfachleuten sowie ihren im Schnellverfahren ausgebildeten örtlichen Helferinnen und Helfern sagen. Kein einziges Mal hörte ich sie im Dienst klagen oder schimpfen, allerdings fand ich einmal eine junge Mitarbeiterin hinter einem Stapel Kekskartons, wo sie bitterlich weinte, weil wieder einmal ein Baby gestorben war.

Ich arbeitete vor allem im Ernährungszentrum für die Babys, wo die kritisch unterernährten und sterbenden Kinder mit dem Löffel oder durch Magensonden gefüttert wurden. Ihre kalten kleinen Körper wurden in Flickendecken eingehüllt, die in Frauenkreisen in England gestrickt worden waren. Sie wirkten wie fröhliche Farbtupfer zwischen all den staubfarbigen Lumpen und Decken, in denen die Menschen angekommen waren. Es waren keine Windeln vorhanden. Das Wasser war streng rationiert, und so konnte nicht daran gedacht werden, Kleider zu waschen. Aber irgendwie war das den Leuten egal. Sie waren angekommen. Es war das Ende der Reise. Oft ließen sie sich nur noch auf die Schilfmatten fallen, überließen uns ihre Babys und schliefen und schliefen und schliefen.

Ich besorgte mir einen Übersetzer, setzte mich mit ihm an die Zelteingänge, fragte und hörte erstaunliche Geschichten von Härten und Entbehrungen und Überleben. Endlos lange Trecks durchs Dürregebiet; viele kleine Gräber am Wegesrand, denn es waren die Kinder, die als erste zusammenbrachen. Ungezählte Flüchtlinge verdursteten, starben an Unterernährung, an Schlangenbissen oder Hitzschlag oder auch im Bombenhagel und Gewehrfeuer der Regierungstruppen, war doch der Bürgerkrieg in vollem Gange. Doch die Leute, die hier bei uns für den Augenblick in Sicherheit waren, schienen ruhig und objektiv von ihren Erlebnissen erzählen zu können. Einige von ihnen schienen richtig fröhlich zu sein. Auch in einem Flüchtlingscamp tut es gut, sich hinzusetzen und auszuruhen. Das Schlimmste war zu jener Zeit wohl die Langeweile. Abgesehen von immer weiteren Streifzügen durch die gestaltlose, glühende Wüste auf der Suche nach Feuerholz, dem täglichen Schlangestehen für die Wasserration und der wöchentlichen Schlange, um die Nahrungsration in Empfang zu nehmen, gab es nichts zu tun. Später wurden Klassen für die Kinder organisiert. Zweimal am Tag gruben die Frauen kleine Löcher in die trockene Erde und zündeten ihre winzigen Feuer an, um darauf ihre Dörrbohnen zu kochen. Wenn ich also mit dem Übersetzer ein Zelt betrat, war das eine hochwillkommene Abwechslung. Ich mußte viele Hände schütteln, und die Menschen strahlten und lachten.

Die meisten Flüchtlinge waren koptische Christen und trugen Kreuze um den Hals. Bis zu diesem Zeitpunkt gab es aber noch keinerlei kirchliches Leben im Lager. Von Ron Newby von Global Care hatte ich allerdings erfahren, daß es in der Stadt Gadaref, etwa fünfzig Meilen im Westen, wo Arabisch gesprochen wurde, eine blühende kleine Flüchtlingskirche gab. Also beschloß ich, dort an meinem ersten freien Wochenende einen Besuch zu machen. Ich bat, mit mehreren anderen auf einem Versorgungslastwagen mitfahren zu dürfen, und wir holperten meilenweit durch die weglose Wüste, bevor wir die Asphaltstraße erreichten. Gegen Mittag kamen wir an unserem Ziel an.

Gadaref, eine staubige, stinkende kleine Stadt, die in der Hitze schmorte, war damals wichtig, weil hier die Hilfsgüter aus dem Ausland für die drei großen Camps an der äthiopisch-sudanesischen Grenze gelagert wurden. Im nördlichen Lager waren 120 000 Menschen untergebracht, im südlichen 80 000. Die Leute, die dort keinen Platz mehr fanden, kamen zu uns, und das waren zu diesem Zeitpunkt 20 000. Täglich kamen Dutzende von fähigen, hochmotivierten jungen Mitarbeiterinnen und Mitarbeitern aus allen erdenklichen Hilfswerken auf der Durchreise durch die Stadt – medizinisches Personal, Brunnenbauer und Mechaniker, Ernährungsfachleute und Hygieneexperten, Koordinatoren aller Nationalitäten. Sie alle konnten in der Residenz einer englischen Dame übernachten, die ein offenes Haus hatte für alle, die kamen. So meldete auch ich mich und bat um eine Unterkunft. Man führte mich in ein niedriges, heißes Zimmer mit einem kleinen Bett. Eine Tür führte auf eine Veranda hinaus. Für ein Einbettzimmer schien mir der Raum recht groß, bis ich merkte, daß alle anderen Betten in den Garten hinausgetragen worden waren. Es gelang mir gerade noch, mein Bett zwischen zwei andere zu quetschen. Ich belegte es mit meinem Rucksack und begab mich auf einen Streifzug durch die Stadt. Man hatte mir die Adresse eines arabischen Pastors gegeben, eines einsamen Christen in dieser belebten kleinen muslimischen Stadt. Er war ein müder alter Mann, und wir saßen auf seiner Veranda, und er erzählte mir seine Geschichte. Jahrelang hatte er treu einer Gemeinde von etwa acht Personen gedient

– seiner jungen Familie und zwei oder drei anderen. Dann war ein junger äthiopischer Flüchtling zu ihm gekommen und hatte ihn gefragt, ob er ein paar seiner Landsleute mit in den Gottesdienst bringen und für sie ins Tigri übersetzen dürfe. Der Pastor war hocherfreut, und am ersten Sonntag waren etwa zehn Personen erschienen. Am nächsten waren es zwanzig, dann fünfzig gewesen. Nun platzte das kleine Gotteshaus aus allen Nähten. Der Pastor riet mir, am nächsten Morgen früh zu erscheinen, wenn ich noch einen Sitzplatz ergattern wolle. Es war wunderbar, in dem saftig grünen Garten zu übernachten, eingehüllt in Blütenduft. Ich streckte mich wohlig auf meiner Matratze aus, rechts von mir ein irischer Polizist, links ein walisischer Pastor. Wir nahmen es gelassen. Es war viel zu heiß, um sich über so etwas aufzuregen.

Ich kam lange vor Beginn des Gottesdienstes in der kleinen Kirche an, doch wäre nicht ein junger Bursche aufgestanden und hätte mir seinen Platz angeboten, hätte ich keinen Sitzplatz mehr bekommen. Der Raum war bis hinten an die Tür voll mit Männern, Frauen und Kindern. Sie standen sogar dicht an dicht im Mittelgang und auf den Stufen zur Plattform. Ihre Gesichter strahlten erwartungsvoll, und sie sangen und klatschten. Sie leuchteten buchstäblich. Da war nichts mehr von geduldiger Apathie zu spüren. Diese Leute waren voll gespannter Erwartung, und als ein großer, gutaussehender Äthiopier die Plattform betrat, um den arabischen Pastor zu übersetzen, beugten sie sich nach vorne und lauschten atemlos – Menschen, die das Brot des Lebens geschmeckt hatten. Sie waren nicht physisch hungrig. Ihr Lager war längst gut eingerichtet und erhielt regelmäßige Rationen, und sie hatten sich schon teilweise ins Leben der Stadt integriert. Aber sie waren alle weit von ihrer Heimat entfernt und sehr arm und hatten keinerlei Zukunftsperspektiven. Woher also hatten sie ihre strahlende Freude?

Der junge Übersetzer, Melaku, lud mich ein, ihn am Nachmittag im hinteren Teil der Kirche zu treffen. Er war ein außerordentlich gebildeter junger Mann, der fließend Englisch sprach und mir seine Geschichte detailliert und ohne

Bitterkeit erzählte. Er hatte Äthiopien nicht wegen der Dürre verlassen, denn er hatte im relativ fruchtbaren Süden gewohnt. Er war geflohen, um sein Leben zu retten.

Zur Zeit der Revolution war er ein Junge von etwa fünfzehn Jahren gewesen, und die Lehre der Kommunisten hatte ihn begeistert. Hier war ein wunderbarer neuer Weg zur Freiheit und zu Chancen für die Jungen, eine Möglichkeit, all die alten Fesseln der Kultur und der Religion zu sprengen. Er verschrieb sich der neuen Bewegung mit all seiner Energie und seinem Enthusiasmus, und zunächst hatten er und seine begeisterten Genossen das Gefühl, ihnen gehöre die Welt.

Allmählich aber – als es zu spät für einen Rückzieher war – begann ihnen zu dämmern, daß nicht alles Gold war, was da glänzte. Man nahm Melaku die Farm seines Vaters ab, und Leute, die das System in Frage stellten, begannen zu verschwinden. Freiheit bedeutete, daß man die Parteilinie vertreten durfte und keine andere. Sie waren Gefangene des Systems geworden. Melaku und viele andere wie er bekamen es mit der Angst zu tun.

Nur sein Freund schien sich nicht zu fürchten. Im Gegenteil, er hatte ständig irgendein Lied auf den Lippen, und Melaku, der Musik liebte, fragte ihn, was er da singe. Der Junge antwortete freundlich: «Komm am Sonntag morgen mit, dann hörst du's.» Melaku nahm die Einladung an. Er ging mit seinem Freund in eine kleine evangelikale Kirche, die bald darauf geschlossen werden sollte. Zum erstenmal in seinem Leben hörte er, wie das Evangelium in seiner Sprache vorgelesen wurde. Da «verliebte ich mich in Jesus», so seine eigenen Worte. Er kaufte sich ein Neues Testament und vertiefte sich hinein, weinte über die Geschichte vom Kreuz und rühmte die Wahrheit der Auferstehung. Ein wunderbares neues Leben schien sich vor ihm aufzutun, ein Ausweg aus der Falle.

Aber einer der örtlichen Leiter des neuen kommunistischen Regimes bemerkte, wie sich der Junge verändert hatte, und kam sofort dahinter, was los war. Man ließ Melaku kommen und sagte ihm, in Zukunft würden sich die jungen

Genossen an jedem Sonntagmorgen versammeln. Man erwarte von ihm, daß er erscheine.

Jetzt wurde Melaku allmählich klar, was sein Christsein ihn jetzt und in den vor ihm liegenden Jahren kosten würde. Er war erst sechzehn, aber er traf seine Entscheidung. Er wußte, daß er dem Anspruch dieser großen Liebe niemals den Rükken kehren konnte, und er räumte seiner Beziehung zu Christus weiterhin den ersten Platz in seinem Leben ein und erzählte jedem, der zuhörte, von seinem Herrn. In den nächsten fünf Jahren wurde er dreimal inhaftiert, wurde geschlagen, in ein finsteres Loch gesteckt und gedemütigt, mußte viele Meilen in glühender Hitze laufen. Aber jedesmal wurde er wunderbarerweise freigelassen. Und sobald er wieder auf freiem Fuß war, schlichen junge Leute im Schutz der Dunkelheit zu ihm. Er lehrte sie das Geheimnis seiner Kraft und Ausdauer. Manchmal trafen sie sich in einem Haus, dann wieder auf einem Hügel, nie zweimal am selben Ort, bis eines Abends sein Freund zu ihm kam und ihm ohne lange Vorrede sagte: «Diese Nacht müssen wir beide verschwinden. Morgen wollen sie uns erschießen.»

Sie hatten keine Zeit zu verlieren. Sie packten ein paar Lebensmittel zusammen und die Dokumente und Ausweise, die ihnen jenseits der Grenze ihre Freiheit garantieren würden, und liefen im Schutz der Dunkelheit los. Sie waren kräftig und durchtrainiert und rannten siebzehn Stunden, dann passierten sie die Grenze zum Ostsudan, wo sie in Sicherheit waren. Aber sie mußten durch zwei Flüsse schwimmen, und dabei wurden ihre Papiere weggespült. Namenlos und offiziell staatenlos wurden sie direkt in ein Flüchtlingslager gesteckt.

Melaku wußte aber: Wenn es ihm gelingen würde, in die sudanesische Hauptstadt Khartum zu gelangen, würden ihn seine alten Freunde von der inzwischen geschlossenen Kirche identifizieren und ihm helfen können. In Khartum würde er Gemeinschaft, Identität und eine Zukunft finden. Er wandte sich an einen Mann der Lagerverwaltung, der ihm seine Geschichte abnahm und ihm gestattete, mit einem Polizeiwagen in die Hauptstadt mitzufahren. Sie brachen auf, fuhren einen ganzen Tag lang und blieben dann zum Übernachten in Gadaref.

Melaku schlief tief und fest, und als er erwachte, war er wieder ein namenloser Flüchtling: Die Polizisten waren ohne ihn weitergefahren. Er war nicht verzweifelt. Khartum war nur eine Tagereise weit entfernt. Zudem gab es in Gadaref Arbeit für einen kräftigen, geschickten Burschen wie ihn. Man suchte Leute, die beim Abladen des nicht abreißenden Stromes von Lastwagen halfen, die Lebensmittel und Medikamente für die Camps an der Ostgrenze brachten. Er würde eben ein paar Tage warten…

Doch im Laufe dieser paar Tage begegnete er dem ägyptischen Pastor und erkannte das riesige neue Missionsfeld, das direkt vor ihm lag. Und so wurde Melaku um seines Herrn willen, der Mensch geworden war, ein Flüchtling. Und während ich an jenem Abend hinten in dieser überfüllten Kirche stand mit ihren vollgepackten Gängen und ihrer freudig singenden und Gott preisenden Gemeinde, da wußte ich, daß ich die Antwort auf meine Frage gefunden hatte.

Wir hätten allenfalls die Lebensumstände dieser Menschen verändern können, sie selbst hätten wir nicht verändert. Gottes Lösung sieht manchmal anders aus. Er holt die Leute nicht aus ihrer Situation heraus. Statt dessen kommt er selbst in die Situation hinein, wie Christus, der Mensch von Ewigkeit, einst in diese Welt kam und in gewissem Sinne darin blieb. Er reißt sie nicht aus der Finsternis. Er kommt als Licht in die Finsternis, als Frieden in den Streit, als geistlicher Reichtum in alle Armut und allen Verlust und allen körperlichen Verfall. Hier, inmitten der Wüste, bietet er Schönheit für Asche, das Öl der Freude für Trauer, das Gewand des Lobpreises für den Geist der Schwere. Als der lange, überfüllte Gottesdienst zu Ende war – nie bin ich dankbarer für einen elektrischen Ventilator gewesen –, blieben die Leute noch und standen in kleinen Grüppchen um einzelne Menschen herum, die sich offenbar nicht mitfreuen konnten. Einige sangen leise, andere sprachen oder beteten eindringlich, und ich ging zu Melaku und fragte ihn, was sie da machten. Er sah mich überrascht an und verstand meine Frage gar nicht. Er war der Meinung, das sei in jeder evangelischen Kirche so üblich. «Aber das ist doch klar! Die Leute in der Mitte sind heute zum erstenmal dagewesen», erwiderte er. «Sie kennen Jesus noch nicht. Und die, die ihn kennen, erzählen ihnen von ihm. Dann werden sie auch Jesus finden.» Ich sah fasziniert zu und hatte den leisen Verdacht, daß so ein Neuankömmling nicht aus dem Kreis entlassen werden würde, ehe er tatsächlich Jesus gefunden hatte. Noch während ich die Szene beobachtete, begannen einige dieser dunklen Gesichter zu leuchten, und ich hatte das Gefühl, die Antwort auf meine Frage zu haben. Ja, der Herr war auch jetzt unter ihnen!

Nach meiner Rückkehr nach Hause schrieb ich *Mehrit – was Liebe vermag*, das 1987 beim Bibellesebund erschien.

25

Global Care

1979 wurde ich vom Leiter der Jugendgruppe unserer Kirche in Coventry, Ron Newby, zu einem Vortrag vor den Jugendlichen eingeladen. Ich erzählte ihnen von einem kleinen Waisenhaus in Marokko, das zwei junge Missionarinnen gegründet hatten. Eines Nachts hatte eine junge Frau an ihre Haustür geklopft, hatte einer der Engländerinnen ein Lumpenbündel – so schien es – in den Arm gedrückt und war wieder in der Dunkelheit verschwunden. In die Lumpen war ein Baby eingehüllt, ein kleines Mädchen, der erste von vielen Säuglingen, die auf diese Weise bei den Missionarinnen landeten. Wenn damals ein unverheiratetes Mädchen ein Kind bekam, drohte ihr und dem Baby von der eigenen Familie und von den Nachbarn der Tod. Die beiden englischen Frauen fühlten sich aufgrund dieses Erlebnisses von Gott berufen, sich um solche Kinder zu kümmern. Auf wunderbare Art und Weise konnten sie ein Gehöft in den Bergen erwerben, wo sie im Laufe der Jahre viele Kinder großzogen. Auch wir vom Krankenhaus in Tanger konnten ihnen so manches ausgesetzte Baby schicken.

Die Jugendgruppe reagierte auf den Vortrag, indem sie einen Sponsorenlauf organisierte, dessen Erlös dem Waisenhaus zugute kommen sollte. Als sich die jungen Leute später an die verschiedensten Hochschulen verstreuten, vergaßen die meisten von ihnen wahrscheinlich diesen Sponsorenlauf, aber der Leiter, Ron Newby, vergaß ihn nicht. Er reiste einige Zeit später nach Marokko, um das Waisenhaus zu besuchen. Er unterstützte die Arbeit weiter und hielt Kontakt. Vielleicht schimmerte schon hier seine Vision auf, die er erst später verwirklichte mit der Gründung von Global Care, einem christlichen Hilfswerk mit dem packenden Slogan:

«Du kannst nicht die ganze Welt verändern, aber du kannst dafür sorgen, daß sie sich für einige notleidende Kinder ändert.»

1983 (zwei Jahre, bevor ich in das Flüchtlingslager im Sudan reiste) nahm Ron Newby, der zu dieser Zeit auch der Leiter der Sozialarbeit eines großen nationalen Kinderhilfswerks in der englischen Midlands-Region war, an der christlichen Spring Harvest Konferenz teil. Dort traf er zwei Männer aus Uganda, die ihn sehr beeindruckten, und er lud David Wakumire und seinen Bruder zu sich nach Coventry ein. Bei dieser Gelegenheit besuchte er uns mit ihnen. Sie erzählten uns von den schrecklichen Lebensbedingungen in ihrem Land nach den Massakern Idi Amins, die Tausende von Kindern, vor allem im Distrikt Luwero, zu Waisen gemacht hatten. David hatte begonnen, diesen Kindern im Rahmen seiner begrenzten Möglichkeiten zu helfen. Als er von Rons großer beruflicher Erfahrung in der Betreuung notleidender Kinder hörte, bat er ihn, nach Uganda zu kommen und sich vor Ort über die Situation zu informieren.

Im November 1983 wurde Ron auch von seinen Arbeitgebern ermutigt, nach Uganda zu reisen. Nach seiner Ankunft wurde er eingeladen, die Leiterin des staatlichen Freiwilligen Sozialdienstes zu besuchen, eine Frau, die verzweifelt feststellte, wie hilflos man der ganzen Sache gegenüberstand, weil die Zahl der Waisen und der notleidenden Kinder so groß war. Sie und Ron verabredeten sich, zusammen den gefährlichsten Teil des Landes zu besuchen, Luwero, wo der Bürgerkrieg tobte und Massaker an der Tagesordnung waren. Der Fahrer des regierungseigenen Dienstwagens weigerte sich, sie zu fahren, als er erfuhr, wohin die Reise gehen sollte; so fuhren Ron und seine Begleitung auf eigene Faust los.

Nach einer langen Fahrt durch eine menschenleere Gegend entdeckten sie ein großes heruntergekommenes Gehöft. Alle Fenster waren mit Brettern vernagelt. Zwei Soldaten waren dabei, hinter einem Gebäude ein Grab auszuheben, in dem an diesem Morgen drei kleine Kinder beerdigt werden sollten. Im Inneren des Hauses hockten etwa zweihundert Kinder im

Dunkeln. Sie schnieften und husteten, viele waren zu krank und zu schwach, um zu weinen. Zu essen bekamen sie nur eine tägliche Mahlzeit von gekochten Bohnen, die draußen in einem großen Kessel zubereitet wurden. Sie litten an Masern, Ruhr, Bindehautentzündung und vielen anderen Krankheiten, und niemand kümmerte sich um die hygienischen Verhältnisse. Ron fragte, was das für Kinder seien, und man erzählte ihm, man habe sie im Busch aufgelesen, wohin sie vor den Soldaten geflohen waren, die auf der Suche nach Rebellen ihr Dorf überfallen und ihre Eltern getötet hatten.

«Können Sie nicht bitte ein paar Kinder mitnehmen?» baten die Regierungsvertreter, und Ron wählte schließlich zwölf aus, die kräftig genug aussahen, daß sie die Fahrt überstehen und sich wieder erholen könnten, und die, wie man ihm versicherte, keine lebenden Verwandten mehr hatten. Er packte sie hinten in den Wagen und brachte sie nach Mbale in Ostuganda. Dort stellte er einige christliche Mitarbeiterinnen an, mietete ein Haus, und so begann das Kinderheim «The Rock» (Der Felsen).

In Anbetracht der Tatsache, daß soziale Institutionen der ugandischen Kultur fremd sind, machte sich David Wakumire daran, ein Kinderpatenschaftenprogramm zu planen und zu organisieren. Unterstützt wurde er darin von Ron, der ihn mehrfach besuchte. Eine solche Patenschaft konnte bedeuten, eine verwitwete Mutter zu unterstützen oder ein verwaistes Kind bei einer christlichen Pflegefamilie unterzubringen, wenn möglich bei Verwandten des Kindes, soweit solche ausfindig gemacht werden konnten. Zusätzlich kommen die Paten für Schulgeld und Kleidung auf, nötigenfalls auch für Verpflegung und medizinische Betreuung. Gegenwärtig werden etwa fünfhundert Kinder auf diese Weise von Freunden von Global Care in Großbritannien und SEHU, einer Partnerorganisation in Holland, gesponsert.

Die Kinder werden von David und seinem Team gewissenhaft begleitet und leben zum größten Teil im Umkreis von zwanzig bis dreißig Meilen von Mbale in Ostuganda, dem Zentrum der Arbeit. Zum Patenschaftsprogramm gehört in-

zwischen auch ein Berufsausbildungszentrum, in dem Näh-
kurse, Ausbildungskurse für Sekretärinnen, Landwirt-
schaftskurse und andere Ausbildungsgänge, die im Land gefragt sind, durchgeführt werden. In jedem Sommer werden
christliche Ferienlager geplant, an denen all die Kinder in
zwei großen Gruppen teilnehmen. Den Kindern werden
schöne Ferien geboten, und sie werden zudem mit der christlichen Botschaft bekanntgemacht. Seit 1993 ist noch ein Jün-
gerschaftskurs für ältere Teenager und Jugendliche dazugekommen.

Aufgrund meiner Mitarbeit bei Global Care habe ich viele
großartige Christen aus dem Ausland treffen und zuweilen
beherbergen können, Christen, mit denen wir partnerschaft-
lich zusammenarbeiten, wie Edith, David Wakumires Frau.
Sie sorgt für ihre eigene Großfamilie, zu der eine Reihe von
Waisenkindern gehören, und arbeitet daneben bei einem
AIDS-Hilfe-Projekt mit, das sie selbst gegründet hat und in
dessen Rahmen zahllosen von der sich wie ein Buschfeuer
verbreitenden AIDS-Seuche betroffenen Familien praktisch
und geistlich geholfen wird.

1983 wurde Global Care offiziell gegründet und als Hilfswerk registriert. Gründer und erster Geschäftsleiter war Ron
Newby. Mich bat man, das Amt der Präsidentin zu übernehmen, und als Vorstandsmitglied bin ich seither eng mit diesem
großartigen und rasch wachsenden Werk verbunden, das sich
um die besonderen und individuellen Nöte von Kindern
kümmert, die in einer Welt massiver und überwältigender
Probleme leiden.

1984 besuchte Ron Newby erneut Uganda und half beim
Aufbau des Christian Childcare Project in Mbale. Von seinem Küchentisch aus wurde ein einfacher Rundbrief produziert, und so begann ein (inzwischen internationales) Kinder-
hilfswerk, das sich intensiv um leidende Kinder in einigen der
ärmsten und unruhigsten Teilen der Welt kümmert.

Dann brach 1984 die entsetzliche Hungersnot in Äthiopien
aus. Die brutale Wirklichkeit einer ausgedörrten Steinmauer,
die ein Flüchtlingslager umgab und welche die Auserwählten,

die leben durften, von denen trennte, die zum Hungertod verurteilt waren, wurde im britischen Fernsehen gezeigt. Die Bilder gingen anschließend um die Welt. Es gab so wenig Lebensmittel, und diejenigen, die sterben sollten, mußten in stummer Resignation zusehen: ihre Nachbarn jenseits der Mauer aßen, während sie verhungerten. Erschüttert von diesen Bildern, waren Ron und ich nicht überrascht, als die Freunde von Global Care anzurufen begannen und fragten: «Wie können wir helfen?»

Bald war der Küchentisch mit Gaben überschwemmt, und Global Care konnte die erste Sendung von Nahrungsmitteln und Medikamenten im Wert von 10 000 Pfund per Luftfracht an ein befreundetes Hilfswerk schicken, das in Lagern im Ostsudan in der Nähe der äthiopischen Grenze arbeitete. Ostern 1985 reiste ich mit Ron Newby zu diesen Lagern, und meinen Aufenthalt in einem dieser Camps habe ich bereits in Kapitel 24 beschrieben.

1986 entschlossen wir uns, die Arbeit und Erfahrung von Global Care auch in andere christliche Organisationen und Werke einfließen zu lassen, so zum Beispiel in das Hilfswerk Friends of Bangladesh und sein «Home of Joy» für verwaiste und ausgesetzte Kinder in Khulna, Bangladesch. Weiterhin nahmen wir Kontakt nach Indien auf, wo ehemalige Mitarbeiter von Operation Mobilisation (OM) geholfen hatten, ein Kinderheim bei Badlapur aufzubauen, in dem Babys aufgenommen wurden, die von ihren jungen Müttern ausgesetzt worden waren, Müttern, die als Prostituierte im Rotlichtviertel von Bombay arbeiteten. Wir begannen auch eine kleine Zahl von Kindern im Libanon zu unterstützen, die durch die Kämpfe in Beirut verwundet oder anders geschädigt worden waren.

1988 begann Global Care ferner eine Arbeit im kriegsgeschüttelten Mosambik finanziell zu unterstützen. Tausende waren aus dem Land geflohen, manche von ihnen von Bajonetten verstümmelt, und hatten im nördlichen Transvaal in Südafrika Zuflucht gefunden. In Partnerschaft mit OM-Mitarbeitern aus Südafrika konnten wir später bei einem großen

Hilfs- und Entwicklungsprogramm unter Zwangsumsiedlern in Xilembene und Palmeira in Mosambik mithelfen. Dort wurden Hunderte von kleinen Kindern im Rahmen eines Notspeisungsprogramms täglich versorgt. Zum Entwicklungsprogramm gehörte auch ein von örtlichen kirchlichen Gruppen organisiertes landwirtschaftliches Anbauprojekt. Nachdem nun nach sechszehn Jahren der Bürgerkrieg in Mosambik zu Ende gegangen und ein Friedensvertrag unterzeichnet ist, bleibt viel zu tun, um das ehemals kommunistische Land wiederaufzubauen. Gegenwärtig kann im Land offen und ungehindert das Evangelium verkündigt werden, und eine ganze Reihe von Regierungssoldaten und Widerstandskämpfern haben Christus gefunden, sich taufen lassen und sich einer der neugegründeten Gemeinden angeschlossen.

1992 wurden ähnliche Notspeisungszentren für Kinder in den Dürregebieten von Simbabwe aufgebaut, und wir haben die örtlichen Christen beim Aufbau eines Hilfszentrums für Kinder unterstützt.

Im Verlaufe des Jahres 1990 sah ich mit Entsetzen im Fernsehen die Bilder der völlig vernachlässigten Kinder in Rumänien. Als Ende 1989 die Ceausescuherrschaft in Rumänien zu Ende ging, stellte man fest, daß Tausende von Kinder in Waisenhäuser und in Institutionen für geistig Behinderte abgeschoben und dort vergessen worden waren. Dies war eine Folge der Politik Ceausescus, Frauen zu ungewollten Schwangerschaften zu zwingen, um auf diese Weise genügend zukünftige Arbeitskräfte für das Land zu haben, obwohl in der Gegenwart die Mittel fehlten, für all diese Kinder aufzukommen. Mit meiner aktiven Mithilfe und Gebetsunterstützung organisierten Ron Newby und ein kleines Team von Ehrenamtlichen einen der ersten Hilfskonvois nach Rumänien. Unser Häuschen und die Häuser einiger Nachbarn wurden oft als Sammelstellen für Kleidung und Nahrungsmittel benutzt. Ron gewann das Vertrauen hoher Regierungsbeamter, und so konnte Global Care als Auslandshilfswerk registriert werden mit dem Ziel, modellhaft «familienartige»

Heime für solche Kinder aufzubauen, die unbedingt aus den großen, unpersönlichen Institutionen herausgenommen werden mußten, in denen zum Teil schreckliche Zustände herrschten.

In der schönen transsylvanischen Stadt Tirgu Mures in Rumänien startete Global Care das «Homes of Hope» Projekt. War das eine Freude, als ich im September 1992 mit einer kleinen Gruppe von Global Care nach Rumänien reisen konnte! Man hatte mich gebeten, die Eröffnungsfeier für die Homes of Hope zu leiten, die dann von engagierten rumänischen Christen geführt werden sollten. Das wunderschöne, große Haus mit seinem Garten liegt am Stadtrand und ist wahrhaftig zu einem «Heim» geworden, einer christlichen Großfamilie mit zunächst zwölf kleinen Kindern. Sie sind aus einer riesigen Institution in zwei separate, auf zwei Stockwerke verteilte Wohnungen gezogen. Je sechs von ihnen gehören nun zu einer «Familie», zu der im Laufe der Zeit weitere Kinder stoßen sollen. Ioan Pasca, der rumänische Projektleiter, und sein christliches Mitarbeiterteam kümmern sich hingebungsvoll um die Kinder in ihrer neuen Umgebung. Kinder in den «Homes of Hope», die von den Behörden als «unerziehbar» gebrandmarkt worden waren, besuchen heute ganz normale öffentliche Schulen.

Im April 1991 ahnten wir bei Global Care nicht, was für eine riesige Aufgabe vor uns lag, als wir zusammen mit einem OM-Team in der Türkei ein Hilfsprogramm für die kurdischen Flüchtlinge begannen, die vor der brutalen Verfolgung durch Saddam Hussein flohen.

Ron Newby war gerade aus Marokko zurückgekehrt, als das Schicksal des kurdischen Volkes Schlagzeilen zu machen begann. Beim Mittagessen am Sonntag sprachen Ron, meine Schwester Hazel und ich darüber, was getan werden könnte. Wir schreckten vor dem Gedanken zurück, uns bei dieser Riesenaufgabe zu engagieren, erkannten aber, daß wir «zwar nicht alles tun können, aber auch nicht nichts tun dürfen».

Innerhalb weniger Tage hatte Global Care ein Hilfsprojekt gestartet. Zehntausende von Decken und Tonnen von Lebensmitteln und Medikamenten wurden gespendet und per Lastwagen und Schiffscontainer über Tausende von Meilen zu den kurdischen Flüchtlingen im Bergland der Türkei und des Irak transportiert. Wie die Leute finanziell und mit ehrenamtlicher Mitarbeit auf die Tragödie reagierten, das war großartig. Kinder spendeten ihr Taschengeld. Schulen und Kirchen in ganz Großbritannien setzten sich für die gute Sache ein, und wir konnten die viele Ware in unseren Räumlichkeiten in Coventry gar nicht alle unterbringen und mußten eine Flugzeughalle unseres örtlichen Flughafens dazunehmen. Zahllose ehrenamtliche Helferinnen und Helfer arbeiteten rund um die Uhr, und ein Mann, der von der Straße weg in unser Büro spazierte, um uns beim Packen zu helfen, kam durch das Zeugnis des Teams zum Glauben an Christus.

Als Albanien zu Beginn der neunziger Jahre seine fast totale Isolierung vom Rest der Welt aufgab, war Global Care erneut aufgerufen, den Kindern im Land, denen es an so vielem mangelte, zu helfen. So wurde ein Kind, das bei einem Brand das Augenlicht verloren hatte und durch Brandwunden schrecklich entstellt war, nach England gebracht. Hier wurde es operiert und bekam völlig neue Lebensmöglichkeiten.

Seit ich Marokko verlassen habe, bin ich fast jedes Jahr für einige Wochen zurückgereist, um Bekannte zu besuchen. Bei dieser Gelegenheit habe ich auch gewöhnlich das Waisenhaus aufgesucht, das von Global Care unterstützt wird. In den letzten Jahren habe ich auch eine Reihe von sehr bedürftigen Kindern aus Familien, die ich kenne, mit Global Care in Kontakt bringen können, und das Hilfswerk hat sie unterstützen können.

Im Verlauf der letzten zehn Jahre hat sich Global Care entwickelt, wie wir es uns in unseren kühnsten Träumen nie ausgemalt hätten. Wir danken Gott, daß er die Arbeit so gesegnet hat, in deren Rahmen wir materiell und geistlich zu helfen versuchen und so die Welt zahlloser Kinder verändern.

Und Rons Küchentisch? Der wird nun täglich in den «Homes of Hope» in Rumänien benutzt. Es sitzen Kinder daran, die vor noch gar nicht langer Zeit keine Ahnung hatten, was «Küchentisch» und «Familienmahlzeit» bedeuten. Das paßt gut! Global Care hat inzwischen ein eigenes Internationales Büro hier in Coventry und antwortet weiterhin mit praktischer christlicher Hilfe auf die Nöte leidender Kinder in aller Welt.

Postskriptum

Seither hat sich die Arbeit besonders auf die vielen Kinder konzentriert, die im Verlauf der schrecklichen Kämpfe in Ruanda zu Waisen geworden oder von ihren Eltern getrennt worden sind.

Der *Patricia St. John Memorial Fund*: Im Rahmen des Dankgottesdienstes am 6. November 1993 wurde dieser Fonds ins Leben gerufen, um auch weiterhin durch Global Care notleidenden Kindern in vielen verschiedenen Ländern helfen zu können.

Beiträge an den Fonds können geschickt werden an: Global Care, P.O. Box 61, Coventry CV5 6RQ, England. Registered Charity No. 326488.

26

Daheim in unserer Siedlung

In den letzten paar Jahren ist viel geschehen. Es sind in gewisser Hinsicht die reichsten und erfülltesten Jahre meines Lebens gewesen, aber es ist nicht einfach, über die Gegenwart zu schreiben. Die meisten Leute leben ja noch in nächster Nähe, und angesichts so vieler lebender Freunde in der Kirche und in der Nachbarschaft ist es fast unmöglich zu entscheiden, von wem man berichten und wen man nicht erwähnen soll.

Hazel und ich leben gern hier in Canley und freuen uns sehr an unserem Häuschen und unserem kleinen Garten. Was wir ganz besonders schätzen, ist die Tatsache, daß wir nur fünf Gehminuten von der Canley Evangelical Church entfernt wohnen, der Kirche, zu der ich seit fünfzehn Jahren gehöre. Die Gemeinde ist zunehmend zu der Überzeugung gelangt, daß sie nicht nur treu Gottes Wort verkündigen, sondern auch den Menschen in ihrer Umgebung dienen soll. Das Gemeindezentrum wurde 1984 erweitert, und fast jeden Tag werden Aktivitäten für verschiedene Altersgruppen angeboten. So werden zum Beispiel ältere Menschen tagsüber betreut. Zu den Frauenstunden am Mittwochnachmittag strömen weit über hundert Frauen zusammen, darunter viele verwitwete und einsame. In unserer Gemeinde werden sie herzlich willkommen geheißen, und viele werden auch die Woche über zu Hause besucht. Wir profitieren ferner viel von den Hauskreisen, die sich einmal pro Woche an verschiedenen Orten treffen. Da wird in familiärer Atmosphäre Gottes Wort studiert, und wir beten als einzelne und als Familien füreinander. Es ist ein solcher Segen, sich auf so verschiedene Arten an der Mission der Gemeinde zu beteiligen – übrigens auch an der Jugendarbeit – und immer wieder vertrauensvoll neue Leute in diese liebevolle und herzliche Gemeinschaft einführen zu können. Seit 1990 ist die Zahl der Menschen, die an den Familiengottesdiensten am Sonntagmorgen teilnehmen, so gestiegen, daß wir jetzt überlegen, ob wir zwei Gottesdienste anbieten sollten. Schön ist auch, daß wir eine gute und herzliche Beziehung zu unseren Geschwistern in der nahegelegenen anglikanischen Kirche haben, mit ihnen zusammenarbeiten und beten und einmal im Monat einen gemeinsamen Samstagabendgottesdienst feiern können.

Wir haben das Glück, viele Gäste in unserem Haus willkommen heißen zu können, manche aus der näheren Umgebung, andere aus verschiedenen Teilen der Welt. Da die Warwick University ganz in der Nähe ist, lernen wir auch Studentinnen und Studenten kennen, darunter viele aus fernen Ländern, und eine ganze Reihe von ihnen kommen in unsere Gemeinde. Seit 1984 haben wir Zimmer vermietet. Unsere erste Mieterin war die Sozialarbeiterin, Hazel Jacques. Ihre Zeit bei uns überschnitt sich sechs Wochen lang mit der von John White, einem Medizinstudenten, dem wir das zweite Zimmer vermieteten. Sie verliebten sich auf den ersten Blick ineinander, sind inzwischen verheiratet und arbeiten als Missionare im Libanon. Dann hatten wir zwei Jahre lang einen Philosophiestudenten aus Bangladesch bei uns, dem eine Reihe von chinesischen Doktoranden folgte, die jeweils für ein Jahr bei uns wohnten, wobei der nächste am gleichen Tag einzog, an dem der vorhergehende auszog. Sie alle sind gute Freunde geworden, die unser Leben bereichert haben.

Viel Freude bereiten uns auch die Jugendlichen und Kinder aus der Siedlung, die oft bei uns hereinschauen. Meine ersten Gäste waren eine Gruppe von sieben oder acht jungen Burschen im Alter zwischen fünfzehn und achtzehn Jahren, denen ich kurz nach meinem Umzug nach Canley begegnete. Sie saßen auf den Stufen eines Fish-and-Chips-Ladens, als ich am Sonntag abend auf dem Weg zum Gottesdienst dort vorbeikam. Sie begrüßten mich mit dem Song der Königinmutter, «Grandma, we love you», und ich rief zurück: «Und ich liebe euch!» «Können wir mal bei Ihnen vorbeikommen?» fragten sie. – «Klar», antwortete ich. «Besucht mich um acht Uhr, nach dem Gottesdienst!»

Als ich heimkam, wartete zu meiner Überraschung tatsächlich schon die ganze Clique vor der Haustür auf mich. Ich wohnte damals noch allein mit meiner Tante in dem Haus und mußte nach oben, um nach ihr zu schauen. So bat ich sie herein, zeigte ihnen, wo sie Tee kochen konnten, und entschuldigte mich für einen Augenblick. Sie verhielten sich vorbildlich, und wir beschlossen den Abend mit einer Geschichte und Gebet. Monatelang kamen sie einmal in der Woche, bis sich die Gruppe aus verschiedenen Gründen auflöste, und nie hat es den geringsten Ärger gegeben. Wenn ich oben länger aufgehalten wurde, riefen sie von unten: «Miss, Miss! Wir warten auf Ihre Geschichte und Ihr Gebet!»

Jüngere Kinder kamen, um in der alten Garage hinter dem Haus Billard zu spielen oder in dem kleinen Spielzimmer im Anbau andere Spiele zu machen. Wir gründeten einen Klub für Jungen und eine Handarbeitsgruppe für Mädchen. Für beide wurden unsere Räume schließlich zu klein, und sie werden inzwischen an verschiedenen Abenden von fähigen jüngeren Leiterinnen und Leitern in unserer Kirche betreut. Bei uns trifft sich noch eine Gruppe von Kindern, die – zumeist in Sommerlagern und Kinderwochen – Christen geworden sind und nun unter der Leitung des Jugendmitarbeiters unserer Kirche jede Woche zu einem Bibelkreis zusammenkommen.

Einzelne Kinder und Erwachsene kommen auch zum individuellen Bibellesen zu uns, und ein Junge, der jahrelang regelmäßig Woche für Woche bei uns erschien, war eine besondere Freude. In der ersten Zeit kam er ganz allein, dann brachte er zuweilen ein paar Freunde mit. Mit acht Jahren wurde er zur Sonntagsschule eingeladen, erwiderte aber: «Da muß ich Sie leider enttäuschen. In die Sonntagsschule bringen Sie mich nicht.» Ein paar Tage später tauchte er wieder an meiner Haustür auf, eine große Kinderbibel unter dem Arm, und sagte: «Ich hab' 'ne gute Idee gehabt. Sie können mir jeden Sonntagmorgen, wenn Sie von der Kirche nach Hause kommen, allein was beibringen.» Er war außerordentlich helle und interessiert und wollte die ganze Bibel kennenlernen. Die Zehn Gebote beeindruckten ihn besonders, und an einem Winterabend kam er hereingestürmt und rief: «Mann, das war knapp! Ich bin auf dem Eis ausgerutscht und mit dem Kopf aufs Pflaster geknallt. *Um ein Haar* hätte ich den Namen Gottes mißbraucht, aber dann hab' ich gerade noch ‹Gosh› draus machen können!»

Unsere Schwägerinnen, Neffen und Nichten, Großneffen und Großnichten – inzwischen umfaßt der ganze Clan dreiundfünfzig Personen, und zwei weitere sind unterwegs –, tragen viel zu unserem Glück bei und melden sich oft bei uns. Farnhams sechs Kinder sind alle in die Fußstapfen ihres Vaters getreten, im medizinischen oder pädagogischen Bereich tätig und über die ganze Welt verstreut. Im Laufe der Jahre sind wir brieflich in Kontakt geblieben, und so habe ich Post von ihnen aus China und Zentralasien, Abu Dhabi und Marokko, Schweden und Kanada bekommen. Wenn sie uns besuchen, bringen sie ihre zumeist großen Familien mit, und die Kinder schlafen auf Matratzen auf dem Fußboden. Besonders freue ich mich, daß mich alle paar Jahre Dan, Farnhams dritter Sohn, mit seiner Frau Sue und seinen inzwischen vier Mädchen (gerade ist noch ein kleiner Junge dazugekommen) besucht. Nach elf Jahren in China sind sie kürzlich nach Alma Ata in Kasachstan gezogen, wo Dan als Leiter der Teams von Operation Mobilisation in Zentralasien arbeitet.

Unser einziger noch lebender Bruder, Oliver, der drei sehr erfolgreiche Söhne hat, wohnt in einem wunderbar umgebauten Bauernhaus ganz in unserer Nähe, und wir besuchen ihn gern. Er ist inzwischen pensioniert, nachdem er viele Jahre als wissenschaftlicher Leiter bei der Zivilen Luftfahrtbehörde gearbeitet hat. Mit seiner Frau Eileen engagiert er sich jetzt vielfältig in seinem Dorf und organisiert zudem die verschiedensten Musikanlässe.

Ein weiterer wichtiger Teil unseres Lebens sind die Sommerlager in den USA gewesen. Farnhams jüngster Sohn heiratete 1985 als Medizinstudent in Kanada. Wir wären an der Hochzeit gern dabeigewesen, hatten aber das Gefühl, daß wir es nicht verantworten könnten, so viel für die Reise auszugeben. Da traf ein Brief von Hazels Freundin aus ihrer Zeit im Libanon ein. Faith Willard leitet jedes Jahr das siebenwöchige Sommerlager «Camp Good News», an dem über 180 Teenager aus den gesamten Vereinigten Staaten und aus anderen Ländern teilnehmen. Ihr Bruder Peter Willard führt ähnliche Lager in Maine durch. Faith lud uns ein, in den Vorbereitungswochen der beiden Lager die Bibelarbeiten für die Gruppenleiter und andere Lagermitarbeiterinnen und -mitarbeiter zu halten, für weitere Vorträge dazubleiben und während der Lager präsent zu sein. Die Reisekosten würden uns erstattet. Die Daten, zu denen wir in den Lagern sein mußten, ließen gerade den Hochzeitstermin frei, und so sagten wir begeistert zu.

Die beiden Lageranlagen bestehen aus größeren Hauptgebäuden und einer Reihe von Blockhütten im Wald. Das eine Lagergelände grenzt an einen See, das andere an einen breiten Fluß, und beide sind wunderschön. Die Freundschaften, die wir dort schlossen, waren etwas ganz Besonderes; und welch eine Freude war es, mitzuerleben oder zu hören, wie zahllose junge Leute zu Christus fanden und ihm ihr Leben übergaben. In beiden Camps trifft man eine glückliche Mischung an aus älteren, sehr verantwortungsbewußten Mitarbeitern, von denen viele in den Lagern selbst Christen geworden sind, als Faiths Vater sie noch leitete, und die seither Jahr für Jahr wiedergekommen sind; und einer Reihe von ideensprühenden und engagierten christlichen Studentinnen und Studenten, die jeweils sechs oder sieben junge Leute seelsorgerlich betreuen. Schön ist es auch immer wieder, in der Küche zu arbeiten, in einem wahrhaft internationalen Team von Männern und Frauen, Berufstätigen, Hausfrauen und Studierenden. Ich bin noch fünfmal im Sommer in diese Lager zurückgekehrt und Hazel siebenmal, und die Amerikaner sind uns sehr ans Herz gewachsen. Der Altersunterschied ist bei ihnen weniger spürbar als in England, und vor allem die Gruppenleiter behandeln uns als Gleiche unter Gleichen und besprechen in erfrischender Offenheit viele Fragen mit uns. Unser Leben als «Singles» fasziniert sie, und sie haben die Angewohnheit, uns unvermittelt mit Fragen zu überfallen wie: «Sagen Sie mal, Ma'am, warum haben Sie eigentlich nie geheiratet?» oder: «Sagen Sie mal, Ma'am, wie merkt man, daß man unverheiratet bleiben soll?» (Ja, wie eigentlich?) In beiden Lagern wird der Aspekt praktischer Hilfe im Namen Jesu für Menschen in Not ganz großgeschrieben. So wird zum Beispiel durch eine Aktion «Autowaschen am Samstag» Geld für Hilfsprojekte in Bangladesch verdient.

Nach Beendigung unseres Lagerengagements 1985 nahmen wir an Davids und Donnas wunderschöner Hochzeit am Prairie Bible Institute teil, wo Donnas Vater arbeitete. Dann kam das Erlebnis einer Woche in den kanadischen Rockies mit Davids Schwiegereltern, die Janet, Martyn, Hazel und mich willkommen hießen, als hätten wir immer schon zu ihrer Familie gehört. Und wir haben ihre Gegenbesuche bei uns genossen. Die Hochzeit Olivers, Farnhams zweiten Sohnes, in Schweden war ein ebenso unvergeßliches Erlebnis wie es auch andere Hochzeiten in England waren, von denen es zu viele gegeben hat, als daß ich sie alle erwähnen könnte.

Viel Zeit und Ideen habe ich in die Arbeit von Global Care investiert, von der ich schon in einem früheren Kapitel berichtet habe. Wir danken Gott für jedes Kind, das wir haben retten, ernähren, ausbilden und lieben können. Wir betrachten es als unser größtes Vorrecht, uns da engagieren zu können, und möchten möglichst viele Menschen über die Bedürfnisse und Möglichkeiten informieren.

Und noch etwas Wichtiges hat sich in diesen letzten Jahren ereignet, vielleicht das Wichtigste: Ganz allmählich, aber immer deutlicher zeichnet sich ab, daß die scheinbar fruchtlosen Jahre des Sichabmühens und Betens in muslimischen Ländern doch Frucht zu bringen beginnen. Wir haben von einem neuen Hunger nach Gottes Wort in diesen Ländern erfahren, von einem neuen Gebetseifer unter Gottes Volk. Wir können das, was uns berichtet worden ist, nicht an die große Glocke hängen. Aber wir freuen uns über die Oasen in der Wüste. Ich vertiefte mich einige Zeit in die Bücher und Tagebücher von Lilias Trotter, der alten Pioniermissionarin in Nordafrika, und da ich fand, sie dürfe nicht in Vergessenheit geraten, schrieb ich ihre Biographie, *Until the Day Breaks*, die vom Verlag STL veröffentlicht worden ist. Vieles von dem, was heute geschieht, wurzelt gewiß in der Liebe, den Gebeten und der Geduld von Menschen wie Lilias Trotter, die Gott zutrauten, daß er Frucht wachsen lassen würde, auch wenn so wenige Resultate sichtbar waren. Ich habe bei meinen Besuchen in Marokko, wohin ich gewöhnlich jedes Jahr für etwa einen Monat reise, den Beginn dieser Ernte gesehen. Ich besuche viele alte Freunde und manche Leute, die an Bibelfernkursen interessiert sind; außerdem meinen Neffen Paul, der seit Jahren als Chirurg wie sein Vater dort arbeitet. Auch er hat fünf Söhne und eine Tochter. Jeden Abend wird die Gute Nachricht per Radio über das ganze Land ausgestrahlt, Tausende hören die Sendungen, und viele schreiben und fordern den Fernkurs an. Und dann und wann erkennt jemand beim Zuhören: «Das ist die Wahrheit. Das ist Gottes Wort.» Viele von diesen Leuten hören ganz allein zu, und manchmal schickt Gott den Einsamen auf erstaunliche Weise Hilfe.

Ich erinnere mich an einen Tag vor ein paar Jahren. Ich befand mich im Verlauf einer Marokkoreise allein in einer kleinen fanatisch muslimischen Stadt. Früh am Morgen trat ich auf den Balkon meines Zimmers hinaus. Die Sonne war hinter der Bergkette aufgegangen und tauchte die roten Ziegeldächer in Licht und Farben. Ich betete, daß ich an diesem Morgen wenigstens einer Person begegnen möchte, die etwas von Jesus und seiner guten Nachricht hören wollte, und dann machte ich mich auf den Weg, um die Oberstadt zu besichtigen.

Ich wußte nicht, wohin ich ging und warum. Jedenfalls kam ich zu einem kleinen öffentlichen Park auf einem Hügel, einem beliebten Rastplatz für Touristen. Doch die Touristensaison war vorüber, und der Park war leer, abgesehen von einem Mann in Uniform, der den Eingang bewachte.

Auf meinen einsamen Spaziergängen gehe ich Polizisten nach Möglichkeit aus dem Weg, und so bog ich auf einen Pfad nach rechts ab – aber er hatte mich gesehen und rief mich an. Ich ging zu ihm zurück und fragte mich, ob er mich wohl einem Verhör unterziehen wollte; doch er langweilte sich nur und wollte mit einer Touristin plaudern. Er war begeistert, als er feststellte, daß ich Arabisch sprach, und wir unterhielten uns eine Weile freundlich. Als ich weitergehen wollte, war es fast Zeit für seine Ablösung.

In diesem Augenblick schien Gott mir laut und deutlich zu sagen: «Gib diesem Mann ein Evangelium!» Ich reagierte spontan: «Herr, wenn ich das tue, meldet er mich vielleicht auf der Polizeistation, und die weisen mich aus der Stadt aus. Ich muß aber noch ein paar Leute besuchen.»

Aber die Stimme ließ sich nicht zum Schweigen bringen. «Gib ihm ein Evangelium!» So zog ich ein Johannesevangelium aus der Handtasche, hielt es fest zwischen Daumen und Zeigefinger und fragte ihn: «Haben Sie sowas schon mal gesehen?» Er starrte einen Augenblick schweigend darauf, dann rief er plötzlich begeistert: «1013 Marseilles!» und riß es mir fast aus der Hand.

Das war die Postfachnummer der Radiobibelschule, und als ich ihm erzählte, daß ich schon einmal dort gewesen sei, sah er mich an wie ein Wesen aus einer anderen Welt. Aufgeregt erzählte er mir seine Geschichte. Etwa zwei Jahre lang hatte er die evangelistischen Sendungen im Radio gehört und hatte – wie inzwischen viele andere – einfach gemerkt, daß dies die Wahrheit war und er mehr darüber erfahren mußte. Einmal hatte er nach Marseille geschrieben und sich seit nunmehr zwei Jahren langsam und unter großen Mühen durch die Lektionen zum Lukasevangelium durchgearbeitet. Ein Johannesevangelium hatte er noch nie gesehen, und noch nie war er einem anderen Christen begegnet.

Er drängte mich, mit ihm und seiner Familie zu Mittag zu essen. Ich folgte ihm in diskretem Abstand und wurde wie eine Königin von seiner Frau und seinem Bruder, der aus der Wüste im Süden heraufgekommen war, willkommen geheißen. Er hatte noch nie ein Evangelium zu Gesicht bekommen und bat mich inständig, ihm einige Exemplare nach Hause mitzugeben. Ich holte sie später am Nachmittag aus dem Hotel und gab sie ihm. Zuerst aber hatten wir alle miteinander ein langes Gespräch, und ich konnte später meinen Freund, den Wächter, mit einem älteren marokkanischen Christen in einer anderen Stadt in Kontakt bringen, der versprach, ihn bald einmal zu besuchen.

Ein jüngerer Mann, auf den ich mich immer freue, wenn ich mein altes Revier besuche, hat als kleiner Junge zwei Jahre lang bei mir gewohnt. Er hat keine feste Adresse, und so kann ich ihm nie schreiben; aber irgendwie scheint er stets zu erfahren, daß ich wieder in der Gegend bin, und taucht in den ersten Tagen bei mir auf, ziemlich heruntergekommen, aber überaus herzlich und gewöhnlich zum Frühstück. Während jener Zeit, als er bei mir wohnte, hatte ich übrigens ein Erlebnis, das ich mehr als alles andere je Erlebte als wirkliches Wunder empfand. Im Alter von neun Jahren kam er zu mir, nachdem er eine Zeitlang auf der Straße gelebt hatte. Sein Vater hatte zum zweitenmal geheiratet, und die Stiefmutter wollte ihn nicht im Haus haben. So war er mit neun Jahren ganz auf sich gestellt, mußte sich als cleverer, aber überaus liebenswerter Dieb durchschlagen und sehnte sich nach jemandem, der ihn liebte und annahm. Und dieser Jemand war zu dieser Zeit zufällig ich. Er war alles andere als pflegeleicht. Ich brachte ihn mit äußerster Anstrengung in einer Schule nach der anderen unter, aber länger als ein paar Tage hielten es die Lehrer nicht mit ihm aus, oder er suchte selbst das Weite. Ich fragte mich oft, wie lange wir selbst ihn noch ertragen könnten, aber wie froh bin ich heute, daß wir durchgehalten haben.

Einmal hatten wir Besuch aus Gibraltar. Die Frau verbrachte einen Tag bei uns in Tanger. Sie hatte ihre Handtasche neben sich, und als sie aufbrechen wollte, fehlte eine englische 20-Pfund-Note in ihrem Portemonnaie. Ich schämte mich in Grund und Boden, als mir auffiel, daß mein kleiner Freund, der eben erst gekommen war, plötzlich verschwunden war.

Er mußte den Geldschein gestohlen haben. Mir blieb nichts anderes übrig, als der Dame das Geld zu ersetzen, was mir damals ganz und gar nicht leichtfiel.

Als der Junge schließlich wieder auftauchte, ließ ich nicht locker, bis er mir gestanden hatte, was er mit dem Geld gemacht hatte. Er gab zu, daß er es zu einem Geldwechsler gebracht hatte. Da er keine Ahnung vom Wert der englischen Note hatte, hatte er marokkanisches Geld im Gegenwert von zwei englischen Pfund bekommen! Ich eilte mit ihm zu dem Geldwechsler, der, wie nicht anders zu erwarten, abstritt, den Jungen oder sein Geld je zu Gesicht bekommen zu haben. Ich konnte nichts machen, jedenfalls im Augenblick nicht. Doch als ich zwei Tage später mit dem Auto in der Stadt unterwegs war, schnitt mir ein Motorradfahrer plötzlich den Weg ab und rief mir zu: «Fahren Sie mir nach!» Irgendwie fühlte ich mich gedrängt, der Aufforderung nachzukommen, und fand mich schließlich vor einer leeren Hütte am Strand wieder. Der Mann, den ich nie zuvor gesehen hatte, bat mich herein und händigte mir wortlos marokkanisches Geld im Wert von 18 Pfund aus. Dann verschwand er im Nu. Ein Engel auf einem Motorrad!

Und nun, da sich das Leben dem Abend zuneigt und man über die Jahre zurückblickt – welche Schlüsse kann man ziehen, welche Bilanz? Zunächst und auf sich gestellt kann man leicht nur das eigene Versagen erkennen, die Fehler, all die verpaßten Gelegenheiten, und sich fragen, ob man überhaupt etwas erreicht hat, und wenn ja, was. Aber dann kommt Christus, stellt sich neben uns und sagt: «Sieh dir das einmal mit mir an!» Er erinnert uns an jenen erstaunlichen, einzigartigen Vers im Buch Joel: «Ich will euch die Jahre erstatten, deren Ertrag die Heuschrecken gefressen haben», und wir erkennen, daß er vollbringen kann, was kein Bauer auf Erden vermag. Der Bauer kann über seine mißratene Ernte jammern, den Verlust beklagen und sich vornehmen, sich im nächsten Jahr doppelt anzustrengen. Christus aber sagt: «Ich will euch die Jahre erstatten, deren Ertrag die Heuschrecken gefressen haben. Ich werde euch aus euren kümmerlichen

Pflänzchen eine herrliche Ernte wachsen lassen – die gesegnete Ernte, die dann wächst, wenn sich Selbstvertrauen in das Vertrauen eines zerbrochenen und gebeugten Herzens verwandelt hat, eine tiefere, dankbarere Liebe. Denn wem viel vergeben worden ist, der liebt viel.»

Ich habe mich oft gefragt, warum Jesus zu Petrus gesagt hat: «Ich habe für dich gebeten, daß dein Glaube nicht aufhöre.» Warum hat er nicht gesagt: «Ich habe für dich gebeten, daß du mich nicht verleugnen wirst»? Wäre dann nicht die Tragödie abgewendet worden? Ich glaube, der Grund ist, daß Pfingsten ganz nahe war, wenn der Geist Jesu Zugang zum Herzen des Petrus suchen würde. Und bevor er diesen Geist empfangen konnte, mußten sein Stolz und sein Selbstvertrauen zerbrochen werden. Er mußte sich seiner eigenen Schwäche bewußt werden, mußte bitter weinen, ohne aber in Verzweiflung zu versinken. In dem Augenblick, als sein Glaube auf dem Spiel stand, war sein Meister da und betete für ihn. Und wenn wir von uns selbst wegsehen und auf die Hände blicken, die uns gehalten und aufgehoben haben und durch die Jahre führten, dann sehen wir nichts als eine Spur unverdienter Gnade und unfehlbarer, vergebender Liebe.

Ich meine, der Hirtenkönig David illustriert das sehr überzeugend. Sein Leben, das so vielversprechend begonnen hatte, wurde von einer Phase der Sünde überschattet – von Mord, Ehebruch und Lüge. Konnte diese verkümmerte Pflanze noch eine Ernte hervorbringen? Gewiß, er mußte in den vor ihm liegenden Jahren unter gewissen Folgen seiner Sünde leiden, aber er sagte: «In deine Hände befehle ich meinen Geist», und nichts, was diesen durchbohrten Händen vorbehaltlos übergeben wird, kann am Ende schlecht daraus hervorgehen. Nachdem die Zeit die ganze Geschichte in die richtige Perspektive gerückt hat, was verbleibt als beständige und unauslöschliche Erinnerung an jene dunklen Jahre? Nur der 51. Psalm, das Gebet, mit dem sich Millionen von Sündern an ihren Heiland gewandt haben! In seinen Händen, von jenen Wunden gebadet, ist das Böse in seine Herrlichkeit verwandelt worden.

Und so geht er oft vor. Wenn er etwas bauen will, sieht er sich nach einer Ruine um. Wenn er einen Garten anlegen will, beginnt er in der Wüste.

Nachwort

14. August bis 6. November 1993

Obwohl Patricia im Herbst 1992 wegen Herzbeschwerden
zweimal für etwa eine Woche im Krankenhaus war und
wußte, daß ihr Leben jederzeit zu Ende gehen konnte, lebte
sie intensiv weiter, und in einem Brief, den sie einen Tag vor
ihren Tod geschrieben hat, heißt es: «Ich fühle mich in diesen
Tagen so viel besser! Ich glaube fast, daß ich noch lange hier
sein könnte.» Zu ihren Plänen für die folgende Woche gehörten das gemeinsame Bibellesen mit einzelnen und in einer
Gruppe, das Einladen von Jungen und Mädchen zu einer
Ferienkinderwoche in der Kirche, bei der sie mithelfen
wollte, und ein Picknick mit ein paar Kindern aus der Nachbarschaft, mit denen sie in ihrem Auto zu einem Freizeitpark
am anderen Ende der Stadt fahren wollte.

Der 14. und 15. August waren besonders glückliche Tage
mit einem Familientreffen am Samstag aus Anlaß der Hochzeit unserer Nichte Rosy, Johns jüngster Tochter. Am Sonntag hatten wir eine Reihe von Gästen in unserem Haus, darunter einen älteren Mann, der uns ganz spontan beim Tee
erzählte, wie er aufgrund eines Gesprächs mit Patricia den
Herrn kennengelernt hatte. Das hatten wir noch gar nicht
gewußt. Beim Abendgottesdienst las sie Bibelverse vor, die
von Mose handelten, der Gottes Herrlichkeit sehen wollte;
wie wir jetzt etwas von dieser Herrlichkeit in Christus sehen
und wie wir ihn eines Tages in der ganzen Fülle seiner Herrlichkeit sehen werden. Ihre letzten Worte am Sonntag abend
waren: «Ist das nicht ein *schönes* Wochenende gewesen?»
Und dann hat sie der Herr, soweit wir wissen im Schlaf, zu
sich geholt.

Noch während wir auf den Krankenwagen warteten, erfüllte uns neben dem tiefen Gefühl des Verlusts Dankbarkeit,

daß ihr eine lange Krankheit erspart geblieben war. Sie war gewissermaßen direkt in die Fülle der Freude bei Gott eingegangen.

Wir bekamen viel Hilfe und erlebten die Erhörung unserer Gebete sowohl für den überfüllten Beerdigungsgottesdienst in unserer Kirche in Canley als auch für den Dankgottesdienst am 6. November in der All Souls' Kirche am Langham Place in London, an dem über 400 Personen teilnahmen, Familienangehörige und Freundinnen und Freunde von der Schulzeit an. Verschiedene Leute erzählten, wie sie Patricia als Schulmädchen, junge Missionarin, Schriftstellerin, Mitglied der Familie und der Gemeinde erlebt hatten. Dann berichtete David Wakumire aus Uganda, wieviel ihm ihre Freundschaft persönlich bedeutet und wie sehr sie vielen afrikanischen jungen Leuten durch die Arbeit von Global Care geholfen hatte. In seinem Schlußwort sprach Simon Barrington-Ward, der Bischof von Coventry, vom Einfluß, den Patricias Schriften auf ihn selbst und seine Kinder gehabt hatten, und illustrierte mit Passagen aus ihren Büchern das Thema «Vergebung», das in dieser Zeit wichtiger sei als je zuvor.

Hunderte von Briefen trafen nach ihrem Tod bei uns ein, und in vielen war ebenfalls die Rede davon, welchen Einfluß ihre Bücher auf die Schreibenden und ihre Kinder gehabt hatten. Briefe aus Mitteleuropa berichteten, welch ein Segen die Übersetzungen von Patricias Büchern gewesen waren in einer Zeit, in der es unter kommunistischer Herrschaft kaum christliche Literatur für Kinder gegeben hatte.

In anderen Briefen wurde berichtet, daß in letzter Zeit auch neuere Übersetzungen ihrer Bücher in Rußland und anderen Ländern erschienen seien – und daß auch ihre Filme gezeigt würden.

Manche erinnerten an ihren Humor und ihre Lebensfreude, eine Freude, mit der sie andere ansteckte. So sagte einer ihrer Neffen: «Eine Tasse Tee und ein Sandwich mit Tante Patricia konnte ein Freudenfest sein.» Sie genoß es, Kinder zu verwöhnen, und an einem Tag in ihrem Todesjahr nahm sie einen kleinen Jungen mit in den Wald und versteckte Ostereier für ihn. Als er schon mehrere gefunden hatte, blickte er mit leuchtenden Augen zu ihr auf und sagte: «Meinst du, der Patriciavogel wird noch ein Ei legen?» Das Leben mit Patricia war nie langweilig!

Ein stadtbekannter Arzt schickte eine Karte mit dem Bild einer offenen Tür. Er schrieb dazu: «In Erinnerung an Patricia, deren stets ‹offene Tür› so viele von uns zum Frieden und zur Liebe Christi führte». Auf ganz unterschiedliche Art haben viele den Gedanken ausgedrückt, daß sie in ihr etwas gesehen haben, das ihnen die Liebe und das Leben Jesu neu bewußt und für sie persönlich bedeutsam gemacht hat. Patricia wäre wahrscheinlich erstaunt gewesen, das zu hören, obwohl wir wissen, daß sie sich tiefinnerlich genau das am meisten gewünscht hat.

Aber vielleicht war es ihr Gebetsleben, mit dem sie Gottes Herz am meisten erfreut hat. Frühmorgens, nach dem Mittagessen und oft auch während der Nacht, wenn sie nicht schlafen konnte, betete sie für viele Situationen, Nöte und einzelne Menschen. Sie freute sich an Gebetserhörungen, die rasch eintrafen, und an anderen, auf die sie lange hatte warten müssen. Und manche stehen uns, davon sind wir überzeugt, noch bevor.

Weitere Bücher aus dem Brunnen-Verlag Basel:

Greg Livingstone

Gemeindegründung in der Islamischen Welt

Dynamik der Teamarbeit

260 Seiten, ABCteam Paperback, Best.-Nr. 111.101

Die unerreichten Völker der Islamischen Welt sind zur Zeit weltweit die größte missionarische Herausforderung für die christliche Gemeinde. Greg Livingstone ist der Direktor von «Frontiers» und leitet damit die Missionsgesellschaft, mit der zur Zeit die meisten Missionare (nämlich über 700) in der Islamischen Welt arbeiten.

Livingstones Erkenntnisse, seine theoretischen Modelle und seine praktischen Erfahrungen stellen eine wertvolle Hilfe für missionarische Neueinsteiger und für all die Missionare dar, die sich die Gemeindegründung unter Muslimen zum Ziel gesteckt haben.

Seine Ausführungen zu den Themen Gemeindegründung, Teamarbeit und Umgang mit Menschen aus anderen Kulturen sind jedoch so anschaulich, daß sie auch für Leiter und Mitarbeiter hiesiger Gemeinden eine Fülle von überraschenden Anregungen bieten.

Brunnen-Verlag · Basel und Frontiers, CH-Rheineck

Marjory F. Foyle

Gestreßt, verletzt und ausgebrannt

Risiken und Nebenwirkungen des vollzeitlichen Dienstes

230 Seiten, ABCteam-Paperback, Best.-Nr. 111.063

«Gestreßt, verletzt und ausgebrannt» wurde in erster Linie für Mitarbeiter auf dem Missionsfeld geschrieben, handelt aber auch von Problemen, die der Mitarbeiterschaft zu Hause nur allzu vertraut sein dürften. Marjory Foyle schreibt u.a. über folgende Bereiche:

– Leben als Single
– Missionarsehen
– Kinder
– Heranwachsende
– Auswahl der Mitarbeiter
– Kulturschock
– zwischenmenschliche Beziehungen
– Kraftquellen für Missionare

Marjory Foyle ist eine kundige Psychiaterin und bringt Erfahrungen aus weltweitem Dienst mit sich. In diesem ausgesprochen praxisbezogenen Buch erklärt sie, was Streß eigentlich ist und warum Christen im Einsatz dafür besonders anfällig sind. Sie erläutert, wie Christen mit Streß umgehen und diesem Übel gleichzeitig vorbeugen können.

Brunnen-Verlag · Basel und Frontiers, CH-Rheineck

Hans Poley

Erinnerungen an die «Zuflucht»

Die ten Booms retteten mein Leben

206 Seiten, ABCteam Geschenkband, Best.-Nr. 111.582

Fast jeder kennt das Buch und den Film «Die Zuflucht» von Corrie ten Boom. Hans Poley, damals 18 Jahre alt, war der erste «Gast», dem die ten-Boom-Familie 1943 Schutz gewährte. Fünfzig Jahre danach erzählt er, wie er dort in Haarlem Aufnahme fand, warum er sich vor den Nazionalsozialisten verstecken mußte und wie der Alltag im Hause ten Boom aussah…

Poley war von seinem Versteck aus in der holländischen Widerstandsbewegung aktiv, bis er schließlich von der Gestapo geschnappt wurde. Es folgten grausame Verhöre und die Überweisung ins Konzentrationslager. Nur durch ein Wunder konnte Poley der Hinrichtung entgehen.

Ein eindrücklicher Bericht vom gemeinsamen Leben im Hause ten Boom, von den Verhören der Gestapo und von der sechsmonatigen Haft. Gleichzeitig aber auch ein beeindruckendes Zeugnis von der Kraft des christlichen Glaubens, wie er von den ten Booms und vom Autor selbst ausgelebt wurde. Ein warmherziges Buch mit vielen persönlichen Einzelheiten aus dem Leben der Untergetauchten und Geretteten.

Brunnen-Verlag Basel